Andreas Meyer-Landrut

Mit Gott und langen Unterhosen

Andreas Meyer-Landrut

Mit Gott und langen Unterhosen

Erlebnisse eines Diplomaten in der Zeit des Kalten Krieges

Mit 110 Abbildungen

edition q

Bibliografische Information der Deutschen Bibliothek
Die Deutsche Bibliothek verzeichnet diese Publikation in der Deutschen Nationalbibliografie; detaillierte bibliografische Informationen sind im Internet unter http://dnb.ddb.de abrufbar.

Lektorat: Dr. Jürgen Schebera
Coverentwurf: Waleri Ivankov
Coverfoto: Archiv des Autors
Druck und Bindung: Ebner & Spiegel, Ulm
Printed in Germany

ISBN 3-86124-573-6

Inhalt

Gestern liebt ich,
Heute leid ich,
Morgen sterb ich.
Dennoch denk ich
Heut und morgen
Gern an gestern.

Gotthold Ephraim Lessing

Einleitung

Als ein Freund im Kollegenkreis eine Episode aus seiner politischen Laufbahn erzählte, fiel ihm ein anderer, der ebenfalls an dem Vorgang beteiligt gewesen war, ins Wort: „Aber mein Lieber, es war doch ganz anders!“ Er erhielt darauf die trockene Antwort: „Ich erzähle meine Geschichte so, wie ich es will.“ Gabriel García Márquez drückt diesen Gedanken natürlich viel poetischer aus, wenn er in seinen Memoiren *Vivir para contarla* schreibt: „Das Leben ist nicht das, was man gelebt hat, sondern das, woran man sich erinnert und wie man sich daran erinnert – um davon zu erzählen.“

Damit soll nicht gesagt werden, dass auf den folgenden Seiten etwa fabuliert wird, aber ich kann nicht ausschließen, dass mich mein Gedächtnis hier und da getrogen oder die Erinnerung ein und das andere Erlebnis ein wenig verklärt hat. Will sagen, ich kann für wissenschaftlich gesicherte Genauigkeit („wie es tatsächlich gewesen ist“) nicht in jedem Fall oder bei jedem Satz die Hand ins Feuer legen.

Auch die zeitliche Abfolge des Erzählten wird nicht immer beibehalten, sondern sie wird von Anfang an durch Assoziationen nach vorne wie auch zurück unterbrochen.

Der Schwerpunkt gilt natürlich Russland und dem Leben und Erleben dort, sowie der damit verbundenen politischen Arbeit. Aber es sollte auch ein Blick auf die baltische Heimat gerichtet werden, die fünfzig Jahre lang aus der europäischen Sicht verschwunden und deren Historie so eng mit Russland und Deutschland verbunden war.

Viele Personen, über die erzählt wird, sind in der Öffentlichkeit heute schon beinahe oder ganz vergessen. Wenn sie dennoch erwähnt werden, dann weniger um ihnen Denkmäler zu setzen, als dem Bild der Zeit, das sie mitgeprägt haben, gerecht zu werden. Viele von ihnen, besonders aus Russland, sind im Westen gänzlich unbekannt, aber aus der Entwicklung ihres Landes sind sie nicht wegzudenken. So wird dem Leser die eine oder andere Charakteristik, die eine oder andere Begegnung zugemutet, die ihm fremd erscheinen mag.

Vieles, was beschrieben wird, ist auch für die jüngere Generation der Russen schon kaum mehr zu glauben. „Ich konnte nicht fassen, dass es sich um mein Land handelt“, war eine Reaktion auf die Abschnitte über die frühen Jahre, die eine junge Russin gelesen hatte. Wieviel mehr ist dies in Deutschland der Fall?

Heute sind die Beziehungen zwischen Berlin und Moskau, zwischen Deutschland und Russland weitgehend problemlos. Doch trotz zahlreicher Städtepartnerschaften, Vereine, Gesellschaften und Foren, trotz staatlicher und privater Programme mit dem Ziel des gegenseitigen Kennenlernens, ist hier noch ein großer Nachholbedarf vorhanden. Und inzwischen wohl mehr auf deutscher als auf russischer Seite, nachdem der Besucherstrom von Ost nach West denjenigen in umgekehrter Richtung bei weitem übertrifft. Deshalb ist es eine wichtige Absicht dieses Buches, dem deutschen Leser Russland näher zu bringen, das Interesse an diesem großen Land und seinen Menschen zu wecken, obschon der zeitliche Rahmen dieser Erinnerungen eine schwierige Phase der gegenseitigen Beziehungen umfasst, eine Phase, die – und dafür kann man nur dankbar sein – heute überwunden ist und dem Gestern, der Historie überantwortet werden kann. Ihr Einfluss auf das Leben von heute und morgen wird aber noch lange spürbar sein.

Noch ein Wort zu dem relativ breiten Raum, der den Pferden und dem Reitsport eingeräumt wird. Natürlich bin ich ein Pferdenarr – Freunde pflegen zu sagen: „Mit ihm kann man nur über zwei Themen reden, Russland und Pferde“ –, aber darüber hinaus hat mir das Interesse an den Pferden und die Liebe zu ihnen in schwerer Zeit manche Tür geöffnet und manche Erkenntnis über Land und Leute ermöglicht, die mir sonst verschlossen geblieben wäre.

Moskau, im Frühjahr 2003 — Andreas Meyer-Landrut

Erste Begegnung mit der Sowjetunion

„Reisen Sie mit Gott und langen Unterhosen", so telegraphierte mir ein Freund, als ich im März 1957 mit Zug und Schiff von Bonn über Kopenhagen, Stockholm und Helsinki nach Moskau reiste, zum Dienstantritt bei der kurz vorher eröffneten Deutschen Botschaft. Eine abenteuerliche Fahrt, im Pelz meines Großvaters. Diesen Pelz hatte noch mein Vater auf der Flucht getragen. Das war im Januar 1945 gewesen, als die Front an der Weichsel brach und wir zum zweiten Mal innerhalb von sechs Jahren vor den Sowjets fliehen mussten. Unsere Familie war, wie alle Deutschen aus dem Baltikum, 1939 ins besetzte Polen, den so genannten Warthegau „umgesiedelt" worden. Im Januar 1945, als der Kanonendonner immer näher kam, schickte mein Vater uns – meine Mutter, meine Schwester und mich – mit der Bahn Richtung Westen, was sich zu einem Alptraum auswuchs: tote Tiere entlang der Bahngleise im Schnee; an Bäumen aufgehängte deutsche Soldaten, die als Deserteure exekutiert worden waren; Menschen, die sich mit Brachialgewalt in den hoffnungslos überfüllten Zug hineindrängten, hineinprügelten. Auf der Zwischenstation in Berlin gerieten wir in einen großen Bombenangriff. Mein Bruder war Soldat und befand sich gerade in seinem Standort Stahnsdorf bei Berlin. Er nahm ein paar Tage Urlaub, um uns zu suchen, was ihn beinahe das Leben gekostet hätte. Mein Vater folgte ein paar Tage später mit einem so genannten Treck, bestehend aus Pferdefuhrwerken. Die flüchtende Kolonne wurde von russischen Panzerspitzen eingeholt, die, wild um sich schießend, am nach Westen ziehenden Treck der Pferdewagen vorbeibrausten. Als die Panzer anrückten, hatte mein Vater schon die Pistole an die Schläfe gesetzt, um nicht in russische Gefangenschaft zu geraten, sein Nachbar auf dem Kutschbock schlug sie ihm aus der Hand...

Es war ein Biberpelz!

Heute gehen täglich zahlreiche Flüge nach Moskau und anderen Hauptstädten der Nachfolgestaaten der Sowjetunion. Damals, im Jahre 1957, gab es eine einzige internationale Flugverbindung von Moskau ins westliche Ausland, nach Helsinki; wenig später kam Kopenhagen hinzu. Die bequemen Schlafwagen, in denen wir über Kopenhagen, Stockholm und Helsinki reisten, ließen die schnellen Verkehrsmittel allerdings vergessen.

Auf der Grenzstation in Wiborg, das nach dem Winterkrieg zwischen Finnland und der Sowjetunion an letztere gefallen war und von wo aus ein Großonkel von mir hatte nach Helsinki flüchten müssen – er stellte Bonbons und Marmelade her –, gab es wegen der langwierigen Zollkontrolle einen etwa zweistündigen Aufenthalt. Ich reiste zusammen mit einem Kurier, der die Strecke schon kannte, so nutzten wir die Zeit zu einem zünftigen „Boeuf Stroganoff" im Bahnhofsrestaurant, welches wir mit einigen Gläsern Wodka herunterspülten.

Dies war alte russische Tradition: An den Grenzübergängen oder Knotenpunkten mit Anschlusszügen gab es „Büffets" im Bahnhof, wo man essen konnte, bis – wie im Theater – dreimal geläutet wurde, dann ging es weiter.

Die zugehörige baltische Geschichte: Das Büffet-Fräulein: „Herr Baron, was darf ich abziehen?" – „Alles Fräuleinchen, alles – nur die Strümpfe lassen Sie an…"

Mit Gottvertrauen und wärmender Bekleidung (Großvaters Biberpelz) wohlbehalten in Moskau eingetroffen, März 1957.

Das Gebäude der Deutschen Botschaft in der Großen Grusinischen Straße 17, ein altes Bürger-Palais. Aufnahme von 1958.

In Moskau war es bitter kalt. Ich kam im Hotel „Ukraina" unter, einem Zuckerbäcker-Hochhausbau der Stalin-Ära, das gerade eröffnet worden war. Beim Aufdrehen des Warmwasserhahns an der Badewanne hielt ich plötzlich die ganze Armatur in der Hand, ein armdicker Strahl kochend heißen Wassers schoss mir entgegen. Das Problem wurde durch den Umzug in ein höher gelegenes Stockwerk gelöst.

Im November 1956 hatten sich die Ungarn gegen die Moskauer Herrschaft erhoben, der Aufstand war blutig niedergeschlagen worden. Der „Kalte Krieg" zwischen Ost und West mit seinen ersten Kulminationspunkten – Berlin-Blockade, Korea-Krieg und Volksaufstand in der DDR – hatte gerade wieder eine durchaus heiße und opferreiche Phase erlebt. Die Sowjets wurden deswegen von westlichen Politikern immer noch hart angegangen, und Chruschtschow versuchte, wütend um sich schlagend, in fast jeder großen Rede zu kontern. Sein Meisterstück: „Und wenn, Genossinnen und Genossen, die Kapitalisten in unser Lager eindringen wie Nachbars stinkender Ziegenbock in unseren Garten, dann zeigen wir ihnen den nackten Hintern!“ Woraus die „Prawda“ am nächsten Tag machte: „... dann zeigen wir ihnen die sozialistischen Errungenschaften.“ In unserer Analyse konnten wir endlich eine handfeste Erklärung dafür liefern, was die sozialistischen Errungenschaften nun eigentlich waren, mit denen uns die sowjetische Propaganda tagtäglich überschüttete.

Die längerfristig nach Moskau versetzten Mitarbeiter der Botschaft und ihre Familien waren im so genannten „Deutschen Haus“ untergebracht, dem vierzehn Stockwerke hohen Teil eines großen, in der Stalinzeit errichteten Wohnkomplexes am Ufer der Moskwa. Sie waren in Moskau total isoliert. Vor der Botschaft und dem uns zugeteilten Hochhaus-Trakt standen Tag und Nacht Wachtposten der Miliz und ließen keinen Sowjetbürger ein. Die ausländischen Diplomaten empörten sich zwar hierüber, mussten es aber hinnehmen. Eines Tages spielten Kinder auf dem Balkon einer solchen Wohnung und warfen einem Milizionär, der vor dem Haus Wache schob, aus Versehen einen Blumentopf auf den Kopf. Und siehe da, plötzlich wurde die Miliz abgezogen. Alles wunderte sich, staunte, doch am nächsten Tag, als man zur Arbeit fahren wollte, hatten eine Reihe der Autos – unsere liebsten Kinder – Beulen und eingeschlagene Scheiben, die Autoradios waren geklaut. Reumütig wurde also erneut per offizieller Note um Polizeischutz gebeten.

Die Zeiten waren damals in Russland hart, Lebensmittel waren knapp, die Ausländer mussten Mehl und Zucker sackweise in ihren Wohnungen lagern, an denen sich Kakerlaken gütlich taten. Doch in meinem Hotel „Ukraina“ gab es in einem „Büffet“ in einer der oberen Etagen jede Menge Kaviar: aus dem Holzfass geschöpft, kilogrammweise abgewogen – das Glas allerdings musste man mitbringen.

Wenige Wochen nach meiner Ankunft brachte ich die folgenden Beobachtungen zu Papier:

Moskau, am 5. April 1957
Große Anstrengungen macht jetzt der Frühling; blassblauer Himmel wölbt sich über dem unabsehbaren Häusermeer dieser riesigen, wohl 9-Millionen-Stadt. Ein wenig Sonne, der Schnee schmutzig, zusammengeschrumpft. Unsere Russen auf dem Hof der Kanzlei haben den vereisten Schnee zerhackt und überall verstreut – auch auf den trockenen Stellen. „Warum?“ – „Ha, ha, Sonne von allen Seiten, kleines

Stück, taut schneller!" – In der Stadt bemüht man sich jedoch, das Zeug abzufahren. Es sind Frauen, die den Schnee auf die Lastwagen schippen. Einmal sah ich eine: Kopftuch, Wattejacke, Fäustlinge, Schippe, Filzstiefel – und Nylonstrümpfe*, die zwischen den Walinkis und dem groben Rock hervorguckten.

Am Sonntag war ich im Kreml, schon von außen phantastisch: ein Meer von goldgleißenden Zwiebelkuppeln, umgeben von der ach so hohen Ziegelmauer. Und innen dann diese Architektur-Klitterung von fünf, ja sechs Jahrhunderten. Die Festsäle der alten Moskauer Großfürsten: auf einer Säule ruhend, von goldstrotzenden Portalen umgeben – die Wandmalerei, biblische Motive, ist aus dem 17. Jahrhundert –, mit einem kleinen ovalen Fenster ganz hoch oben, für die Damen. Dann die Wohngemächer der ersten Romanows, wo auch Peter der Große erzogen worden ist, von Michail Romanow erbaut, also kurz nach 1613 – ganz anders als unsere europäischen Schlösser de l'epoque: viel wohnlicher, herrliche Öfen, Holzschnitzereien, die Räume nicht zu hoch gewölbt, in einer Spitze in der Mitte zusammenlaufende Decken, Kanten und Bänder aus ornamenthaft behauenem Stein, was wie Gipsarbeit des deutschen Barock aussieht, aber wohl eine Nachahmung der Holzschnitzereien in Stein darstellt. Dann die anderen Räume, Säle bis hin zu den Gemächern des 19. Jahrhunderts, die von den letzten Zaren gebaut worden sind.

Es entzieht sich der Beschreibung, weil vieles Nachahmung westlicher Vorbilder ist, die eine „indigene" Prägung erhalten haben, wie ja auch schon die Anfänge im Auftrag der byzantinischen Madame Paléologue zur Zeit Iwans III. von italienischen Baumeistern geschaffen wurden. Ja, und schließlich sind dann drei Säle zum Plenarsaal des Obersten Sowjets zusammengefasst worden, in den Jahren ab 1920, auch der wurde besichtigt. Er liegt gleich neben dem herrlichen, riesigen St. Georgssaal, wo auch jetzt noch alljährlich der Tannenbaum „zum Neujahrsfest" aufgestellt wird... Diese ganze Anlage ist schon etwas Sehenswertes und wohl einzig in der Welt.**

Etwas anderes, was mir großen Eindruck machte und auch – wie die staatlichen Museen, das heißt wie alle Museen, also auch wie der Kreml – sauber, sehr sauber ist, ist die „Metro", die „Lenin-Metro" der Stadt Moskau mit ihren pracht- und prunkvollen Stationen voller Marmor

* Nylonstrümpfe waren damals auch im Westen noch eine hochmoderne Seltenheit.

** Der Plenarsaal des Obersten Sowjets ist in den neunziger Jahren wieder in den Originalzustand zurückverwandelt worden.

Moskauer Metro-Stationen, prunkvoll ausgestaltet mit Marmor, Wandgemälden und Reliefs.

und Halbedelsteinen, in die alle anderthalb Minuten ein Zug hineinsaust, ausgeschmückt mit minutiös gefertigten Mosaiken, Szenen „aus dem Leben und Schaffen der Arbeiter und Bauern der Sowjetunion“. In einem anderen Bahnhof, sagen wir in rosa Halbedelstein, stehen alle paar Meter riesige Bronze-Statuen des vom Regime so gern zitierten, aber doch wohl nicht existierenden eurasischen „Sowjetmenschen“, als Soldat, Traktorist, Landarbeiter, Maschinenschlosser, Matrose usw. usf.

Taxis gibt es auch, sie sind an einem Schachbrettmusterstreifen zu erkennen, den man wohl in Berlin gelernt hat. Ich hatte schon Gelegenheit, mich mit mehreren Taxichauffeuren zu unterhalten, sonst kommt man ja mit den Menschen nur selten ins Gespräch. Alle haben sie bisher auf Stalin, den „Durak“ (Esel) geschimpft – aber aus ganz verschiedenen Motiven heraus. Zunächst sollte hier vielleicht gesagt werden, dass neben den Problemen der reinen Vitalsphäre, also eigentlich nur Essen und Trinken, lediglich die Politik und die Nationalökonomie interessieren und Gesprächsthemen sind. Das ist auch kein Wunder. Seit ich hier bin, lese ich nun mit Regelmäßigkeit sowjetische Zeitungen. Es steht nichts „Überflüssiges“, nichts „Unnützes“ drin, alles ist Propaganda, Plan, Erziehung, ist ernst, so ernst, dass es einen schaudert, und das gilt für die Jugend-Zeitungen und -Zeitschriften genauso wie für die „Prawda“ und die „Iswestija“. Auch das satirische Wochenblatt „Krokodil“ ist eher sarkastisch als amüsant.

Zurück zu meinen Taxifahrern. Also, der eine schimpfte über die „in Beton gehäkelten“ Hochhäuser – übrigens möchte ich da Carlo Schmid etwas widersprechen, die Dinger sind zu wuchtig, um so bezeichnet werden zu können.* Sie wirken wie riesige Kathedralen, weil ein Bauteil, der größere, meist nur 10-stöckig ist und dann ein Turm von weiteren 10 bis 20 Stockwerken daraus hervorragt, gekrönt durch einen Stern oder ein anderes Emblem der Sowjetmacht.

Schlimm war das Gespräch mit einem anderen Fahrer: „Aus Westdeutschland, nicht aus dem demokratischen?“ – „Aus Westdeutschland.“ – „Warum rüstet ihr wieder zum Kriege? Ich habe drei Finger der rechten Hand im letzten verloren, meinen Vater habt ihr aufgehängt, er war Partisan, aber nicht einmal Kommunist, er war sogar ein gläubiger Mensch, aufgehängt habt ihr ihn, mein Bruder war in Gefangenschaft, gehungert haben sie, dann ging es besser, er hat über-

* Der SPD-Politiker Prof. Carlo Schmid war mit Adenauer 1955 als Delegationsmitglied in Moskau gewesen und hatte diesen Ausdruck geprägt.

lebt. Haben Sie den Brief von Bulganin an den dänischen Ministerpräsidenten Hansen gelesen – hier, nehmen Sie die Zeitung, ich hab' sie durch, da steht es, was ein neuer Krieg bedeuten würde. Überhaupt, was heißt das: ‚Gebt 17 Millionen frei', 20 Millionen Russen sind gefallen, meinen Vater habt ihr aufgehängt, dass in Berlin diese lächerliche Teilung in vier Zonen besteht – das ist nur Stalin, dem Idioten zu verdanken. Schukow hat es schon damals gesagt – aber Stalin, der hat auf die so genannten westlichen Demokratien Rücksicht genommen. Sag das deinem Chef: Die Zeit des Kapitalismus ist vorbei. Ich bin kein studierter Mensch, aber so wie die das machen, das führt zum Krieg, und die Sowjetunion ist stark, sehr stark."

Ich war froh, wie ich wieder raus war aus dem Wagen, aber auch sehr erschüttert, einmal wegen der Geschichte mit seinem Vater, zum anderen wegen der Haltung: Einer konsequenten Propaganda unter Ausschluss der Außenwelt, d. h. dem Fehlen von Vergleichsmöglichkeiten, ist halt niemand gewachsen. – „Die Zeit des Kapitalismus ist vorbei…" Nun, wir wollen sehen.

Neulich war in der Gorki-Straße eine riesige Schlange vor einem Buchladen; wir fragten telefonisch an, was es gab, weil das meist lohnend ist, wenn sich die Menschen nicht nur nach Brot und Fleisch, sondern auch nach Büchern anstellen. Verkauft wurde ein dänisches Karikaturenbuch – es war innerhalb von zwei Stunden vergriffen… Ähnlich geht es mit den 50.000 Exemplaren der von der US-Botschaft hier herausgegebenen Zeitschrift „Amerika", die schöne Fotografien enthält und auf gutem Papier gedruckt ist. Da der Rubel jetzt abgewertet wurde und wir statt 96 Kopeken 2,35 Rubel für eine D-Mark bekommen, werde ich mir vielleicht das eine oder andere an Büchern kaufen können, vor allem Ostzonen-Bücher, aber auch ganz schöne russische Sachen, wenn auch selten.

Etwas, das neben Kaviar und Wodka auch gut ist in Moskau, ist das Eis, das sommers wie winters auf der Straße verkauft wird – ausgezeichnet. Cafés gibt es nicht, nur Restaurants, in denen riesig laute Orchester westliche Tanzmusik aus den dreißiger Jahren oder entsprechenden russischen Verschnitt spielen und die Sowjetbürger hemdsärmelig, man muss schon sagen, fressen. Zivilisierte Ess-Sitten sind im Land der Arbeiter und Bauern nicht angesagt.

Entsetzlich ärmlich und dürftig ist alle Schaufenster-Dekoration, geschmacklos die Puppen – wenn ich da an die Stockholmer denke; nicht umsonst gibt es jenen reizenden schwedischen Roman von dem jungen Mann, der sich in so eine Schaufensterpuppe verliebt. Die

Viele Moskauer Straßen, so auch vor unserer Botschaft, wurden von solchen zweistöckigen Holzhäusern gesäumt.

Kunstseidenstoffe, die jetzt als Frühlingskollektion angeboten werden: 112 Rubel pro Meter! Auf ähnlichem Preisniveau die Schuhe – die Landbevölkerung geht an diesen Fenstern vorbei ohne hinzusehen, die können das sowieso nicht bezahlen. Um 1000 Rubel liegen die Gehälter; 800 für ein Dienstmädchen für Diplomaten, bis 2000 für einen Facharbeiter.

Vorige Woche hat Chruschtschow den neuen Organisationsplan für den Maschinenbau und die Baugewerbe-Industrie verkündet; das bedeutet eine umwälzende Verwaltungsänderung in der Union. Die verschiedenen Ministerien, die hier, anders als im Westen, durch das Planwirtschaftssystem ja direkt die Betriebe leiten, sollen aufgelöst und in regionale Sowjets (Räte) verwandelt werden, um den großen administrativen Leerlauf zu unterbinden. Dazu ist das ganze Volk zu Vorschlägen und Stellungnahmen aufgefordert worden, und jeden Tag erscheinen eingesandte Artikel in den Zeitungen, die die bisherigen Verwaltungszustände kritisieren und Verbesserungsvorschläge unterbreiten. Eine hochinteressante Entwicklung, die der Initiative des Einzelnen einen größeren Spielraum zu gewähren scheint, und zwar den Direktoren, das heißt – auch hier in der UdSSR: das Zeitalter der Manager!

Moskau, am 16. April 1957
Am letzten Sonntag machte ich einen kleinen Spaziergang durch den Kiewer Bezirk, wo, dicht an der Moskwa, unser Wohnblock steht. Da wurde es mir wieder besonders deutlich: Ich war geschlagen von all den vielen herumlungernden oder umherziehenden Menschen. Da wohnen sie nun in hässlichen zweistöckigen Holzhäuschen, dicht bei dicht, oder, natürlich genauso zusammengepfercht, in riesigen Wohnkasernen. Stammen diese aus den dreißiger Jahren, sind sie aus Backsteinen vier bis fünf Stockwerke hochgezogen, mit Teerpappe gedeckt – schmutzig stehen sie im Meer der Holzhäuschen. Sind sie nach dem Kriege errichtet, dann sind sie höher, 10 bis 14-stöckig, oder es sind gar die berühmten Hochhäuser, die Blickpunkte, die Kathedralen des Stalinismus mit ihren spitzen Türmen und fünfzackigen Sternen oben drauf. Alle haben sie „herrlichste" Verzierungen: Urnen, steinerne Lorbeerkränze, Hammer- und Sichel-Embleme, Girlanden, kleine Ziertempel auf den Dächern. Die allerneuesten sind etwas ärmer an Zierat, aber auch hier erscheint beispielsweise ein Bogen, der über zwei Stockwerke hinweg die Fassade schmückt, sonst jedoch keinerlei Bedeutung haben kann. Und alles ist handwerklich grob, oft schludrig,

Gerade errichtete neue Wohnblocks in Moskau, Herbst 1957.

aber so materialverschwenderisch und plump-stabil gebaut, dass es eben doch nicht zusammenfällt. Eine neue im Bau befindliche Brücke über die Moskwa: Jetzt schon ist sie schief, die Pfeiler hängen, man sieht es mit bloßem Auge, aber es wird weitergebaut und ich bin überzeugt, sie wird halten, weil das Zeug so massig ist, dass es eben hält…

Aber zurück zu den Menschen. Gott schuf sie angeblich nach seinem Bilde; man hält es kaum für möglich. Warum sind sie so hässlich? Es hat doch schöne Russinnen gegeben! Stimmt die Theorie von Botschafter Haas, dass Diktaturen Völker hässlich machen? Stimmt es, was ein alter österreichischer Diplomat, der in Moskau aufgewachsen ist, neulich sagte: Es komme von der Invasion der immer schon groben Landbevölkerung in die Städte? – Beides wird stimmen, aber eine nicht geringe Rolle wird einfach die Tatsache spielen, dass es an sich nicht üblich ist, dass eine Frau mit dem Presslufthammer arbeitet oder Ziegelsteine schleppt oder vereisten Schnee, der heute noch angeschwärzt in schattigen Winkeln versteckt herumliegt, mit einer schweren Spitzhacke loshackt. Oder die berühmte „Traktoristin“: Sie kann sich nicht pflegen, ja, sie kann nicht schön sein, sie kann keine schönen Kinder gebären – und das ist das Verbrecherische an diesem System seinen Frauen gegenüber: Sie kann eigentlich gar keine Kinder haben; grob gesagt, man kann nicht Traktor fahren, wenn man ein Baby erwartet, und man kann das Soll nicht erfüllen, wenn man nicht Traktor fahren kann, und der „Plan“ kann nicht erfüllt werden, wenn nicht jeder sein „Soll“ erreicht.*

Und da wälzen sie sich nun durch die Straßen, vorbei an Schaufenstern, wie sie die schlimmste Reichsmark-Zeit, die Jahre 1945 bis 1948, kaum hervorgebracht hat – ein ungebügeltes, gestreiftes, plattgedrücktes Oberhemd, rechts und links je ein Stapel gelblicher Unterwäsche, an einer Stange dünne, zusammengepresste Anzüge, Stoffe: Kattun und Kunstseide, die Muster sind derart normiert, dass ein Stoff hunderttausendmal auf der Straße wiederkehrt; Menschen mit Pelzmützen oder komisch geformten Hüten, oder, überwiegend, Schirmmützen; dabei soll die äußere Erscheinung schon sehr viel besser geworden sein in den letzten Jahren. Viele junge Männer, 20 bis 30 Jahre alt, betrunken, so betrunken, dass sie johlen und torkeln, die Flasche in der Seitentasche. Sie alle, Männer wie Frauen, vermitteln den Eindruck, als

* Der Wahrheit die Ehre zu geben: Heute ist Moskau eine Stadt, in der man besonders viele gertenschlanke schöne junge Frauen und Mädchen sieht, eine reine Freude für das Auge.

seien sie aus Dostojewskis Büchern ins Leben getreten: genauso! Die Kinder, auch hier die „Garanten“ der Zukunft, mit ihren grauen Komsomol-Uniformen: Tellermützen, graue Litewkas und lange Hosen, weiße Rundkragen und rote Halstücher. Meist aber nur die Mütze und die sonst auch sichtbaren üblichen schmutzigen ausgewachsenen Mäntelchen und so weiter. Das Schuhwerk ist so schlecht! Sie starren uns ja sowieso alle an. Aber ein Extra-Blick und eine Extra-Bemerkung gilt stets den Schuhen.

Das System erzieht auch zur seelischen Grobheit, zur Unhöflichkeit und Unflätigkeit. Ich bin sicher, dass die Russen früher nicht besser waren, aber da bildete die Orthodoxie und die Orientierung in Richtung Oberschicht doch ein nicht zu unterschätzendes Gegengewicht. Der Atheismus hat sie zu entsetzlichen Rüpeln gemacht.

Als ich in der U-Bahn einmal eine kartenabreißende Schaffnerin nach einer Straße fragte, einer der größten Straßen Moskaus, wie weit ich da fahren müsste, knurrte sie mich an: Sie kenne die Stationen der Lenin-Metro, nicht aber die Straßen der Stadt Moskau – und so etwas ist mir noch oft passiert. Wie oft wird man allein in den Straßen oder in öffentlichen Verkehrsmitteln aufs Gröbste angerempelt, ohne auch nur die Andeutung einer Entschuldigung zu hören. Das Extrem auf der anderen Seite zwischenmenschlichen Umgangs: Ich war beim Friseur, im Hotel „Metropol“, angeblich dem besten Friseur der Stadt. Schmutzig natürlich, der Friseur langsam und uninteressiert. Als aber der Mann vor mir dran war, der noch auf eine andere Bedienung warten wollte, sagte mir der freigewordene Friseur: „sie warten“ – das bezog sich auf jenen vor mir; eine in der russischen Sprache nur als servil zu bezeichnende Höflichkeitsform, von einem Dritten nicht als „er“, sondern als „sie“, also im Plural zu sprechen.

Der Sowjetmensch kennt eines nicht: Er kennt keine Ehrfurcht, nicht vor Gott, nicht vor seinen Mitmenschen. Und vor der großen Oktoberrevolution mit ihren Errungenschaften? Ich fürchte, das ist zu kompliziert für den „Mann auf der Straße“, höchstens fürs Vaterland, wie etwa bei dem Taxichauffeur aus meinem letzten Bericht die bewundernde Ehrfurcht vor der Sowjetunion als Weltmacht.

Voriges Jahr wurde der Lippenstift erlaubt; es gibt nur eine Farbe: orangerot. Meist wird zuviel davon gebraucht. Aber das gehört eigentlich schon in den Abschnitt über das Theater. Ja, nun war ich endlich zum ersten Mal in einem Moskauer Theater.

Vorweg: Es war unbeschreiblich schön!

Nichtsdestoweniger will ich versuchen, ein wenig von dem Gesehenen zu schildern. Die russische Kunst, soweit ich sie kennengelernt habe, steckt tief im 19. Jahrhundert, und zwar ist es eine Mischung von Romantik und akademischem Naturalismus des „Fin de siècle“, was auch heute noch regiert, wenn es auch „sozialistischer Realismus“ heißt. So auch im Ballett.

„Schwanensee“ von Tschaikowski ist natürlich eines der Balletts schlechthin. Im Rahmen einer grauenhaften, aber absolut durchtechnisierten Dekoration mit wehenden Baumblättern und täuschend echt auf dem See dahinziehenden Schwänen. Später wird die Bühne selbst zum See: Ein Teppich wölbt sich zu Wogen, in denen der Prinz um sein Leben kämpft: ein Gipfel von Geschmacklosigkeit. Aber alles ist so hinreißend getanzt, das Corps der 24 Schwäne so meisterlich exakt, die Männer mit so kraftvollen und eleganten Sprüngen, die Ballerinen lebhaft, genau und graziös, die Ausstattung (Königssaal) prächtig, ebenso die Kostüme, dem märchenhaft-romantischen Gesamtbild entsprechend.

Das Publikum ist sehr kunstverständig, applaudiert bei wirklich guten Leistungen auch bei offener Bühne und geht im Ganzen herrlich mit. Und, wieder etwas wehmütig stimmend, die Leute versuchen, sich nett und ordentlich anzuziehen – orangeroter Lippenstift! –, und trotzdem starren sie einen als Wunderwesen an, wenn man im Foyer entlanggeht. Da hilft eben kein Sozialismus, man möchte ein bisschen netter angezogen sein, ein anderes, hübscheres Kleid haben als „die anderen“ – einzig die Uniformen sind natürlich in Ordnung, und deren gibt es viele. Wenn man der Garderobenfrau die Marke zusammen mit einem Rubelschein hinhält, wird man bevorzugt bedient. Die Garderobe ist an sich natürlich frei, und Trinkgelder „kennen wir nicht“…

⋆ ⋆ ⋆

Im Juni 1957 gab es einen Putsch gegen Chruschtschow, den er noch rechtzeitig ausschalten konnte. Er überspielte die Putschisten im Politbüro durch Anrufung des nächst größeren Gremiums: des Zentralkomitees, das damals noch zu ihm hielt. Die Luftwaffe brachte in einer die ganze Sowjetunion umfassenden Aktion die ZK-Mitglieder praktisch über Nacht nach Moskau. Sieben Jahre später allerdings wurde Nikita Chruschtschow von Breschnew und Genossen dann doch gestürzt.

Jetzt aber, um die Wende der fünfziger zu den sechziger Jahren, begann der Personenkult auch ihn einzufangen und er begann, ihn zu genießen. In der Presse hieß es, wenn sein Name genannt wurde, nur noch: „der unerschütterliche Kämpfer". Trotz seiner Eskapaden hatte das Volk ihm viel zu verdanken: Stalins Gulag wurde aufgelöst, viele Menschen mit den typischen Lagertätowierungen in Form von Nummern auf den Handrücken tauchten plötzlich wieder in der Stadt auf. Es kam zu einer gewissen Rechtssicherheit, niemand wurde mehr des Nachts abgeholt. Eine Reform, durch die die Wirtschaft des Riesenlandes 50 Volkswirtschaftsräten unterstellt wurde, schaffte eine heilsame Dezentralisierung, fiel allerdings 1964 nach Chruschtschows Sturz wieder einer Gegenreform zentral gelenkter Planwirtschaft zum Opfer. Der damals umlaufende Witz von Radio Jerewan: Frage – „Was kann man gegen Glatzen tun?" Antwort – „Politische Fragen werden nicht beantwortet."

In der so genannten Tauwetter-Periode konnten im Zuge der Entstalinisierung erstmals seit 1932, dem Anbruch des „sozialistischen Realismus", Autoren ihre Werke veröffentlichen, die den bisher gesetzten Rahmen sprengten: Boris Pasternak – auch wenn ihm wegen der Veröffentlichung des „Doktor Schiwago" im Ausland die Annahme des Nobelpreises verweigert wurde –, Wladimir Dudinzew, dessen Romantitel schon ein Programm gegen den Materialismus markierte: „Der Mensch lebt nicht vom Brot allein", dazu der Maler und Bildhauer Neiswestny, von dessen Bild in der berühmten Ausstellung von Gegenwartskunst in der „Manege" Anfang der sechziger Jahre Chruschtschow sagte, es sähe aus, als habe es ein Esel mit dem Schwanz gemalt. (Etwa zwölf Jahre später sollte Neiswestny das Grabmal eben dieses Chruschtschow schaffen – zu besichtigen auf dem Friedhof beim Jungfrauenkloster mitten in Moskau.)

Ausgestellt hatte dort auch mein Freund Boris Birger, der nach folgendem jahrelangem Ausstellungsverbot später in den neunziger Jahren nach Deutschland ausgewandert ist, wo er – Ironie des Schicksals – eine Wohnung mit Atelier in der umgebauten alten sowjetischen Botschaft in Rolandseck am Rhein bezog, wo er dann auch verstorben ist.

Freilich war die Stalinsche Autokratie, genährt vom Zarismus der russischen Geschichte, noch immer so tief verwurzelt, dass der Erste Sekretär der Kommunistischen Partei nach wie vor als eine Art Halbgott angesehen wurde.

So war Chruschtschow einmal im Gebiet von Rostow am Don unterwegs. Dort befinden sich einige der größten Staatsgestüte, etwa das – auf aus Ostpreußen überführten Beutetieren aufbauende – Trakehner-Gestüt „Kirow", aus dem das in München erfolgreiche Olympiapferd „Pepel" unter Elena Petuschkowa stammte; das „Gestüt der Ersten Reiterarmee“, woher die Don-Pferde kamen, oder das Gestüt, aus dem die Budjonny-Pferde stammen. Jedenfalls sah Chruschtschow die riesigen herrlichen Stutenherden, Braune, Füchse, Rappen mit ihren „Cowboys“ und soll sich daraufhin an seine Begleiter gewandt haben: „Genossen, wir hatten doch entschieden, dass die Landwirtschaft mechanisiert wird, wieso sehe ich hier so viele Pferde?“ Darauf wurden in der ganzen Sowjetunion in etwa vierzehn Tagen, wie mir Pferdezüchter erzählt haben, etwa 250.000 Pferde sinnlos abgeschlachtet. Nicht etwa, dass sie wenigstens verwertet worden wären – es herrschte Mangel an Fleisch und Leder in Russland. Nein, die Kadaver wurden zu riesigen Haufen gestapelt, mit Benzin übergossen und verbrannt. Daraus resultierte natürlich auch nicht ein einziger Traktor mehr in der Landwirtschaft, von wegen der gewünschten Mechanisierung – aber der Zar hatte gesprochen.

Da hier von Pferden die Rede ist und ich dem Reitsport von Kindesbeinen an verbunden war, ist festzuhalten, dass es damals auch in Moskau für uns Diplomaten eine Möglichkeit zu reiten gab, und zwar in einem der großen Parks der Hauptstadt, dem Sokolniki-Park. Dort trafen sich während der Sommermonate einige den Reitsport betreibende Diplomaten vor Dienstbeginn, um eine Stunde – von sieben bis acht – durch den waldartigen Park zu reiten. Unter ihnen der schwedische Botschafter Solman, der sich von mir bei dieser Gelegenheit erzählen ließ, was ich am frühen Morgen den Nachrichten entnommen hatte, und damit einen Informationsvorsprung vor seinen Mitarbeitern erlangte.

Rückführung von Deutschen und Deutschlandbild

Im Sommer 1957 kam eine große Delegation mit dem damaligen Sonderbotschafter und späteren Staatssekretär Rolf Lahr aus Bonn nach Moskau. Es sollte, wie bei der Aufnahme diplomatischer Beziehungen durch Adenauer und Chruschtschow beschlossen, ein großes Vertragswerk geben über Wirtschaftsbeziehungen, Schifffahrt, Handel, Konsularbeziehungen sowie die Rückführung von Deutschen.

Diese waren vor zweihundert Jahren von der deutschstämmigen Kaiserin auf dem Zarenthron, Katharina der Großen, ins Land geholt worden. Viele Familien waren durch den Zweiten Weltkrieg auseinander gerissen worden, aus ihren einstigen Siedlungsgebieten an der Wolga waren die meisten von ihnen auf Stalins Befehl unter unsagbaren Verhältnissen nach Sibirien umgesiedelt worden. Die Überlebenden siedelte man in den Folgejahren in der Mehrzahl in Kasachstan an.

Bei einem der ersten Gespräche im Außenministerium sagte Minister Gromyko zu Lahr, als dieses Thema zur Sprache kam: „Deutsche? Es gibt keine Deutschen in der Sowjetunion. Deshalb kann auch nicht über deren Rückführung verhandelt werden." Wilhelm Haas, erster deutscher Nachkriegsbotschafter in Moskau, unser damaliger Chef, wollte diese Unverfrorenheit Gromykos nicht einfach hinnehmen. Er ließ die Karteischränke aus der Rückführungs-Registratur in den einzigen großen Raum der Botschaft, den Kinosaal im Untergeschoss, schaffen, wo er für die Korrespondenten der westlichen Medien eine Pressekonferenz abhielt. Dabei erläuterte er die Problematik der Rück- und Familienzusammenführung und forderte die Korrespondenten danach auf, sich an den Karteikästen wahllos Ausreiseersuchen herauszuziehen und von den Mitarbeitern, soweit erforderlich, übersetzen und erläutern zu lassen.

Haas hatte Erfolg: Die Weltpresse griff das Thema auf, und die sowjetischen Organe, allen voran die „Prawda" (zu deutsch „Wahrheit"), schäumten über die „Kellerkonferenz", durch die der deutsche Botschafter die Sowjetunion verleumdet habe usw. Auch zu Hause brachte diese Initiative dem Botschafter nicht nur Applaus für sein couragiertes Verhalten ein, die Bundesregierung wollte zu jener Zeit keinen Krach mit Moskau.

Mit dem Thema der Rückführung von ethnisch deutschen Sowjetbürgern hatten wir über dreißig Jahre zu kämpfen. Heute bemüht sich die Bundesregierung alles zu tun, um den Hunderttausenden, die immer noch ausreisen und nach Deutschland kommen wollen – es gab über 2 Millionen von ihnen in Russland und Kasachstan –, dabei zu helfen, menschenwürdige Umstände in ihren Lebensverhältnissen am Ort zu schaffen; denn wir können sie nicht alle aufnehmen. Damals aber kämpften wir um jede Ausreisegenehmigung.

Lahr wollte, nachdem ihm Gromyko den Stuhl vor die Tür gesetzt hatte, direkt wieder nach Hause zurückkehren, Adenauer aber ließ ihn auf seinem Stuhl – in meinem geliebten Hotel „Ukraina" – sitzen, bis zum Herbst. Dann waren nämlich Wahlen in Deutschland, und die Opposition hatte vom Kanzler eine aktive Ostpolitik verlangt.

Schließlich kam es zu Kompromissen und im Frühjahr 1958 auch zu konkreten Ergebnissen. Obwohl kein verbindliches Abkommen über die Rückführung erreicht werden konnte, sondern nur eine Art unverbindliches Protokoll, kam es in den Folgejahren doch zu einer erheblichen Anzahl von Ausreisen. Es gab immer wieder auch Fälle der Familienzusammenführung in tragischer Dimension. Wir liefen dann zu unseren Kollegen ins russische Außenministerium und baten und versuchten zu überzeugen, dass eine Ausreiseerlaubnis erteilt würde. Die Standardantwort lautete: „Die Frage wird geprüft, es handelt sich schließlich um Menschen..."

Einmal gelang ein Coup. Damals war ich schon wieder in Deutschland, im Sowjetunion-Referat des Auswärtigen Amts. Es erschien ein Herr, der vorbrachte, er habe schon eine ganze Reihe von Ausreiseanträgen für seinen Bruder gestellt, mit der erforderlichen Übernahmegarantie, alle Voraussetzungen für eine Ausreisegenehmigung entsprechend dem deutsch-sowjetischen Familienzusammenführungsprotokoll seien erfüllt, doch habe der Bruder bis heute keine Ausreisegenehmigung erhalten. Die Familie sei durch die Kriegsereignisse 1945 auseinandergerissen worden; er wisse sich keinen Rat mehr. Einer meiner Kollegen empfahl, sofort einen erneuten Antrag zu stellen und parallel dazu zwei Telegramme auf den Weg zu bringen, eines an Chruschtschow mit der Bitte, den Bruder reisen zu lassen, das andere an den Bruder, in dem er ihm vom Telegramm an den Kreml-Chef berichtet mit dem Zusatz, er sei sicher, dass die Ausreise jetzt genehmigt werde, denn Chruschtschow habe schon in anderen Fällen die Behörden angewiesen, sich in Fällen der Familienzusammenführung an die entsprechende Regierungsvereinbarung zu halten.

Nach etwa drei Wochen erschienen zwei strahlende Männer bei uns im Auswärtigen Amt: die beiden Brüder. Der Trick hatte geklappt, die örtlichen Behörden im Verbannungsort des Bruders hatten das zweite Telegramm natürlich gelesen und aus Furcht vor einem Anpfiff aus Moskau den Bruder sofort reisen lassen.

So etwas konnte man natürlich nur ab und an einmal versuchen, aber um Familienbande vorzuweisen, haben wir auch in mehreren Fällen uns selbst zu Verwandten erklärt, wenn es solche in Deutschland nicht gab, der Ausreisewunsch aber Dringlichkeit signalisierte, weil Diskriminierung oder Drangsalierung durch die Behörden offensichtlich waren. Noch in den achtziger Jahren erzählte mir ein russischer Professor, dass er als Mitprüfer eine Studentin im Examen gehabt habe, die, über alle Kritik erhaben, eine glänzende Prüfung absolvierte. Als der Hauptprüfer dann aber aus den Papieren ersah, dass sie Deutsche war, verpasste er ihr ein „genügend", weil es einfach nicht anging, einer Deutschen ein „sehr gut" oder gar „mit Auszeichung" zuzugestehen, wie sie es verdient hatte.

Es gab in der Anfangszeit natürlich auch viele tragische Fälle: der Pastor, der schwer hinkte; er war von einem Milizauto willkürlich überfahren worden – der Mann, der auf den Hof der Botschaft kam, sich hinwarf und die Erde küsste, er hatte deutschen Boden erreicht; wir konnten ihm dennoch nicht helfen, er musste wieder hinaus – der Bauer, der im Konsulat sein Hemd auszog und ein etwa zwei Meter langes Tuch von seinem Leib abwickelte, vollgeschrieben mit Namen von Ausreisewilligen...

Im Sommer 1957 fanden in Moskau die kommunistisch inspirierten Weltjugendfestspiele statt. Ein junger Mann hatte sich bis in die Botschaft durchgeschlagen, er war Baltendeutscher wie ich, nur hatte ihn das Schicksal 1945 nach Ostdeutschland verschlagen, wo er, wie nicht wenige Landsleute, von der Besatzungsmacht als Sowjetbürger in Anspruch genommen und zurückgeschickt wurde – er hatte fürchterliche Jahre hinter sich, einschließlich Lager und Gefängnis. Ich konnte ihm nicht helfen.

Das Feindbild im Hinblick auf die Deutschen war viel tiefer verwurzelt als wir, die wir nach dem Kriege vom Nationalismus so gründlich geheilt waren, je anzunehmen bereit waren.

Ich erinnere mich noch genau, wie ich eines Sommerabends eine Straße in Moskau entlangging und aus den offenen Fenstern ein deutsches Soldatenlied, „Erika", hinausschallte – im Fernsehen lief wie so oft ein Kriegsfilm, in dem deutsche Soldaten als grausame, meist törichte Schlächter heroischen, hochmoralischen und gescheiten Rotarmisten gegenübergestellt wurden.

Sicher, auch in Amerika gab es Filme dieser Art bis in die jüngste Vergangenheit, aber in Russland, glaube ich, ging es tiefer. Nun hatten die Russen ja auch unter dem Krieg und der Besetzung furchtbar gelitten. Ein anderes Motiv, die Kriegserinnerung wachzuhalten, bestand darin, dass der Sieg im Zweiten Weltkrieg praktisch die einzige Erfolgsstory war, die das kommunistische System seit 1917 aufzuweisen hatte. Das versprochene Paradies der Arbeiter und Bauern war Lichtjahre weit von der Realität entfernt; die Ankündigungen Chruschtschows und der Partei, man werde in wenigen Jahren Amerika „einholen und überholen", für jeden, der den „realen Sozialismus" erlebte, ein blanker Hohn: Ausdruck sowohl von Minderwertigkeitskomplexen wie Großmannssucht.

Unvergesslich ein Ausflug im Herbst 1957, zu einem der Schlösser in der Moskauer Gegend, stets argwöhnisch von der Miliz überwacht, und über schlammstarrenden Straßen beim Durchfahren der Dörfer

In den Außenbezirken ging es ländlich zu. Schnappschuss von einer Dorfstraße bei Moskau, das alte Holzgebäude diente als „Klubhaus“.

die roten Spruchbänder mit den Parolen: „Amerika einholen und überholen“.

Auf einem dieser Ausflüge – die, sobald der Radius von 40 Kilometern von der Stadtmitte überschritten wurde, einer vorherigen Genehmigung durch das Außenministerium bedurften – musste das Kind eines Kollegen mal. Wir hielten an, das Kind wurde in Stellung gebracht, da erschien wie aus heiterem Himmel ein Miliz-Motorrad mit dem üblichen Beiwagen. Die beiden Milizionäre sprangen ab und begannen armefuchtelnd zu schimpfen und zu schreien, auf dieser Straße dürften wir nur entlangfahren, nicht jedoch anhalten, das wüssten wir doch genau, wir verstießen gegen die Vorschriften. Also sofort in die Autos, sonst... Dem kleinen Mädchen verschlug es sein Verlangen. Ob im angrenzenden Gehölz wirklich irgendwelche höchst geheimen Raketen standen – ich weiß es nicht.

Das Misstrauen, die Angst vor Anschlägen gegen das Regime waren so groß, dass damals noch an jeder Brücke Wachtposten mit Gewehren und aufgepflanztem Bajonett standen. Selbst auf einer U-Bahnbrücke über die Moskwa, bei der die Gleisanschlüsse rechts und links noch fehlten, stand ein Posten auf Jahre hinaus, ähnlich wie – laut Bismarcks „Gedanken und Erinnerungen" – einst im Sommergarten in Petersburg. Dort hatte, wie 1859 festgestellt wurde, Tag und Nacht an unerklärlicher Stelle ein Posten Wache gehalten. Als der damalige Zar Alexander II. einmal fragte, was es dort denn zu bewachen gäbe, musste nachgeforscht werden, weil keiner der Höflinge eine Antwort parat hatte. Schließlich löste sich das Rätsel: Katharina der Großen war hundert Jahre zuvor im Park ein früh erblühtes Schneeglöckchen aufgefallen. Damit es nicht abgerissen würde, beorderte sie einen Wachtposten dorthin…

Ganz verrückt waren auch die Ängste, was das Fotografieren anbetraf: Brücken, Eisenbahnübergänge, Flughäfen und natürlich alles Militärische – mit Ausnahme der Paraden auf dem Roten Platz, mit denen man den Westen beeindrucken wollte –: alles verboten. Da geschah es schon einmal, dass jemand einen Sonnenuntergang über der Moskwa ablichtete und hinterher auf dem Nachhauseweg eine Milizpatrouille dastand, die unter größeren Einschüchterungen den Film aus der Kamera zerrte, weil ein Bäuerlein, wohl zur Wachsamkeit erzogen – „der Klassenfeind schläft nie" –, gemeldet hatte, dass Kapitalisten eine, in der Ferne sicherlich vorhandene, Brücke ausspioniert und fotografiert hätten.

Noch in den achtziger Jahren, als man per Satellit schon jede Kleinigkeit aufnehmen konnte, verlangten die sowjetischen Vorschriften, dass in jedem Flugzeug, das auf einem Flughafen irgendwo im Riesenland landete, eine Ansage zu erfolgen hatte des Inhalts, jegliches Fotografieren auf dem Flughafen sei strikt verboten. Ich habe mehrere Funktionäre, selbst Gromyko, auf die Lächerlichkeit dieses Vorgehens aufmerksam gemacht, mit dem Hinweis, dass die Sowjetunion ihrem Ansehen durch derartigen Unfug nur schade. Letzterer ließ zwar seinen persönlichen Referenten die Sache notieren – mürrisch natürlich –, aber es geschah bis 1990 nichts. Auch die wenigen Landkarten und Stadtpläne, die man erwerben konnte, waren durchweg falsch. Der potenzielle Feind sollte irregeführt werden.

Neben allen Behinderungen und negativen Begleiterscheinungen in unserem Moskauer Leben gab es die Kultur: die zwar verstaubten, aber in ihrer Qualität nicht zu überbietenden Ballettaufführungen im Bolschoi-Theater mit der nicht mehr jungen, aber unübertrefflichen Primaballerina Galina Ulanowa, die herrlichen russischen Opern und die unvergleichlichen Konzerte mit David Oistrach und Emil Gilels, mit Leonid Kogan und dem jungen Swjatoslaw Richter, mit dem Moskauer Kammerorchester unter Rudolf Barschai – dem ersten in der Sowjetunion nach Stalin, hatte dieser doch Kammermusik als zu individualistisch verboten. Die Noten besorgte die deutsche Botschaft.

In die Zeit meines ersten Moskauer Aufenthaltes fiel auch die erste Erdumkreisung durch einen sowjetischen Satelliten, den Sputnik. Chruschtschow jubelte. Hier hatten die Sowjets endlich einmal die Nase vorn – vor den Amerikanern. Selbst der Pausenclown im Staatszirkus machte seine Witze über die missglückten Versuche der USA, mit immer kümmerlicher werdenden Piepstönen verunglückter Satelliten. Dann ließ er strahlend einen Lichtpunkt im Rund der Zirkuskuppel kreisen und erklärte emphatisch: „Voilá, der Sputnik!“ Riesenapplaus natürlich.

Eine weitere Errungenschaft konnte ich persönlich erleben, einen Flug im ersten Düsen-Passagierflugzeug der Welt. Die Briten hatten zwar auch eins in Dienst gestellt, aber nach einer Katastrophe wieder zurückgezogen. So war die TU 104 tatsächlich das erste Düsen-Passagierflugzeug; eine beachtliche Ingenieurleistung. Unser Flug ging von Moskau nach Kopenhagen. Die Sitze waren großzügig angeordnet, mit Tischen zwischen je zwei Sitzreihen, auf denen kleine Lampen mit Seidenschirmen und Rüschen standen. Wie so häufig in Russland war, nach Ablösung der Moderne der zwanziger Jahre, die Geschmacksbildung auf Jahrhundertwende-Niveau stehengeblieben. Schon der große Revolutions-Poet Wladimir Majakowski hatte gewarnt, dass dem Kommunismus Gefahr drohe von „Gardinen, Geranientöpfen und Kanarienvögeln“.

Die TU 104 war ein zum Passagierflugzeug umfunktionierter Bomber. Als sie in Kopenhagen zur Landung ansetzte, musste der Pilot kurz vor dem Aufsetzen plötzlich wieder durchstarten; er war wohl noch zu hoch und lief Gefahr, über das Ende der Piste hinauszuschießen, und da war Meer. Wir machten eine große Runde über der Ostsee, der Pilot setzte erneut zur Landung an – und erneut startete er durch.

Normalerweise hätte er nun einen anderen Flughafen anfliegen müssen, doch er versuchte es ein drittes Mal, und das klappte dann auch, allerdings mit einem erheblichen „Rumpler“, wie die Reiter sagen würden. Einige ausländische Passagiere waren leicht geschockt, aber was tat es – das erste propellerlose Passagier-Flugzeug der Luftfahrtgeschichte trug am Leitwerk die rote Fahne der Sowjetunion.

Erst die amerikanische Mondlandung, die allerdings der sowjetischen Öffentlichkeit lange Zeit vorenthalten wurde, machte dieser technologischen Euphorie ein Ende. Vorher freilich gab es noch die Erfolge mit Juri Gagarin, dem ersten Menschen, der die Erde im Satellit umrundete, und mit der ersten Frau im Weltraum, Valentina Tereschkowa, mit der ich später öfters zu tun hatte; sie war auch in den achtziger Jahren bei uns in der Botschaft, in ihrer Eigenschaft als Vorsitzende des Verbandes der sowjetischen Freundschaftsgesellschaften. Sie war nicht unsympathisch, natürlich damals schon eine vollprofessionelle kommunistische Funktionärin, mit einschlägigem Habitus, doch immerhin noch soweit offen-menschlich, dass sie auch über ihr Familienleben, ihr Zuhause, ihre Herkunft erzählte, was bei einem richtigen Funktionär einem Ausländer gegenüber absolut tabu war.

Da für die Befindlichkeit der Menschen in der Sowjetunion Witze stets aussagekräftig waren, hier einer, der damals umlief:

So spannend war damals der Anblick eines VW-Motors.

Frage an Radio Jerewan – „Stimmt es, dass der Genosse Kosmonaut Juri Gagarin bei einer Lotterie in Moskau eine SIS-Limousine gewonnen hat?" Antwort – „Im Prinzip ja, doch handelte es sich um eine Lotterie, die nicht in Moskau, sondern in Kiew stattfand, auch war nicht der Kosmonaut Juri Gagarin betroffen, sondern der Oberlehrer Juri Gagarin aus Charkow, und tatsächlich ging es nicht um eine SIS-Limousine, sondern um ein Fahrrad und dieses hat Lehrer Gagarin nicht gewonnen, sondern es wurde ihm gestohlen." Die Moral von der Geschichte war jedermann klar: Wir können zwar einen Menschen in den Kosmos schicken, aber auf der Erde gibt es noch nicht einmal genügend Fahrräder.

Solche defätistischen Äußerungen hörten wir in Moskau natürlich nie, von wem auch, wir kannten ja nur langweilige oder eingeschüchterte Funktionäre. Witze dieser Art sammelten wir auf den seltenen Reisen, die uns genehmigt wurden und bei denen es gelegentlich zu ganz rührenden Verbrüderungen kam. Bei allem Vorbehalt gegen „die Deutschen", der immer mit der Achtung vor Tüchtigkeit und Leistung einherging – „der Deutsche hat den Affen erfunden" –, waren die Russen doch stets aufgeschlossen und freundlich zum einzelnen Menschen aus Deutschland, noch dazu, wenn er russisch sprach.

Unvergesslich die Trauben von Moskauern, die sich um unsere Volkswagen scharten. Das größte Aufsehen verursachte allerdings eine Delegation des „Stern" mit Henri Nannen, die mit zwei Autos von Hamburg aus über Minsk und Smolensk nach Moskau gekommen war. Nannen fuhr ein Mercedes 190-Sportcoupe, in Moskaus Straßen eine Art Weltwunder.

Als ich in die Botschaft kam, stand dieses Gefährt vor dem Eingang. Trotz der Versuche der Miliz, die Passanten wegzuscheuchen, klebte eine Traube von Neugierigen an dem Fahrzeug, das von seinem Besitzer dann auch gnädig angelassen wurde, unter Öffnung der Motorhaube, was Begeisterung auslöste. Auch sah ich einen Mann, der die Hand an den Auspuff hielt, dann an seinen Fingern roch und anerkennend sagte: „Deutsches Benzin". Dabei hatte Nannen den Wagen mindestens zweitausend Kilometer schon mit russischem Treibstoff gefahren!

Eine bemerkenswerte Geschichte war auch mit einem anderen Pressebesuch verbunden. Eines Tages erschienen Axel Cäsar Springer, seine damalige Frau Rosemarie – Dressurreiterin ihres Zeichens –, Hans Zehrer, Chefredakteur der „Welt", und Herr Kracht vom Verlag. In Moskau war damals insofern eine Neuerung gegenüber der Stalin-

Axel Springer mit Frau Rosemarie im Januar 1958 in Moskau.

Zeit erfolgt, als Chruschtschow Gefallen daran zu finden begann, durch Interviews in der Welt auf sich und seine Politik aufmerksam zu machen. Daniel Shorr von CBS war der Erste, der ein Fernsehinterview mit dem Kreml-Chef aufgenommen hatte, und nun hatte es auch der Springer-Verlag darauf angelegt, ein Interview mit Chruschtschow zu erhalten. Dies war über die sowjetische Botschaft in Bonn eingefädelt worden. Wir in Moskau hatten keine Ahnung und wurden auch nicht etwa konsultiert. Der Springer-Verlag musste einen Fragenkatalog einreichen, dazu sollte es ausgearbeitete Antworten geben und ergänzend, die Antworten erläuternd, ein Gespräch.

Also, die Herrschaften kamen im Januar 1958 nach Moskau, nahmen Logis im Hotel „National", gegenüber vom Kreml, und warteten. Sie warteten darauf, dass das Telefon klingelte und sie zum Meister in den Kreml gebeten würden. Das Warten zog sich hin, das Telefon blieb stumm. Rosemarie Springer schimpfte, weil sie ihre Pferde nicht arbeiten konnte, und auch bei den Herren wuchs die Nervosität. Schlimm wurde es, als nach einer Reihe von Tagen in der „Prawda" zu lesen stand, dass Chruschtschow zu einem Staatsbesuch in Sofia eingetroffen sei... Nach weiteren langen Tagen des Wartens gab es schließlich Antworten auf vom Kreml ausgewählte sechs der eingereichten insgesamt 15 Fragen, und es gab den Termin bei Chruschtschow – am 29. Januar 1958 –, doch die Antworten auf die Fragen waren verheerend. Diese Fragen hatten politische Konzepte enthalten, wie den Vorschlag, Gesamt-Berlin unter eine Vier-Mächte-Verwaltung zu stellen, wie das in Wien gehandhabt worden war, um von diesem Modell aus ähnlich weiterzukommen, wie es mit dem österreichischen Staatsvertrag 1955 gelungen war, d. h. zur Beendigung der Besetzung des Landes. Die Schärfe und der Zynismus der sowjetischen Haltung wurden kurz darauf öffentlich gemacht, als „Die Welt“ am 7. Februar 1958 die sechs Fragen und Antworten im Wortlaut druckte. In einem redaktionellen Beitrag auf der Titelseite „Einheit nur über Bonn-Ostberlin“ hieß es dazu: „Die Sowjetunion hält unverändert starr an ihrer These von den beiden deutschen Staaten fest, die unmittelbar miteinander sprechen müssen.“ Tatsächlich war Springer so verärgert, dass von dem Zeitpunkt an die „Welt“ – bisher ein ganz liberales Blatt – zumindest partiell zu einem antikommunistischen Kampfblatt wurde, was dann besonders in den innenpolitischen Auseinandersetzungen um die Ostpolitik der sozialliberalen Koalition der frühen siebziger Jahre eskalierte.

Ein anderer Besucher war der amerikanische Zeitungsmagnat Hearst, der wie Springer in einer Suite des Hotels „National“ auf seinen Termin wartete. Mein Botschafter schickte mich zu ihm, weil auf der Rückreise in die USA ein Termin mit Adenauer vorgesehen war und die Bonner gerne wissen wollten, wann genau Hearst nach Bonn kommen würde. Er konnte es nicht sagen, denn er saß im „National“ und wartete…

In diesem Hotel erlebte ich auch von Gerd Ruges Appartement aus, der als einer der ersten deutschen Korrespondenten, und zwar für den WDR, nach Moskau gekommen war, die jährliche große Parade anlässlich der Oktoberfeierlichkeiten, d. h. des sowjetischen Nationalfeiertags, der im Gedenken an die Oktoberrevolution gefeiert wurde, allerdings am 7. November, weil in der Zwischenzeit der Kalender dem des Westens angepasst worden war: der gregorianische statt des julianischen, der noch heute in der russischen Orthodoxie Anwendung findet, weshalb die Feste des Kirchenjahres stets um etwa zwei Wochen mit den unseren variieren.

Aus dem Fenster von Gerd Ruge konnte man den Roten Platz mit Lenin- und damals auch noch Stalin-Mausoleum, wo auf einer Tribüne die Führung des Staates aufgereiht war, zwar nicht direkt einsehen, jedoch die Zufahrt war gut sichtbar – und dort wurden an jenem

Novembertag des Jahres 1957 erstmals militärische Raketen in großer Zahl vorgeführt, offensichtlich um die westlichen Beobachter, besonders die Militärattachés, zu beeindrucken.

Bei dieser Gelegenheit war Mao Tse-tung das letzte Mal in Moskau. Den Nachrichten zufolge, die uns bekannt wurden, hatte es bei diesem Besuch den großen Streit um die Pläne für die Herstellung der Atombombe gegeben, die die Russen den Chinesen nicht herausgeben wollten. Dies besiegelte den Bruch zwischen Moskau und Peking, der später zu krisenhaften Verhältnissen zwischen den beiden kommunistischen Großmächten führte.

Damals war der Zugang zum Roten Platz vom Manege-Platz her für große Laster und Panzerfahrzeuge noch frei zugänglich, die – inzwischen wieder aufgebauten – Tore mit den zaristischen Emblemen und der orthodoxen Kapelle waren hierfür abgerissen worden.

Zu Ostern nahm mich Botschafter Haas auf eine Reise nach Leningrad mit, das heute wieder seinen historischen Namen St. Petersburg zurückerhalten hat. Die herrliche Stadt, von Peter dem Großen aus den Sümpfen der Newa-Mündung herausgestampft, um das „Fenster nach Europa" aufzustoßen, war zwar in einem arg heruntergekommenen Zustand, von der Eleganz dieser Weltstadt, von der mein Vater immer erzählt hatte, war natürlich nichts mehr übriggeblieben, Palais' und

Militärparade auf dem Roten Platz, 7. November 1957. Erstmals wurden hier der Öffentlichkeit militärische Raketen in großer Zahl vorgeführt.

Bürgerhäuser des 18. und 19. Jahrhunderts waren vom Mehltau des Sozialismus überzogen, Fassaden bröckelten ab. Und dennoch leuchtete der vergangene Glanz des nordischen Venedig, die architektonische Brillanz italienischer (Rastrelli, der den Winterpalast der Zaren entworfen hatte), deutscher (Klenze, der die Neue Ermitage errichtete) und französischer Architekten unter dem sozialistischen Grau hervor.

Abends gingen wir zur orthodoxen Ostermesse, die im russischen Kirchenjahr als das höchste Fest gefeiert wird. Zwar waren die Isaaks-Kathedrale und die dem Petersdom nachempfundene Kasaner Kathedrale entweiht: letztere ein Museum für Atheismus, doch um die größte noch „arbeitende" orthodoxe Kirche drängte sich eine große Menge Menschen, durchsetzt von freiwilligen Helfern der Miliz mit roten Armbinden, die die Gläubigen herumstießen und unflätig beschimpften. Im Gottesdienst selbst hatten wir Ehrenplätze bei der eindringlichen Zeremonie mit den unvergesslichen orthodoxen Chorgesängen und dem Gepränge der Liturgie. Trotzdem blieb beim Heimweg ein schaler Geschmack zurück.

Im übrigen war Petersburg stets eine weltoffene, tolerante Stadt gewesen. Neben der Kasaner Kathedrale gab es allein auf dem zentralen Newski-Prospekt eine armenische, eine katholische und eine evangelische Kirche, letztere hat bis in die neunziger Jahre als Schwimmbad gedient, heute dient sie wieder der evangelischen Gemeinde.

Botschafter Haas wurde 1958 nach Tokio versetzt, ich selbst zu einer weiteren Ausbildungs-Stage nach Brüssel, wo ich die Weltausstellung mit dem damals erbauten Atomium erlebte und meinen ersten Monarchen, den jungen König Baudouin. Ich sollte dort im Konsulat lernen. Da ich in Konsul Pfisterer, der im Kriege beide Beine verloren hatte und sich bewundernswert hielt, einen rührend großzügigen Chef hatte, wurden die Brüsseler Monate zu einer unbeschwerten, herrlichen Zeit im Kreise junger Menschen unterschiedlicher Nationalität.

Auf der Weltausstellung besuchte ich auch den protzigen sowjetischen Pavillon mit einem Prototyp des bis heute produzierten Pkw „Wolga" und typischen Delikatessen, einschließlich des mit vielen Sternen geschmückten armenischen Cognacs, der wirklich sehr gut ist. Natürlich gab es auch dazu den passenden Radio-Jerewan-Witz:
Frage – „Wieso hat auf der Brüsseler Weltausstellung der armenische Cognac mit vier Sternen eine Goldmedaille erhalten, der mit fünf Sternen jedoch überhaupt keine Auszeichnung?" Antwort – „Das wissen wir auch nicht, stammten doch beide aus dem gleichen Fass."

Zwischenspiel in Japan

Danach musste ich in Bonn das Abschlussexamen nach der damals dreijährigen Attaché-Ausbildung machen, die der Referendarausbildung angepasst war, wie auch die so genannte „Große Diplomatisch-konsularische Prüfung“ dem Assessor-Examen ähnelte. Ich erreichte ein durchschnittliches „befriedigend“.

Und dann kam die für mich erstaunliche und unerwartete Versetzung nach Japan. Botschafter Haas, der ziemlich unfreundlich und Hals über Kopf nach Tokio versetzt worden war, hatte sich ausbedungen, seinen Sohn – meinen Freund und Crew-Kollegen (die einzelnen Attaché-Jahrgänge werden im Auswärtigen Dienst seit alters wie in der Marine „Crew“ genannt) – Wilhelm („Bill“) Haas mitzunehmen, was unüblich war, und auch sonst in der Besetzung seiner Botschaft freie Hand zu haben.

Tatsächlich ist dann in einer Fragestunde im Bundestag der Staatssekretär des Auswärtigen Amtes von einem Abgeordneten gefragt worden, ob es neuerdings üblich sei, dass ein Botschafter seinen Sohn auf Posten in der eigenen Botschaft mitnehme und, schlimmer noch, diesem „einen Gespielen“ mitgebe. Das war ich.

Die drei Jahre in Tokio, zuerst als Junggeselle und dann als junger Familienvater, verliefen als Kirschblütentraum: Die Arbeit in der Botschaft war keineswegs mit Überforderung zu kennzeichnen, erste Gehversuche auf dem diplomatischen Parkett verliefen ohne besondere Ausrutscher, geritten wurde im Palace Riding Club im Gelände des Kaiserlichen Palastes, mit Oberst Kido als Trainer, einem alten Kavalleristen, der von seiner Ausbildung in der Kavallerieschule Hannover schwärmte.

Die Hochzeit war von unserem Botschafterehepaar Haas ausgerichtet worden, deren Sohn, mein Freund Bill – später selbst Botschafter in Tokio – war Trauzeuge, mein Crew-Kollege Fredo Dannenbring Standesbeamter. Die Hochzeitsreise führte über das Hakone-Gebiet um den Fuji-Berg in den Süden der Hauptinsel Honshu, über die Perlenküste auf der Halbinsel Izu in die alten Kaiserstädte Kyoto und Nara.

Die Hochzeitsnacht verbrachten wir im Fujija-Hotel in Hakone, einem tradionell aus Holz errichteten Ausflugshotel mit westlicher

Mit Willy Brandt, damals Regierender Bürgermeister von Berlin, im Kabuki-Theater in Tokio. Zweiter v. l. Wilhelm (Bill) Haas jr., zweiter v. r. Botschafter Wilhelm Haas sen.

Einrichtung, das zu jener Zeit noch viele amerikanische GI's beherbergte, die dort ihr Wochenende verbrachten. Bei der Rezeption war eine große Tafel mit den Namen der Gäste angebracht, der wir keine Beachtung schenkten.

Nach der Rückkehr erfuhr ich in der Botschaft, dass sich eine bekannte deutsche Diplomatin, die sich, aus Amerika kommend, gleichzeitig im besagten Hotel aufgehalten hatte, mit recht abfälligen Bemerkungen nach mir erkundigt hatte. Als Grund ihrer negativen Einstellung stellte sich heraus, dass sie auf der Tafel des Hotels meinen Namen mit dem Zusatz „and friend" entdeckt hatte, die übliche Bezeichnung bei amerikanischen Soldaten, wenn sie mit einem japanischen Freudenmädchen abgestiegen waren.

Dabei war die Geschichte recht einfach zustande gekommen. Als ich die Reservierung eines Doppelzimmers veranlasst hatte, war ich noch nicht verheiratet, so hatte unser japanischer Dolmetscher die übliche japanische Formel gewählt, die dann als „and friend" auf der Tafel erschien.

Botschafter Haas hatte mich mitgenommen, weil er davon überzeugt war, dass er auch auf seinem neuen Posten in Tokio mit dem Problem kommunistischer Expansion zu tun haben würde: Schon damals spielte im Verhältnis zwischen Tokio und Moskau die Inselgruppe der nördlichen Kurilen eine große Rolle, die Stalin 1945 der Sowjetunion einverleibt hatte – eine Tatsache, die bis heute die Beziehungen zwischen Russland und Japan belastet. Auch das kommunistische China lag gewissermaßen vor der Haustür, und das geteilte Korea barg ebenso bedrohliche Konfliktherde wie die Situation in Vietnam.

Besonders eindrucksvoll war eine Reise nach Südkorea, in deren Verlauf ich Gelegenheit zu manch interessantem Meinungsaustausch mit Koreanern sowohl von Seiten der Regierung – damals herrschte noch der Diktator Singman Rhee – als auch von oppositionellen Kreisen hatte. Der Höhepunkt der Reise war allerdings ein Besuch von Panmunjon, der noch heute existierenden Grenzstation zwischen Nord und Süd, wo Amerikaner und Nordkoreaner an einem Tisch in einer Baracke, über dessen Mitte die Grenzlinie verläuft, einander mit Vorwürfen bezüglich angeblicher oder tatsächlicher Grenzverletzungen in einer höchst undiplomatischen Weise überhäuften. Einige Jahre spä-

Ausritt mit Bill Haas aus dem Gelände des Kaiserpalasts, mit unserem Trainer Oberst Kido am Schluss der Gruppe. Mai 1959.

ter gab es dort Übergriffe, die sogar Todesopfer unter amerikanischen Soldaten zur Folge hatten. Damals, 1960, kroch einem an diesem Ort der Manifestation des Kalten Krieges doch auch schon ein Gefühl der Angst den Rücken herauf.

Im Februar 1991 habe ich Panmunjon dann wiedergesehen, anlässlich des Staatsbesuchs von Bundespräsident Richard von Weizsäcker in Korea. Da war die Atmosphäre natürlich unvergleichlich entspannter, obwohl das Verhältnis zwischen dem stalinistisch geprägten Norden und dem wirtschaftlich blühenden Süden noch immer nicht anders als feindselig bezeichnet werden konnte.

Im Herbst 1961 erhielt ich meine Marschorder, zurückzukehren ins Auswärtige Amt. Damals war es möglich, statt des Fluges eine Schiffsreise zu buchen, wenn man seinen Urlaub „ins Geschäft" warf. Dies hatte ich auf dem Hinweg 1958 getan, und diese Reise über Genua, Port Said, Suez, Colombo, Singapur, Manila und Hongkong fünf Wochen lang höchst vergnüglich gefunden. Meine Frau war anderthalb Jahre später mit dem Flugzeug nach Tokio gekommen. So buchte ich denn die Rückreise erneut mit dem Schiff, einem Kombi-Frachter, der über achtzig 1. Klasse-Kabinen verfügte. Wir waren inzwischen zu dritt mit unserer einjährigen Tochter, und meine Frau erwartete die Nummer zwei. Schon im Hafen von Yokohama – das Schiff legte abends ab – schaukelte die „Hannover" beträchtlich, und ich versuchte meiner Frau klarzumachen, dass es nichts Schöneres gäbe, als sich von den Wellen in den Schlaf wiegen zu lassen. Für das Baby war ein Bambus-Bettchen in unsere Kabine gestellt worden. Nach ein paar Stunden war an Schlaf nicht mehr zu denken. Das Schiff stampfte durch einen Sturm, der sich zum Orkan auswuchs. Gegen Morgen – wir hatten ein Fenster auf das Vorschiff hinaus – waren die Wellen zu zehn Meter hohen Gebirgen geworden, das Schiff kämpfte sich da hinauf, bis es mittschiffs den Wellenkamm erreicht hatte, und krachte dann mit Getöse in das nächste Wellental, wobei die in der Luft drehende Schraube aufschrie und das gesamte Schiff einen ohrenbetäubenden Lärm verursachte. Die Holztäfelung der Kabine quietschte, und aus dem Laderaum unter uns polterte es unaufhörlich. Der Service wurde eingestellt; es gab weder etwas zu essen noch zu trinken – wonach auch niemandem war –, und auch sonst funktionierte nichts.

Meine Frau, im schwangeren Zustand, lag in ihrer Koje und litt, raffte sich aber auf, um dem Baby die Windeln zu wechseln und diese dann im Bad in einer Pfütze Wasser, weil natürlich bei der schweren See das Waschbecken bei jeder Bewegung überlief, zu waschen. Damals gab es noch keine Pampers, und an das Gepäck kamen wir nicht heran. Ich selbst litt grünlich vor mich hin und glaubte zeitweise wirklich, dass dies nun das Ende sei. Einzig unsere Tochter fand das Ganze riesig. Sie juchzte in ihrem Bettchen und schrie nur, als dieses umkippte und sie herausflog, doch konnten wir das Bettchen schließlich irgendwie festbinden. Komplizierter war es, ihren Hunger mit ein paar aufgeweichten Keksen zu befriedigen, die ich in der verwaisten Küche auftrieb. Und so ging es zwei Tage und zwei weitere Nächte: rauf auf die Wellenberge, runter ins Wellental, dass das Vorschiff total in der schäumenden See verschwand, und wieder rauf und so weiter. Das ganze auf einem Kurs, um möglichst dem Auge des Taifuns zu entfliehen.

Am dritten Morgen hörte der Seegang ganz plötzlich auf, der Himmel wurde klar, strahlend und sonnig, und wir liefen bei spiegelglatter See in den Hafen von Kobe ein. Ursprünglich hatten wir schon am Morgen nach der Abreise aus Tokio-Yokohama dort sein sollen.

Die Reise wurde dann noch sehr schön, doch wir kamen innerlich über diesen Taifun nicht so richtig hinweg. Mein schöner Plan war im wahrsten Sinne des Wortes ins Wasser gefallen.

Es kam noch hinzu, dass mich irgendwo im Indischen Ozean zwischen Penang und Suez ein Funkspruch erreichte, ich möge bitte sobald wie möglich von Bord gehen und mit dem Flugzeug nach Deutschland kommen, ich würde dringend in Bonn gebraucht.

Dies hatte nicht nur zur Folge, dass meine Frau nun allein eine äußerst beschwerliche Heimreise zu bewältigen hatte, mit ihren anderthalb Babys und einer Menge Gepäck, sondern dass ich, von Kairo aus eingeflogen und etwas verknittert vor meinen neuen Chefs stehend, mit der Frage konfrontiert wurde: „Ach, Sie sind schon da?“

Bonn: Erneut mit der UdSSR befasst

Es folgten fünf Jahre im Sowjetunion-Referat des Auswärtigen Amts.

Zwischen Bonn und Moskau herrschte eine anhaltende Frostperiode. Diese hatte kurz nach Abschluss des deutsch-sowjetischen Vertragswerks vom Frühjahr 1958 begonnen, als Chruschtschow im Herbst des gleichen Jahres ein Ultimatum zum Status von Berlin verkündet hatte: Die Allierten sollten die Stadt alsbald verlassen; Berlin sollte als neutrales Gebilde eine dritte politische Einheit in Deutschland – neben der Bundesrepublik und der DDR – werden. Die westliche Welt, voran die Amerikaner, zeigte sich ziemlich ratlos, andererseits wollte man das unverfrorene Vorgehen der Sowjets, aus ihrem Machtbereich nun schon zum zweiten Mal nach der Blockade den Stachel West-Berlin herauszuziehen, nicht einfach so hinnehmen. Da war guter Rat teuer. Alle möglichen Konstruktionen wurden diskutiert, zum Beispiel gab es Überlegungen, ganz West-Berlin gewissermaßen zu versetzen – in die Lüneburger Heide. Auch der damalige deutsche Botschafter in Moskau, Kroll, forderte in seiner Berichterstattung dazu auf, Chruschtschow ernst zu nehmen. Politisch gefährlicher waren Überlegungen, die vom amerikanischen Außenminister John Foster Dulles kamen, man könne vielleicht die Sowjets besänftigen, wenn man ihre Forderung akzeptiere, die westlichen Schutzmacht-Truppen auf den Zugangswegen nach Berlin durch DDR-Einheiten kontrollieren zu lassen, anstelle der bisherigen sowjetischen, indem man die DDR-Grenzer als „Agenten" der Sowjets betrachten könne, was einen Schritt hin zur Anerkennung der Souveränität der DDR, aber auch fort von der „Vier-Mächte"-Verantwortung in Bezug auf Berlin und Deutschland als Ganzes bedeutet hätte.

Im Auswärtigen Amt hielten wir Chruschtschows Kraftmeierei für einen Bluff. Im Sowjetunion-Referat, geleitet vom früh verstorbenen Hans Reinkemeyer, produzierten wir pausenlos Papiere, um unsere These zu untermauern. Eines Tages fanden wir ein Lenin-Zitat, das sich auf den Frieden von Brest-Litowsk von 1918 bezog, und zwar auf eine Absprache zwischen Lenin und seinem Verhandlungsführer Trotzki: „... wir hatten vereinbart, dass wir uns bis zum Ultimatum der Deutschen halten; nach dem Ultimatum lenken wir ein."

Damit wollten wir unterstreichen, dass die Sowjets seit Anbeginn ihrer Machtausübung blufften. Glücklicherweise haben die Sowjets dann die Dulles'sche Agentenkonzession als nicht weitgehend genug abgelehnt. Gleichzeitig sollten nämlich die alliierten Truppen in Berlin durch „neutrale“ – unter anderem polnische, damals dem Warschauer Pakt zugehörige – Militärkräfte ersetzt werden. Um weitere Konzessionen herauszuholen, verschob Chruschtschow das Ultimatum von einem Termin zum nächsten. Als das Datum des 1. Januar 1961, das er als endgültig für die Beendigung des Regimes der Westmächte in ihren Sektoren von Berlin bezeichnet hatte, näher kam, erklärte er in einer Rede, in einem Schlenker: Ob es nun ein erster oder ein dreißigster Tag des Monats sei, an dem das Ultimatum befolgt werde, spiele schließlich keine Rolle. Damit war der Bluff geplatzt. Der im Sommer 1961 erfolgte Mauerbau wurde zwar in Moskau als Defensiv-Aktion empfunden, weil man das Ausbluten des kommunistischen Ost-Deutschland befürchtete, für uns allerdings bedeutete er die Zementierung der Teilung. Doch das Berlin-Ultimatum verlor dadurch endgültig seine Bedeutung.

Insgesamt fühlte sich der Kreml-Herr – die erwähnten Weltraumerfolge sowie die vom späteren Friedensnobelpreisträger Sacharow entwickelte Wasserstoffbombe im Rücken – ungemein stark und trat dem Westen gegenüber entsprechend auf.

Auf dem XXII. Parteikongress der KPdSU erklärte er am 18. Oktober 1961: „Der Untergang des Imperialismus und der Triumph des Sozialismus im Weltmaßstab sind unvermeidbar.“ Schon 1959 hatte Chruschtschow dem damaligen Präsidenten der USA, Eisenhower, erklärt: „Ihre Enkel werden im Kommunismus aufwachsen.“ In der UN-Vollversammlung drosch er mit dem Schuh auf sein Pult, um sein Redebegehren zu unterstreichen. Dabei war schon damals deutlich, dass innerhalb des kommunistischen Lagers tiefe Risse klafften. Jugoslawien, Albanien, China weigerten sich, nach Moskaus Pfeife zu tanzen, lediglich Kuba – und dies auch nicht zur reinen Freude des Kreml, wie sich im Zuge der Kuba-Krise 1962 zeigte, wo wieder geblufft wurde – war neu ins Lager gekommen. Die Wirtschaft funktionierte nicht wie erhofft, die Konzentration auf den militärisch-industriellen Komplex fraß die Ressourcen auf, und die ideologische Gleichschaltung zeigte erste Auflösungserscheinungen. Auch die erhoffte Expansion von Ideologie und politischer Einflussnahme in der Dritten Welt verlief nicht wie geplant. Den Kleingeistern bei uns schrieb ich 1961 ins Stammbuch: „Uns bläst der Wind nicht ins Gesicht. Wir werden aber warten müssen – ausharren. Vielleicht wird es zehn Jahre, vielleicht auch zwanzig dauern, über die einzelnen Schachzüge der Politik lässt sich streiten. Wenn wir aber die zwanzig Jahre durchgestanden haben, haben wir gewonnen. Dann werden Herrn Chruschtschows Enkel den Odem der Freiheit atmen."

Ich hatte mich im Zeitraum verschätzt. Es hat fast dreißig Jahre hierfür gebraucht... Und Chruschtschows Sohn und mehrere weitere Familienmitglieder sind mittlerweile amerikanische Staatsbürger.

Die offizielle Doktrin der sowjetischen Außenpolitik hieß „Friedliche Koexistenz", die uns auch von vielen, teils gutwilligen Idealisten, teils zielgerichteten Einflussagenten schmackhaft gemacht wurde. Die Interpretation dieses Begriffs für den Hausgebrauch lautete: „verstärkter Klassenkampf im Weltmaßstab", und mit dieser Volte war dem Streben nach Weltmacht und Hegemonie wieder Tür und Tor geöffnet.

Im taktisch-politischen Bereich bin ich aber stets für Kontakte, für Begegnungen und Gespräche eingetreten. Ich war überzeugt, dass der „Bazillus der Freiheit", den jede Begegnung nach Moskau und in den sowjetischen Machtbereich hereintrug, seine ansteckende Wirkung nicht verfehlen werde.

Bedeutsam wurde für mich eine Reise des damaligen Staatssekretärs des Amtes und späteren Bundespräsidenten Prof. Karl Carstens nach Moskau im September 1965. Dies war ein erster Versuch der Bundesregierung, nach einer langen Frostperiode in den Beziehungen ein wenig Tauwetter zu erzeugen. Damals nahm die deutsche Industrie mit großem Aufwand – so auch einem von uns speziell errichteten Pavillon, der bis heute genutzt wird – an der internationalen Chemie-Ausstellung im Moskauer Sokolniki-Park teil, und eine bedeutende Delegation deutscher Industrieller begleitete Prof. Carstens zum „Westdeutschen Tag" der Ausstellung, mit zahlreichen Reden und großem Erfolg.

Ich war in der Eigenschaft eines Sprechers der Delegation voraus geflogen, um das Terrain zu sondieren und die deutschen Korrespondenten vor Ort auf diesen Reanimationsversuch einer besseren, freundlicheren und aktiveren Beziehung zwischen beiden Ländern einzustimmen.

Das war nicht leicht, stand doch die deutsche – wie die sowjetische – Seite noch unter dem Eindruck eines Röhren-Embargos, das von der amerikanischen Regierung gefordert und von dem damaligen Bundeskanzler Ludwig Erhard verhängt worden war. Deutsche Firmen waren dadurch gehindert, bereits mehr oder weniger fertig gestellte Verträge mit den Sowjets einzuhalten, weil die zu liefernden Röhren für eine ost-westliche Pipeline vorgesehen waren, die von den Amerikanern als „strategisch“ betrachtet wurde, d. h. bei einem eventuellen Konflikt wäre ein militärischer Angriff durch eine solche Nachschublinie begünstigt worden. Die Leitung ist natürlich trotzdem gebaut worden. Vielleicht wurde sie durch das Embargo ein wenig verzögert in Dienst gestellt.

Bei einem Vorgespräch in der Wohnung unseres Presseattachés in Moskau, Alfred Reinelt, wurde ich von den zumeist oppositionell eingestellten Journalisten ziemlich gegrillt. Zum Röhren-Embargo in die Ecke getrieben, machte ich eine leichtfertige Bemerkung in dem Sinne: Die deutsche Industrie solle sich nicht aufspielen; wenn sie sich so sicher sei, dass sie zum Vertragsbruch veranlasst worden sei, hätte sie ja gegen die Bundesregierung klagen können. Im übrigen sei es der Bundesregierung mit dem Wunsch nach besseren Beziehungen ernst, und ich könne mir zahlreiche Felder der Kooperation vorstellen.

Beide Bemerkungen hatten ziemlich unangenehme Folgen.

Nach den feierlichen Reden anlässlich des „Westdeutschen Tages“ auf der Messe baten die Bosse der deutschen Industrie Staatssekretär Carstens zu einem Gespräch, bei dem sie sich wutschnaubend über seinen Sprecher beschwerten, der auf die Klagemöglichkeit der Lieferfirmen hingewiesen hätte, dabei sei doch von ihnen ein verzichtendes „gentlemen agreement“ mit dem Bundeskanzler getroffen worden und nun falle man ihnen, auch noch in Moskau, in den Rücken. Wir versuchten natürlich zu erklären, dass wir im AA von dieser Absprache keine Ahnung hatten, aber das half auch nicht viel. Carstens stellte sich vor mich, was wichtig und beruhigend war. Es gab dann noch einige Gespräche von Carstens mit Wladimir Semjonow, seines Zeichens Vize-Außenminister (vorher Hoher Kommissar in der Sowjetischen Besatzungszone und zehn Jahre später sowjetischer Botschafter in Bonn). Viel kam dabei nicht heraus: ein Dialog von Taubstummen, so weit waren die Positionen voneinander entfernt.

Es war eben die Zeit des Kalten Krieges. Wie sehr sie auch das Denken und Empfinden der Menschen beeinflusste, wurde mir an einem Abend klar, als mich unser Botschafter Horst Groepper, den ich aus den Moskauer Anfangsjahren kannte, zu sich in die Residenz, eine schöne Großbürger-Villa im Zentrum von Moskau, einlud. Ich habe später besonders gerne in diesem bequemen und in jeder Beziehung angenehmen Haus gewohnt, Gäste bewirtet und gefeiert.

Groepper und seine Frau hatten in der großen, durch zwei

Stockwerke gehenden Halle ein paar Möbel vor einen Kamin gestellt, wo sie abends saßen, da sie sich fürchteten, die gemütliche Bibliothek oder einen der Salons zu nutzen, weil diese Räume Fenster zur Straße hin hatten und möglicherweise jemand durch das Fenster ein Attentat verüben könnte. Die Halle aber hatte nur ein größeres Fenster im oberen Stockwerk, das zum eigenen Hof hinausging.

Ich gebe ja zu, es hatte in Moskau bereits einmal ein Attentat auf einen deutschen Botschafter gegeben – doch das war 1919 während des Bürgerkrieges gewesen, als Herr von Mirbach in seiner damaligen Residenz – heute das Haus des italienischen Botschafters – erschossen wurde. Aber 1965?

Doch halt: Auch in den sechziger Jahren gab es noch so manches von den Geheimdiensten inszenierte schlichte Verbrechen, das zwar stets mit dem Mythos geheimer Kriegführung verbrämt wurde, doch seinerseits politisch selten oder nie zum gesitteten Zusammenleben von Menschen und Völkern beitrug, noch zu „Durchbrüchen" oder „Siegen" verhalf.

Damals gab es in der Tat auch einen schlimmen Vorfall im Zusammenhang mit gerade diesem Haus, der Botschafterresidenz.

Das beliebteste Mittel gegenseitiger Spionage war das Abhören des Gegners. Das geschah in aller Regel durch eingebaute Mikrofone. In Betonwänden versteckt, waren diese „Wanzen" kaum zu orten, in alten Holzkonstruktionen schon eher, und so hatte denn ein entsprechender Techniker von unserem Dienst in München eine Reihe von Siemens-Mikrofonen aus den Holzpaneelen der Residenz herausoperiert – ich habe sie viele Jahre später, vor meiner Ausreise als Botschafter in Moskau, anlässlich eines Besuchs in der BND-Zentrale zu sehen bekommen. Unser armer Techniker allerdings fiel anlässlich eines sonntäglichen Besuchs im siebzig Kilometer von Moskau entfernten Sergius-Kloster – der Ort hieß damals, nach einem Kommunisten der ersten Stunde, Zagorsk – einem in der Menge der Gläubigen auf ihn verübten Senfgas-Attentat zum Opfer, von dem er sich nie mehr erholt hat.

Es gab auch groteske Begebenheiten in diesem Zusammenhang. So soll bei der Überprüfung einer Prominenten-Suite in einem der führenden Moskauer Hotels auf der Suche nach Mikrofonen der Geigerzähler der amerikanischen Spezialisten – ich glaube, es handelte sich um den Besuch von Präsident Nixon in Moskau – an einer Stelle des Fußbodens ausgeschlagen haben: Das Parkett wurde entfernt und darunter zeigte sich eine Metallplatte, auf der einige größere metallene

Muttern saßen. Diese wurden abgeschraubt – worauf ein ohrenbetäubender Krach folgte: Der im Saal des darunterliegenden Stockwerks angebrachte Kronleuchter war abgestürzt und in tausend Stücke zerborsten!

Jahre später traf ich in Moskau den berühmten Schriftsteller John Le Carré, dessen Bücher, beginnend mit „Der Mann, der aus der Kälte kam", dem Krieg der Geheimdienste gewidmet sind. Ich war, naiv wie ich bin, ziemlich schockiert von seinen Schilderungen zahlreicher Vorfälle während der Zeit des Kalten Krieges, die, von den Geheimdiensten inszeniert, politische Entwicklungen zum Besseren hin gravierend behinderten. So verwies er unter anderem auf einen sowjetisch-amerikanischen Zwischenfall in den achtziger Jahren, als der CIA plötzlich das Auftauchen einer sowjetischen Brigade auf Kuba „rekognosziert" hatte. Zu dieser Zeit stand im Senat der Vereinigten Staaten die Ratifizierung des ersten SALT-Abkommens über die Begrenzung strategischer Rüstungen an – ein Vorgang, der sicherlich nicht im Sinne der „Kalten Krieger" beim CIA lag. Also „entdeckte" man die sowjetische Brigade in Kuba, machte ein großes propagandisches Geläut um Moskaus angeblichen Vertragsbruch und versprach alsbaldige „Beweise", die dann ausblieben. Die Sache verlief im Sande, aber der Schaden in Sachen Entspannungspolitik war groß, die Annäherung an ein zivilisiertes Nebeneinander mit dem politischen Gegner verzeichnete einen gehörigen Rückschlag – und der CIA erhielt vermutlich ein schönes, rundes Budget.

Kurz nach unserer Rückkehr nach Bonn im September 1965 erschien in einer deutschen Zeitung ein Korrespondentenbericht aus Moskau, worin der Bundesregierung heftige Vorwürfe gemacht wurden: Die sowjetische Regierung sei höchst erbost und enttäuscht über den Besuch von Carstens, denn sein Sprecher habe vor Beginn der Gespräche deutsche Flexibilität und Bereitschaft zur Verbesserung der Beziehungen angekündigt, in den Gesprächen sei Herr Carstens dann indes zu keinen Konzessionen bereit gewesen. Eine offensichtlich von einem „Halbleiter" in die deutsche Presse lancierte Information. Auf diese Spezies der „Halbleiter" komme ich noch ausführlicher zurück.

Natürlich lag in dieser Argumentation keine Logik, aber unangenehm war es doch und ich wurde dann auch von meinen Vorgesetzten gefragt, was ich denn da alles phantasiert hätte. Meine Antwort stützte ich vornehmlich auf die Gegenfrage – an den Korrespondenten gerichtet natürlich –, woher die Sowjets wohl wüssten, was ich in der Wohnung des deutschen Presseattachés den deutschen Korrespondenten erzählt hatte… Auch hier ließen die „Wanzen“ grüßen!

Schicksalhaft für mich war diese Reise geworden, weil ich an einem der Tage, als ich draußen im Ausstellungsgelände war, in die Nähe eines von der Miliz gesperrten Zugangs kam, hinter dem einige deutsche Journalisten flehend Einlass begehrten, hätten sie doch sonst einen mehrere Kilometer langen Marsch zum Haupteingang machen müssen. „Können Sie uns nicht helfen?“ Kurz entschlossen pfiff ich die Milizionäre auf russisch an, es handele sich um eine wichtige deutsche Delegation, die sofort durchzulassen sei, andernfalls würden die Konsequenzen für sie fürchterlich sein. Der Trick klappte, und hinterher sagte einer der Journalisten, der schon ein paar Jahre Moskau auf den Schultern hatte, zu Carstens: „Den müssen Sie an die Botschaft schicken, solche Leute sind hier genau richtig…“

Zurück an die Moskwa

Einige Monate später hatte ich meine Order nach Moskau, und im Oktober 1966 begann der Moskauer Aufenthalt Numero zwei. Trotz des weniger erfolgreichen Einsatzes bei der Chemie-Ausstellung wurde mir die Stelle des Presseattachés und Botschaftssprechers zugewiesen.

Kurz vor dem Umzug reiste ich noch einmal nach Moskau und Leningrad, mit einer Delegation des damaligen Forschungsministers Stoltenberg zur Eröffnung einer deutschen Architekturausstellung. Auch dies, wie einige vorausgegangene nationale und internationale Ausstellungen, ein Großereignis für die russische Bevölkerung. Kilometerlang waren die Schlangen, die die wissensdurstigen, allerdings das Anstehen gewohnten Russen durchwarten mussten, um eingelassen zu werden.

In Leningrad war es der erste Besuch eines deutschen Regierungsmitglieds seit dem Kriege. Ich hatte in Bonn einen Entwurf für die Eröffnungsansprache geschrieben und war schon recht sauer, dass meine Vorgesetzten jeden Hinweis auf die 900-Tage-Belagerung durch die deutsche Wehrmacht eliminierten. Dementsprechend waren auch die Leningrader enttäuscht und äußerten sich im Gespräch mit denen, die keines Dolmetschers bedurften, wenn auch höflich, so doch bitter. Es bedurfte eben doch eines Willy Brandt, bis die ersten Breschen in die Mauer der Trennung und der Entfremdung geschlagen werden konnten. Ihre Pflichten als Gastgeber erfüllten die Leningrader jedoch nach allen Regeln der slawischen „großzügigen Natur", sodass die Gäste aus Deutschland – verkatert zwar – doch höchst zufrieden abreisten.

Während dieser Reise wurde mir erneut die große Entfernung im Denken der Russen, in ihrer Mentalität zu der der Deutschen bewusst. Bei einem offiziellen Essen versuchte der russische Gastgeber die Atmosphäre, die bei diesen ersten Nachkriegsbegegnungen stets entsetzlich steif war, ein wenig aufzulockern. Er erzählte einen Witz, und der ging so: „Ein Student wird im volkswirtschaftlichen Examen nach Tee als sowjetischem Handelsgut befragt, kommt aber nicht darauf. Der Professor versucht, ihm eine Brücke zu bauen und fragt, was denn die Sowjetunion aus Indien einführe. Fehlanzeige. Ja, was man denn morgens trinke? Antwort des Studenten: Ich wusste gar nicht, dass wir Gurken aus Indien einführen." Niemand auf deutscher Seite konnte mit den Russen mitlachen, denn niemand verstand den Witz. Die Pointe lag nämlich darin, dass die Flüssigkeit, in der man Salzgurken einlegt, in Russland als Mittel morgendlicher Katerbekämpfung beliebt ist.

Auf der Ausstellung selbst, die sehr schön bestückt und aufgebaut war, wurde natürlich auch für das demokratisch-marktwirtschaftliche System geworben. Eine Wohnungseinrichtung aus dem Neckermann-Katalog erregte verständlicherweise das größte Interesse, insbesondere da einige dieser Kataloge, in denen die gleichen Möbel zum Verkauf angeboten wurden – an kleinen Kettchen befestigt, Vorschrift des sowjetischen Zolls –, den Beweis lieferten, dass so etwas auch einem normalen Sterblichen in Deutschland zur Verfügung stand, und so die ständig von den Massenmedien verbreitete „Verelendungstheorie" von Karl Marx ad absurdum führten. Natürlich waren die Kataloge im Zuge der Ausstellung hundertfach abgerissen und jeweils neu angehängt worden – aber dies war ja nur willkommen. Bis in die achtziger Jahre blieben Versandhaus-Kataloge ein höchst begehrtes Souvenir für die Bürger des Arbeiter und Bauern-Paradieses.

In Moskau war inzwischen Gebhard von Walther deutscher Botschafter geworden, ein Mann, der bereits neun Jahre vor dem Krieg unter Graf Schulenburg bei der Botschaft in Moskau gearbeitet hatte, ein tiefes Verständnis für Russland und die Russen mit einem gesunden „kapitalistischen" Selbstbewusstsein verband und dieses mit rheinischem Humor und Lebensfreude zu bereichern wusste.

Zu seiner Charakterisierung nur zwei Episoden: Bei der Moskauer Eröffnungsveranstaltung für die Architekturausstellung im Restaurant „Praga" versuchten ihn die Russen zu testen und fingen an, ihn abzufüllen. Die üblichen Trinksprüche: „Auf den Frieden", „Auf unsere Kinder", „Auf die deutsch-sowjetische Freundschaft" – immer von anderen Gesprächspartnern ausgebracht mit der Aufforderung, das Glas zu leeren und zum Beweis umzudrehen („bottoms up") – machte er fröhlich mit, wobei er sich an eine Art Balustrade lehnte, hinter der sinnigerweise ein Panorama der Stadt an der Moldau an die Wand gemalt war, Namenspatronin des Etablissements. Allmählich war man soweit, dass die Gläser „in die Moldau", d. h. hinter die Balustrade geworfen wurden, wo sie klirrend zu Boden gingen. Schließlich mussten ein Kollege und ich den Botschafter rechts und links unterhaken und, mit nur noch geringer Unterstützung durch dessen Beine, hinausbringen. Die deutschen Ehrengäste aus Bonn waren entsetzt, die Russen begeistert: Er feierte mit ihnen, feierte wie sie, ohne den Anspruch, „anders" oder „besser" oder „kontrollierter" zu sein. Gebhard von Walther wurde auch in der Folgezeit geachtet und geehrt. Er hatte beste Kontakte und galt als aufgeschlossener Partner. Als einige Zeit später ein von ihm verfasstes Memorandum für den Führungsstab des deutschen Heeres aus der ersten Hälfte des Jahres 1941, das in den „Vierteljahrsheften für Zeitgeschichte“ erschienen war, in Moskau bekannt wurde, zollten ihm auch notorische Gegner alles Deutschen und insbesondere West-Deutschlands ihre Achtung. In diesem Schriftstück hatte er vor einem deutschen Angriff auf Russland gewarnt, wobei er auf den russischen Patriotismus abstellte.

Die zweite Episode: Eines Tages hatte der für die Politik zuständige Kollege ein eiliges Geheim-Telegramm für die Zentrale in Bonn entworfen und wollte möglichst rasch die Unterschrift des Botschafters einholen, ohne die er das Fernschreiben nicht absenden konnte. Der Botschafter hatte aber einen Besucher und konnte nicht gestört werden. Es verging eine halbe Stunde, eine Stunde, anderthalb, endlich war der Botschafter frei. Der Botschaftsrat stürzte in dessen Arbeitszimmer, holte sich die ersehnte Unterschrift und fragte: „Darf man wissen, wer Sie so lange aufgehalten hat?“ Worauf Herr von Walther antwortete: „Dies, mein Herr, war mein Friseur aus Düsseldorf, der mit einer Gesellschaftsreise nach Moskau gekommen ist.“ Und als er den herabfallenden Unterkiefer seines Mitarbeiters sah: „Mein Lieber, es gibt keinen Menschen auf der Welt, der mir nicht etwas Interessantes erzählen kann.“

Nach einer etwas mühsamen Periode in einem Übergangsquartier bekamen wir eine geräumige Wohnung im bereits erwähnten „Deutschen Haus“ an der Moskwa, wo wir uns wohlfühlten. Unsere Tochter begann mit der Schule, die im gleichen Haus untergebracht war, unser Sohn ging in einen russischen Kindergarten, lernte ein fabelhaftes, leider bald wieder vergessenes Russisch und erklärte auf die Frage, was sie denn nun im Lauf des Tages getan hätten: „Wir haben gespielt und dann haben wir Lenin zugejubelt…“

Beim Spielen im Hof und in der kleinen Grünanlage allerdings wurden die Kinder von ihren russischen Altersgenossen gelegentlich mit „klein deutsch Schwein“ oder „Hitler kaputt“ angeödet, was wir als Ausdruck einer konstanten anti-deutschen Indoktrinierung, die trotz allen „Friedens- und Freundschafts“-Geredes ohne Unterlass fortgesetzt wurde, als ziemlich traurig empfanden.

Der große Unterschied zu westlichen anti-deutschen Ressentiments war, dass in Russland die Linien bis in die Gegenwart durchgezogen und Wiederaufrüstung und Bundeswehr als akute Bedrohung dargestellt wurden. Wenn wir dann mit dem naheliegenden Vergleich zwischen der riesigen Sowjetunion und dem kleinen westlichen Restdeutschland kamen, wurde mit einem angeblichen „Trigger-Effekt" operiert: Wir könnten durch provokantes Handeln die NATO in einen Konflikt hineinziehen, der dann zur Katastrophe führen würde, oder, wie eine hilfreiche französische Dame einmal in solch einer Diskussion einwarf: „In eine kleine Flasche kann auch sein schlimmes Gift…"

Noch viele Jahre später, in den Siebzigern, wurde ein Film kultartig populär, er hieß „Herbst-Marathon". Es war eine Komödie, in der ein ausländischer Professor, der erstmals nach Moskau kommt, in allerlei komisch-groteske Situationen verwickelt wird. Die Rolle dieses Professors spielte Norbert Kuchinke, damals „Spiegel"-Korrespondent in Moskau. Sein mit starkem deutschen Akzent in der Ausnüchterungszelle getaner Ausspruch: „Hier sitzen wir gut" – wobei auch im Russischen sitzen und einsitzen synonym gebraucht werden – ist als geflügeltes Wort in die Umgangssprache eingegangen. Ich erzähle die Geschichte an dieser Stelle, weil Norbert Kuchinke im Film die Rolle eines „dänischen" Professors spielt. Diese sympathische Figur durfte nicht als deutscher Professor erscheinen, sondern wurde als Däne verkauft, das war „politisch korrekt" und leichter zu akzeptieren.

Die Diskussion über Friedfertigkeit oder Aggressivität dominierte damals jedes Gespräch mit den Russen, und diskutiert wurde heftig.

Zu dieser Zeit wurde zwar immer noch jeder Kontakt mit der Moskauer Bevölkerung strikt untersagt, diejenigen Funktionäre jedoch, die mit Deutschland beruflich zu tun hatten, durften mit uns verkehren. Wir hatten oft den Eindruck, als seien sie darauf angesetzt, uns möglichst zu indoktrinieren und womöglich einzuschüchtern, oder uns gar als eine Art Einflussagenten gegenüber der deutschen Regierung zu gewinnen, je nachdem, wie der einzelne Botschaftsangehörige vom KGB eingeschätzt wurde, oder auch beides zugleich, je nach Verlauf einer Diskussion.

Mit den Kollegen des Außenministeriums fanden mehr oder weniger regelmäßige Treffen statt, entweder in unseren Wohnungen oder in Lokalen, meist separaten Räumen. Sie endeten stets mit einem starken Besäufnis, wobei zahlreiche Toasts auf Frieden, Familien, Kinder, gute Beziehungen, Freundschaft, Frauen und Mütter, einen „sauberen" Himmel ohne Bombengefahr und so weiter ausgebracht wurden.

Dies wurde in der Regel so weit getrieben, dass man noch gerade einigermaßen aufrecht aus dem jeweiligen Haus oder Restaurant heraus kam. Was dann weiter geschah, blieb meist im Dunkel größerer

Gedächtnislücken. Ein späterer deutscher Spitzendiplomat verbrachte einmal eine Nacht auf dem Treppenabsatz vor der Tür seiner Wohnung, weil seine Familie gerade in Deutschland war und er den Schlüssel partout nicht in das Schlüsselloch seiner Wohnungstür brachte. Ich selbst erinnere mich an eine Heimkehr mit einem einseitig total kreideverschmierten Anzug, weil ich nicht in der Lage gewesen war, den Fahrstuhl zu benutzen und mich, seitlich an der Wand abstützend, acht Stockwerke hoch die Treppe hinaufgearbeitet hatte. Die schlecht gekalkte Wand hinterließ dann ihre Spuren…

Den Höhepunkt dieser Begegnungen bildete die Einladung der sowjetischen Kollegen nach Sawidowo, etwa 125 km nordwestlich von Moskau, einem Jagd- und Erholungsgebiet an der Wolga. Dort gab es ein zu einem Hotel- und Restaurantbetrieb umgewandeltes Jagdhaus des ersten sowjetischen Präsidenten Kalinin und rundherum kleine Holzhäuschen mit einem Wohn- und zwei Schlafzimmern, kleiner Küche und Dusche. Diese Anlage wurde einerseits von der Wolga, andererseits von einem kleinen Fluss namens Schoscha begrenzt, der dort in die Wolga mündete. Das Gebiet rundum war sumpfig und wasserreich, im Winter zur Elchjagd, im Sommer zum Enten-Schießen geeignet.

Die Anlage wurde vom UPDK, einem verlängerten Arm des Außenministeriums, betreut, das sämtliche Dienstleistungen für die in Moskau lebenden Ausländer monopolisiert hatte: keine Wohnung ohne UPDK, kein Handwerker, keine Reiseerlaubnis ohne UPDK usw.

Für uns allerdings waren die Winterfreuden in Sawidowo auf Ski-Langlauf und Eislaufen, die des Sommers auf Rudern, Angeln, Tennisspielen und Tontauben-Schießen begrenzt. Nur die Botschafter wurden einmal im Jahr im eigentlichen Jagdgebiet zugelassen, wo die „Groß-Kopferten“ des Landes ihre Jagd-Datschen hatten und wo ich etwa fünfzehn Jahre später so manche Treibjagd mitgemacht habe: Sauen, Füchse, Hasen und Elche waren reichlich vorhanden. Zu einem Abendansitz bei 25° Kälte auf dem Sozius eines „Snow mobile“ mit dem unvermeidlichen Flachmann in der Tasche über Schneewächten und gefrorene Äste – ein kapitaler Keiler war das Ergebnis.

Erinnerungen aus dem Baltikum: Der junge Gutsbesitzersohn auf dem Wege zur Jagd zum Kutscher, der mit dem Schlitten vorgefahren war: „Hast Du auch Schnaps eingepackt?“ – „Ach, junger Herr, wozu Wodka? Wodka ist wie in die Hose gepisst, erst warm, dann kalt.“*

* Vgl. Traugott v. Stackelberg: Geliebtes Sibirien. Pfullingen 1951.

An jenem Wintertag des Jahres 1968 allerdings ahnten wir von diesem nahe gelegenen Revier noch nichts. Wir fuhren mit zwei Autos der Botschaft und zwei Wagen des Außenministeriums von einem vereinbarten Treffpunkt am Rande der Stadt los und verbrachten, einschließlich unserer Frauen, einen ganzen Tag und einen langen Abend gemeinsam: mit Langlauf-Ski und ausgiebigem Essen und Trinken. Es war lustig und nett und – für alle Anwesenden etwas erschreckend – richtig menschlich. Von unserer Seite waren die Kollegen-Ehepaare Stabreit (später Botschafter in den USA und Frankreich) und Neuer (später Leiter des Kanzlerbüros von Bundeskanzler Kohl) dabei, von russischer Seite der Abteilungsleiter Alexander Bondarenko, mit dem wir bis zur Vereinigung als Gegenpart zu tun hatten, und Leonid Ussytschenko und dessen Frau, der noch bis nach dem Zerfall der Sowjetunion als Gesandter an der russischen Botschaft in Bonn tätig war, sowie ein junger Kollege, Popow.

Ähnlich intensiv verliefen die Abendessen mit deutschen und sowjetischen Journalisten, wobei auch letztere stets Deutschland-Spezialisten waren. Einige von ihnen, die nie etwas publizierten, waren nur als Einflussagenten auf die deutschen Korrespondenten angesetzt. Wenn man sie in den Redaktionen anrief, wurde stets Rückruf angesagt, weil sie dort keinen Arbeitsplatz hatten, die Büros waren ganz woanders. „Halbleiter“ wurden sie von uns genannt, d. h. Leute, die versuchten, offizielle sowjetische Meinungen in die Berichterstattung der Korrespondenten deutscher Medien einzuschleusen, und dies gewissermaßen im kollegialen Gespräch.

Diese Art Abendveranstaltungen waren in der Regel kurz, aber auch nicht weniger heftig als die erwähnten mit den sowjetischen Kollegen. Amüsant war, wie unsere russischen Hausgehilfinnen peinlich berührt waren, wenn beispielsweise Gäste nach größeren als den üblichen Schnapsgläsern verlangten, um den geliebten Wodka gleich „richtig“ genießen zu können, oder wenn weibliche Gäste überhaupt dem Nationalgetränk zusprachen. Das sei doch unkultiviert, „njekulturno“, ein wichtiger Begriff in der sowjetischen Gesellschaft.

Gelegentlich waren es auch reine Herrenessen, bei denen meine Frau im Nebenzimmer die lautstark geführte Diskussion wie ein Fußballspiel verfolgte und sich freute, wenn ein deutsches Argument „saß“, ebenso wie sie leiden konnte, wenn ein Russe einen argumentativen Treffer landete.

Zu den „Halbleitern“ gehörte auch Michail Woslenski, der sich als Sekretär der Auslandsabteilung der sowjetischen Akademie der

Wissenschaften vorstellte, und, weil er unsere Sprache gut beherrschte, auch gerne von deutschen Medien als Interviewpartner eingeladen wurde. Gebhard von Walther pflegte mit ihm das Gespräch, ebenso wie sein Nachfolger Botschafter Allardt. Woslenski ist später emigriert und hat ein erfolgreiches und für das Verständnis der UdSSR wichtiges Buch „Nomenklatura. Die herrschende Klasse der Sowjetunion" veröffentlicht.

Da ich ihn in seiner damaligen Eigenschaft als Einflussagent kannte und auch einige seiner rein marxistisch, dazu giftig antideutsch und antiamerikanisch geschriebenen Bücher gelesen hatte, die den meisten seiner westlichen Gesprächspartner unbekannt waren, habe ich zu dieser schillernden Figur immer einen gehörigen Abstand gehalten. Seine Ausfälle gegen unsere Politik, mit geschliffener Schärfe vorgetragen, waren oft beleidigend, sodass mich meine Frau schließlich bat, ihn nicht mehr bei uns zu Hause zu empfangen. Viele einflussreiche Leute in Deutschland haben ihm nach seiner Emigration allerdings „goldene Brücken" gebaut. Als Experte für die Sowjetunion standen ihm die Spalten überregionaler Zeitungen offen, eine deutsche Universität bot ihm gar eine Professur an.

Ein anderer Einflussagent namens Mulin, der angeblich bei der Presseagentur „Nowosti" arbeitete, hielt ebenfalls engen Kontakt zur deutschen Botschaft. Er war von weniger drastischer und bösartiger Art, lud uns schon mal nach Hause zu Wodka und Hering ein und gab sich als Freund der Deutschen. Ein paar Jahre später, als er und der 1980 ausgewiesene Germanist und Leidensgefährte Solschenizyns, Lew Kopelew, sich auf einem Empfang in der deutschen Botschaft begegneten, wurde Kopelew plötzlich kreidebleich, hatte er in Mulin doch den Mann erkannt, der ihn am Ende des Krieges wegen „Humanitätsduselei" gegenüber den Deutschen in Ostpreußen angezeigt und ihm damit jahrelange Haft im Internierungslager eingebrockt hatte. Mulin selbst hatte mir erzählt, dass er im Stab von Marschall Rokossowski zu jener Zeit in Ostpreußen eingesetzt gewesen war, zweifellos als Politoffizier.

Leben in Moskau – am Rande der Politik

Insgesamt war das Leben in diesen Jahren schon erheblich leichter als bei meinem früheren Aufenthalt. So gab es inzwischen einen Devisenladen, in dem man rare Produkte des Landes und Importwaren gegen harte Währung kaufen konnte. Um nicht zuviel Bargeld mitzuführen, hatte ich mich mit den damals üblichen Reiseschecks eingedeckt. Als ich einmal im Devisenladen damit bezahlen wollte, lehnte die Kassiererin die Annahme ab, weil es sich um einen Scheck der „Dresdner Bank“ handelte, Dresden lag ja schließlich in der eigenen Einflusssphäre und die D-Mark-Ost wurde nicht akzeptiert. Überhaupt wurden Russen, die in dieses „Paradies“ des Warenangebots eindringen wollten, ebenso wie osteuropäischen Diplomaten, rüde vor die Tür gewiesen, wenn sie überhaupt hineingekommen waren. Aber für uns bedurfte es so keiner Zucker- und Mehlsäcke und anderer Vorratshaltung mehr, was auch die Einwohnerschaft der Kakerlaken in den Wohnungen reduzierte. Gelegentlich mussten sie allerdings auch zu dieser Zeit ausgeräuchert werden, worauf wir von unseren Hausangestellten dahingehend belehrt wurden, dass wir sie mitgebracht haben müssten, denn in Moskau gäbe es sie nicht!

Auch damals genossen wir die Moskauer „Saison“ mit hinreißenden Konzerten, dem Bolschoi-Ballett und vorzüglichem Theater. Trotz des „sozialistischen Realismus“ gab es große, auch innovative Kunst, insbesondere im interpretativen Bereich. Im Theater versuchte unser späterer Freund Juri Ljubimow ein Anknüpfen an das revolutionäre Bühnenkonzept eines Meyerhold, und ein anderer Freund, der Fürst Andrej Wolkonski, wandte sich mit großem Erfolg nicht nur der musikalischen Vorklassik, sondern auch der orthodoxen liturgischen Musik zu.

Beide haben später die Sowjetunion verlassen, Ljubimow allerdings kehrte nach seiner Rehabilitierung Ende der achtziger Jahre wieder an sein Theater zurück. Nicht ohne auf riesige Schwierigkeiten und Anfeindungen zu stoßen. Beiden habe ich im Westen ein wenig helfen können. Wolkonskis Urahn war von Zar Nikolaus I. wegen seiner Teilnahme am Dekabristen-Aufstand nach Sibirien verbannt worden, der Vater, nach 1918 emigriert, war 1945 – Stalins Verlockungen und Versprechungen folgend, wie auch viele andere Emigranten – nach Russland zurückgekehrt und ebenfalls sofort nach Sibirien verschleppt worden, wo er auch gestorben ist. Der Sohn, musikalisches Wunderkind, kam in ein Fach-Internat nach Moskau, die Mutter, eine Welsch-Schweizerin, durfte nach 1956 nach Moskau zum Sohn ziehen. Ich habe sie kennengelernt, eine Dame mit kultiviertem Französisch und unendlich traurigen Augen.

In der Freizeit habe ich meinem geliebten Reitsport gefrönt. Während noch 1957 Diplomaten einzig die Möglichkeit hatten, von einem Stall aus im Sokolniki-Park zu reiten, wurden wir jetzt auf das

„Hyppodrom", die Rennbahn, verwiesen, das ebenfalls, neben zahlreichen Ställen für Traber und Vollblüter, eine kleine Reitschule besaß. Dort freundete ich mich mit dem Leiter der Schule, Georgi T. Rogalew an, einem pensionierten Veterinär-Oberst des Mittelabschnitts, der am Ende des Krieges seine Veterinärstation auf der Berliner Rennbahn Hoppegarten eingerichtet hatte. Er war jetzt als internationaler Dressurrichter auch häufig auf deutschen großen Turnieren, wie zum Beispiel in Aachen. Eines Tages sagte er freudestrahlend, er fahre demnächst auf ein internationales Turnier nach Frankreich, worauf er sich besonders freue, denn dort seien keine Pferde aus der Sowjetunion am Start, so könne er ganz objektiv urteilen und diejenigen Pferde und Reiter hoch bewerten, die er wirklich am besten finde… Als ich ihm sagte, dass ich im Sommer, wie jedes Jahr, einen weiterführenden Lehrgang an der Landesreitschule des Rheinlands in Wülfrath mitmachen und dort gerne die Prüfung für das silberne Reiterabzeichen ablegen wollte, gab er mir gratis Einzelstunden und bereitete mich rührend auf diese „schwere Stunde" vor.

Auch andere Leute auf der Rennbahn waren nett, menschlich, natürlich und aufgeschlossen. Damals gewann ein russisches Ausnahmepferd, der Hengst „Anilin", in zwei aufeinanderfolgenden Jahren den „Großen Preis von Europa" in Köln und andere Rennen in Deutschland und Europa unter seinem Jockey, einem Tataren namens Nassibow. Für den war Deutschland natürlich das Größte, und er lud mich zum Training morgens um halb sechs mit seinem Lot Rennpferde ein.

Eines Tages setzte ich mich auf den Hengst „Zagreb", der im folgenden Jahr auch in Köln eingesetzt wurde, wo er unglücklicherweise im Ziel stolperte, sich das Bein brach und erschossen werden musste. Zu jenem Zeitpunkt allerdings war er recht munter. Wir überquerten in der Kurve die Rennbahn, um auf die Trainingsstrecke hinüberzureiten. Nichts böses ahnend, nahm ich ein Stück Weges auf der Bahn, auf der ich später noch viel geritten bin, „Zagreb" spürte das Geläuf unter den Hufen und sauste ab. Nach anderthalb Runden bekam ich ihn endlich zum Stehen, halbtot vor Schreck und der Anstrengung, mich bei dieser Geschwindigkeit oben zu halten; ich war ja schließlich kein Jockey. Das Gelächter war groß, aber Nassibow war etwas weiß um die Nase, denn einen Unfall mit einem deutschen Diplomaten hätte er nicht so gerne verantwortet.

Die Rennbahn war eine richtige Oase für mich. Keiner sprach über Politik, es ging um Pferde und Reitsport, um Zucht und Fütterung, Pferdehaltung, Turniere; und auch, wenn im Zusammenhang „Deutsche und Russen“ die Sprache auf Krieg und Kriegsgeschehen kam, erfolgte dies immer in menschlich fairer Weise.

Als Nassibow das erste Mal den „Großen Preis von Europa“ gewann, veranlasste ich Botschafter Gebhard von Walther, einen Glückwunsch-Brief an den Landwirtschaftsminister zu richten, den ich dann auch entwarf, einige Komplimente über die sowjetische Vollblutzucht einstreuend, der dieser große Erfolg zusammen mit der Leistung der Trainer und des Jockeys zu verdanken sei. Der Brief blieb unbeantwortet; ein sowjetischer Minister hatte damals keine Korrespondenz mit einem kapitalistischen Botschafter!

Zwei Wochen später erschien jedoch in einer der zentralen Zeitungen im Feuilleton ein Artikel über den Erfolg von „Anilin“ in Köln – so lange hatte offenbar die Abwägung der politischen Zensurbehörden gebraucht, ob man einen Sieg im kapitalistisch-gegnerischen Westdeutschland überhaupt publizieren dürfe –, worin es hieß: Ein deutscher Hippologe habe zu diesem Ereignis folgendes ausgeführt... und dann folgten Auszüge aus dem Brief des deutschen Botschafters an den Landwirtschaftsminister. So groß waren damals die Berührungsängste, was mich in meiner Überzeugung von der Kraft des „Bazillus der Freiheit“ erneut bestärkte. Jeder Kontakt war ein Wassertropfen, der schließlich das Gefäß der unmenschlichen Ideologie zum Überlaufen bringen musste.

Im täglichen Leben gab es allerdings noch auf Jahre hinaus den Kleinkrieg mit den sowjetischen Behörden, vor allem dem allgegenwärtigen Geheimdienst KGB, der eine eigene Abteilung zur Überwachung der Ausländer in Moskau unterhielt. Es wäre schon amüsant, einmal in dortige Akten schauen zu können!

Einmal allerdings gelang es uns, diese Behörde kräftig durcheinander zu wirbeln. Nachdem wir ähnliches ein paar Jahre zuvor in Tokio organisiert hatten, machten wir uns mit zwei befreundeten Ehepaaren daran, in Moskau eine „Schnitzeljagd“ zu veranstalten. In ganz Moskau wurden verschiedene Aufgaben, die die Teilnehmer zu lösen hatten, ausfindig gemacht. Man kam von einem zum nächsten Punkt, wo Kontrollen eingerichtet waren, nur, wenn man die vorhergehende Aufgabe gelöst hatte, wobei auch auf den Zwischenstrecken noch diverse Aufgaben die Teilnehmer in Atem hielten, sei es, dass Kopeken-Stücke zu sammeln oder Kreuzworträtsel, respektive mathematische Probleme, zu lösen waren. Für den Fall des Steckenbleibens gab es für die Teilnehmer ein Not-Kuvert, das den Ort enthielt, wo wir uns am Abend alle treffen wollten.

Kurz und gut, eines Sonntags erschienen etwa dreißig Diplomatenfahrzeuge vor der deutschen Botschaft, was schon verdächtig genug war. Die Insassen verschwanden im Gebäude, verblieben dort eine Weile – während wir sie in die Spielregeln einwiesen –, um dann im Laufschritt zu ihren Autos zu eilen und, mit überhöhter Geschwindigkeit, in ganz unterschiedliche Richtungen auseinanderzusausen.

Der Grund: Die erste Aufgabe bestand darin, in verschiedenen Metro-Stationen Moskaus irgendwelche Details herauszufinden, etwa die dritte Figur von rechts auf einem der aus stalinistischer Zeit herrührenden Monumentalgemälde zu beschreiben, die Messingleuchten auf einer Rolltreppe zu zählen, usw. Dadurch hatten wir erreichen wollen, dass sich die Teilnehmer möglichst in der Stadt verteilten und sich nicht absprechen konnten.

Abends feierten wir die Sieger und ein schönes Fest im Hotel „National", wobei die Teilnehmer von ihren Abenteuern berichteten. Einige waren so falsch gefahren, dass sie mit den Wachtposten an der 40-km-Grenze in Konflikt gerieten, usw. Der KGB muss – wie man heute sagen würde – ausgeflippt sein…

Zu den Moskauer Freizeitbeschäftigungen im Winter gehörte das Schlittschuhlaufen in den Parks, deren Wege, mit Wasser überspritzt, herrliche Touren auf Schlittschuhen ermöglichten, aber auch Eisbahnen auf Tennis- und Sportplätzen standen dafür zur Verfügung. Eishockey als Nationalsport wurde überall von Kindern und Jugendlichen gespielt, und auf eingefriedeten Plätzen drehten kleine Eisprinzessinnen unter streng-liebevoller Aufsicht stundenlang ihre Pirouetten.

Ich hatte den Meinen Schlittschuhe aus Deutschland mitgebracht, und eines Tages begab sich die Familie aufs Eis. Eine Begebenheit, die bei den Betroffenen, wie wohl auch bei den am Rande Beteiligten, einen tiefen Eindruck hinterließ. Sobald wir zu viert aus dem Umkleidehäuschen – in dem man gegen ein kleines Entgelt und Erhalt einer Nummer seine Straßenschuhe durch ein Fensterchen in einen regalbestückten Nebenraum abgeben und in einer Art Vorraum auf Bänken die Schlittschuhe anziehen konnte – hinauskamen und nur noch Eis unter den Füßen hatten, klammerten sich meine Frau und die Kinder wie Kletten an mich und verweigerten weitere Aktivitäten.

Als ich sie endlich auf dem Eis hatte, versuchte ich ihnen das Gleiten beizubringen, wobei ich jeweils ein Mitglied der Familie vornahm und die beiden anderen in den Schneewächten, die den Platz umgaben, „abstellte". Mein etwa sechsjähriger Sohn – unsere Kinder waren immer besonders laut – fing bei einer der unvermeidlichen „Bodenberührungen“ so entsetzlich zu schreien an, dass ein Erste-Hilfe-Team mit einer Tragbahre angerannt kam. Seltsamerweise schrien russische Kinder fast nie.

Irgendwie hatten die Kinder aber dann doch alsbald „den Bogen raus“, und an manchen Wochenenden sausten wir fröhlich durch den Gorkipark, wobei allerdings die meist heroische laute Musik aus Lautsprechern, die an den Bäumen hingen, für mich etwas lästig war.

Ein anderes Vergnügen war das offene beheizte Schwimmbad an der Moskwa, im Winter schon von Weitem als Dampfwolke zu erkennen. Dort hatte vor der Revolution eine der größten Kathedralen von Moskau gestanden, die abgerissen wurde, um ein riesiges Hochhaus kommunistischen Aufbau-Geistes als Hauptquartier der Komintern, der „Kommunistischen Internationale“ zu errichten. Allerdings stellte sich bald heraus, dass an dieser Stelle, in unmittelbarer Nähe des Moskwa-Flusses, die erforderlichen Fundamente wegen des nachgiebigen Bodens nicht errichtet werden konnten, so benutzte man schließlich die Baugrube, um dort ein Schwimmbad anzulegen, das durchgehend, auch im kältesten Winter benutzbar war. Es war ein ganz außerordentliches Vergnügen, durch eine Schleuse bei fünfzehn oder zwanzig Minus-Graden hinauszuschwimmen und unter der Dampfwolke ein paar Runden im Bassin zu drehen.

Wie überall im Sozialismus war auch hier überreichlich Personal beschäftigt: Frauen in gräulich-weißen Kitteln, die auf Ordnung und „Kultur“ achteten. Die Tatsache, dass in der gesamten Sowjetunion die Weißwäsche – seien es Ärztekittel oder die Bettlaken in den Hotels – einen Grauschimmer hatte, war eine der vielfachen Folgen des zwangsweisen Konsumverzichts zu Gunsten der Rüstungsindustrie: Es gab kein ordentliches Waschpulver. Eines Tages – so berichtete empört die Frau eines Kollegen, die das Bad besucht hatte – war eine der Aufpasserinnen auf diese Dame zugegangen und hatte sie, die wahrscheinlich wegen eines modischen Badeanzugs als Ausländerin aus dem kapitalistischen Westen indentifiziert worden war, in einen Duschraum zurück verwiesen, weil sie angeblich schmutzige Kniekehlen hatte.

Inzwischen ist der Ort wieder seinem Ursprung zugeführt worden. Dort steht heute nahezu originalgetreu wieder die „Kathedrale des Erlösers“ mit ihren riesigen goldenen Kuppeln, ein alt-neues Wahrzeichen der Stadt.

Zwei Begegnungen im Hause v. Walthers, in dem ich später fünf Jahre lang selbst als Hausherr walten sollte, sind mir unvergesslich geblieben.

Heinrich Böll in Moskau, Oktober 1966. Hier bei einem Besuch der Mosfilm-Studios im Gespräch mit den Regisseuren Wladimir Naumow (Mitte) und Alexander Alow.

Erstens ein Besuch von Heinrich Böll, bei dem erstmals auch einige, natürlich ganz regimetreue Schriftsteller in die deutsche Botschaft kamen, unter ihnen der Kriegsschriftsteller Konstantin Simonow, der mir sein Buch „Man wird nicht als Soldat geboren" signierte. Er war ein interessanter Mann, der in seinen Büchern auch das Leid des Krieges, nicht nur, wie ansonsten in der Literatur des „sozialistischen Realismus" üblich, den Ruhm besang. Im übrigen hatte er eine Sammlung von Bildern des großen georgischen Malers vom Beginn des 20. Jahrhunderts Pirosmanischwili, der sich auch Pirosmani nannte. Dieser – ein Autodidakt, zwischen den Impressionisten, dem Zöllner Rousseau und dem deutschen Expressionismus stehend – ist für mich einer der ganz Großen der Welt. Natürlich war er das Thema im Gespräch mit Simonow.

Anwesend war auch Bölls Übersetzerin Frau Tschornaja, zu deutsch „Schwarz", die sich furchtbar rechtfertigen musste, weil sie Passagen aus Bölls „Ansichten eines Clowns" ausgelassen hatte, die Kritik an der DDR enthielten. Dabei konnte sie am wenigsten dafür. Verheiratet war sie mit Prof. Melnikow, alias Melamid, einem Politologen und Journalisten, ebenfalls das Deutsche vollkommen beherrschend, der im Institut für Weltwirtschaft und Internationale Beziehungen in der

Deutschland-Abteilung arbeitete und auch zu denjenigen gehörte, die mit uns verkehren durften. Er hat in späteren Jahren „Spiegel"-Gespräche bestritten und ist auch sonst gegenüber unseren Medien als Sprachrohr der offiziellen Politik, allerdings immer in etwas differenzierterer Form als es die „Prawda" tat, aufgetreten. Über eine Reihe von Jahren hatte er Schwierigkeiten mit seiner Obrigkeit, weil sein Sohn nach Israel und von dort nach New York emigriert war und in einer Art hyper-sozialistischem Realismus satirische Bilder von der sowjetischen Propaganda-Wirklichkeit malte. Melnikow erzählte einmal, dass er im Winter 1941 im Moskauer U-Bahn-Bunker am Majakowski-Platz, er war damals bei der Presseagentur TASS als Deutschland-Experte tätig, Stalin eine Hitlerrede nach dem TASS-Mitschnitt hatte übersetzen müssen – Aufträge, die ein Mensch sein Leben lang nicht vergisst.

Die zweite Begebenheit war ein kleines Abendessen, zu dem mich Herr v. Walther gebeten hatte, an dem außer uns beiden drei Personen teilnahmen: der langjährige Korrespondent der „Frankfurter Allgemeinen Zeitung" Herrmann Pörzgen, der frühere Leiter der Arbeitsgruppe Deutschland in Stalins Sekretariat für Auswärtige Angelegenheiten Pawlow und der frühere Diplomat und Dolmetscher Valentin Bereschkow. Wie nicht anders zu erwarten, ging es an diesem Abend um den Beginn des Krieges zwischen Deutschland und Russland im Juni 1941.

Gebhard von Walther in Moskau und Valentin Bereschkow in Berlin hatten nach Kriegsbeginn die jeweilige Rückführung der Botschaftsangehörigen durchgeführt, was mit Sonderzügen, nicht ohne erhebliche Mühen und Verzögerungen, über die Türkei bewerkstelligt wurde. Beide hatten den Abschluss des so genannten Hitler-Stalin-Pakts in ihren jeweiligen Botschaften miterlebt, an dessen Zustandekommen Pawlow einen eigenen Anteil hatte. Pörzgen hatte von Moskau aus über diese Ereignisse in der „Frankfurter Zeitung", wie sie damals noch hieß, berichtet. Er war gegen Ende des Krieges in Bulgarien in sowjetische Gefangenschaft geraten, als „Kriegsverbrecher" zu 25 Jahren Lagerhaft verurteilt und, nach dem Adenauer-Besuch begnadigt, 1956 freigelassen worden.

Die interessanteste Aussage des Abends kam von Pawlow, der seit dem Ableben seines „Paten" und der Entstalinisierung im Hinterzimmer eines Verlages für ausländische Literatur völlig zurückgezogen tätig war. Auf die Frage des Botschafters, ob Stalin denn die Andeutungen Schulenburgs in dem oder jenem Gespräch, dass Hitler den Krieg gegen Russland vorbereite, nicht verstanden habe oder warum er sie offensichtlich nicht ernst nahm, sonst wäre doch ein Vormarsch der deutschen Wehrmacht in wenigen Monaten bis vor die Tore von Moskau zu verhindern gewesen, antwortete Pawlow: Ja, es habe natürlich diese Warnungen gegeben, auch hätten sie aus eigenen Geheimdienstquellen entsprechende Hinweise erhalten, doch Stalin, der für Hitler stets eine gewisse Achtung, ja Bewunderung gehegt habe, sei felsenfest davon überzeugt gewesen, dass Hitler, solange er im Westen militärisch engagiert war, das heißt, bis zu einem eventuellen Sieg über England, nicht den Fehler der Eröffnung einer zweiten Front und damit des Angriffs auf Russland begehen würde.

Eine Episode aus der Zeit jener Hitler-Stalin-Flitterwochen von 1939 bis 1941, die Herr v. Walther beisteuerte, war der Wunsch Stalins, einen Satz der deutschen Nazi-Diplomatenuniform zu erhalten, die dann auch mit geringen Abweichungen und im klassischen russischen Dunkelgrün – im Gegensatz zum Preußisch blau der deutschen Version – getreulich kopiert wurde und bis heute bei feierlichen Anlässen im Gebrauch ist. Gebhard von Walther hatte den Koffer mit den Musterstücken aus Berlin nach Moskau transportiert.

Arbeit als Presseattaché

In diese Jahre fielen die ersten tastenden Versuche, ein wenig Wärme in die Atmosphäre des Kalten Krieges, in die Beziehungen zwischen unseren Ländern zu bringen. Neben dem Austausch der erwähnten Ausstellungen und einer Intensivierung der kulturellen Präsenz, besonders von sowjetischer Seite bei uns, aber auch einigen deutschen Gastspielen, begannen auch sowjetische Presseorgane an unserem Land, nicht nur an der stets kritisierten Politik Interesse zu zeigen. So gelang es mir, die eine oder andere Gruppe sowjetischer Journalisten nach Deutschland zu bringen. Diese Reisen hatten dann auch einige, über das übliche Klischee der im Elend lebenden Massen und der im Luxus prassenden kapitalistischen Ausbeuter hinausgehende Reportagen zur Folge, ohne allerdings auch nur einen Fingerbreit von der vorgegebenen offiziellen politischen Linie abzuweichen. Die deutschen Politiker spielten bei diesen Programmen erfreulicherweise mit, obschon damit bei deutschen Wählern natürlich nichts zu gewinnen war. So gelang es mir, eine Gruppe sowjetischer Journalisten zum damaligen Bundeskanzler Kiesinger zu bringen, eine andere Gruppe war bei

Botschafts-Gruppenfoto auf dem Dach des Hotels „Rossija“ vor Kreml und Rotem Platz, Oktober 1969; v. l. Landwirtschaftsattaché Köhler, Kulturattaché Schmid, Botschaftsrat Wolff, Botschafter Allardt, Presseattaché Meyer-Landrut, Referent für Fragen der Rückführung Müller-Chorus, Konsul Dingens.

Franz Josef Strauß in München – beides gute Lehrstunden für die Besucher.

Im Frühjahr 1968 verließ uns Herr v. Walther, und sein Nachfolger wurde Botschafter Allardt, der später in den 70er Jahren im Streit aus dem Auswärtigen Amt ausschied und in einem Buch sowie zahlreichen Artikeln und Vorträgen die Verhandlungsführung, aber auch die Ergebnisse der Ostpolitik der Regierung Brandt-Scheel kritisierte. Er war ein polternder, im Grunde herzensguter Mensch, der trotz seiner russischen Frau, die allerdings bereits in der Emigration geboren war, zur russischen Denkweise und Kultur keinen rechten Zugang fand.

Ich habe freilich auch viel von ihm gelernt, allerdings einmal ihm auch eine Lektion in sowjetisch-russischer Mentalität erteilt.

Die Tageszeitung „Die Welt“ wollte einen neuen Korrespondenten in Moskau etablieren, der bisherige war abgereist und nun erhielt der neue kein Visum. Glücklicherweise stand ebenfalls ein Korrespondentenwechsel der Regierungszeitung „Iswestija“ in Bonn an. Also hielten wir das entsprechende Visum auch zurück. Die sowjetischen Kollegen aus der Presse-Abteilung sowie der für uns zuständigen 3. Europäischen Abteilung des Außenministeriums versuchten, auf alle möglichen Arten Druck zu machen. Beispielsweise erklärten sie: „Die Welt“ und „Iswestija“ seien nicht zu vergleichen, sondern allenfalls die „Iswestija“ und die „Frankfurter Allgemeine“, was sie natürlich auch deren Korrespondenten Herrmann Pörzgen drohend mitgeteilt hatten, der nun seinerseits bangte, ausgewiesen zu werden. So ging es einige Monate. Schließlich erhielt ich einen Hinweis: Wenn der „Iswestija“-Korrespondent sein Visum für Bonn erhalte, könnte auch der Antrag für den „Welt“-Korrespondenten erneut überprüft werden. Nun fing das Pokern wieder an: Wenn wir tatsächlich das Visum erteilen würden, wann könne dann unser Mann einreisen? – Darauf könne man sich nicht festlegen, lediglich Überprüfung sei zugesagt.

Kurz und gut, es war Spätsommer, etwa Ende September, als ich die feste Zusage verlangte, dass der Korrespondent der „Welt“, Ulrich Fromm, für seine Zeitung von den Oktober-Feierlichkeiten berichten könne. Dies sei ja schließlich auch im sowjetischen Interesse. Meine sowjetischen Gesprächspartner stimmten zu. Wir erteilten das Visum an den „Iswestija“-Korrespondenten und nun galt es zu warten, ob die Zusage eingehalten würde oder nicht. Botschafter Allardt, der in Urlaub gewesen war, kam schäumend in mein Zimmer: Irgendwelche Idioten hätten nun dem „Iswestija“-Korrespondenten das Visum erteilt. So würde die „Welt“ nie ihren Korrespondenten nach Moskau bekommen. Ich musste ihm sagen, dass ich der Idiot gewesen sei, der eine Vorab-Visaerteilung befürwortet hatte, weil ich davon überzeugt sei, dass die Sowjets unsere Absprache einhalten würden. Tatsächlich klappte die Sache dann auch, und Ulrich Fromm war mehrere Jahre lang ein ausgezeichneter Berichterstatter vom Moskauer Korrespondenten-Platz aus.

Die Gruppe der deutschen Journalisten in Moskau, die ich von der Botschaft aus zu betreuen hatte, war recht unterschiedlich besetzt. Mit mehreren von ihnen verband mich eine herzliche Freundschaft, die bis heute gehalten hat. Für das ARD-Fernsehen waren Ulrich Schiller und Lothar Löwe in Moskau. Sie mussten jedes Filmvorhaben bei der Auslandsagentur „Nowosti“ anmelden und mit einem russischen Kamerateam und einem „Koordinator“, sprich Kontrolleur, arbeiten.

In diese Zeit fielen auch die ersten Internationalen Moskauer Filmfestspiele, bei denen neben den üblichen politischen Querelen –

wie etwa dem Aufziehen einer Berliner Fahne mit dem städtischen Bären in der Reihe der Flaggen der teilnehmenden Nationen, um Berlin als „besondere politische Einheit“ herauszustellen – auch schöne Begegnungen zustande kamen. Als Repräsentanten des deutschen Festspielbeitrags konnte ich Regisseur Alfred Vohrer und seine Hauptdarsteller Blacky Fuchsberger (den ich dreißig Jahre später in Australien wiedertraf) und Petra Schürmann, ehemals deutsche Schönheitskönigin, begrüßen.

Aus dem Bereich des Sports kamen der Trainer unserer Fußball-Nationalmannschaft Helmut Schön und eine Berliner Box-Staffel mit Europameister Bubi Scholz als Coach nach Moskau.

Alle diese Gäste waren auch bei uns in der Wohnung, meist zum Abendessen gemeinsam mit deutschen Korrespondenten.

Reisen im Lande: Sibirien, Armenien, Georgien

Eines Tages verabredeten wir mit Lothar Löwe eine gemeinsame Reise nach Akademgorodok („Akademie-Städtchen“) bei Nowosibirsk, urspünglich Nikolajewsk. Dieses Akademgorodok war eine Erfindung dreier großer sowjetischer Naturwissenschaftler, die den Plan entworfen hatten, ein Forschungszentrum der Akademie der Wissenschaften nach Sibirien zu verlegen, um die Erschließung dieses rohstoffreichen, riesigen Gebiets zu fördern.

Es war Winter. In Nowosibirsk, einem Knotenpunkt zwischen der Transsibirischen Eisenbahn und der nach Zentralasien führenden Nord-Süd-Verbindung, herrschte Dauerfrost zwischen 25° und 30° minus.

In Akademgorodok nahmen uns die Wissenschaftler überaus freundlich auf. Wir hatten mehrere aufschlussreiche Gespräche mit wissenschaftlichen Spitzenkräften, besuchten das hochinteressante geologische Museum, einen Versuchsreaktor, das Internat für mathematisch hochbegabte Kinder und den Wissenschaftlerclub „Babylon“, wo man nur in Fremdsprachen reden durfte.

Ich bin später noch zwei Mal in Akademgorodok gewesen, einmal mit Graf Lambsdorff in seiner Eigenschaft als Bundesminister für Wirtschaft und Vorsitzender der deutsch-sowjetischen Wirtschaftskommission zu Beginn der achtziger Jahre, und dann mit Bundespräsident Richard von Weizsäcker bei dessen Staatsbesuch im Sommer 1987.

Stets habe ich mich in dieser Atmosphäre hochgebildeter, interessanter Menschen, die so ganz anders waren als unsere Moskauer „Halbleiter", wohlgefühlt. Akademgorodok hat auch kontinuierlich bedeutende Natur- und Wirtschaftswissenschaftler nach Moskau auf einflussreiche Posten der Verwaltung respektive der Akademie der Wissenschaften entsandt. So kam beispielsweise der spätere Vorsitzende des Staatskomitees für Wissenschaft und Technik im Range eines Stellvertretenden Ministerpräsidenten und dann Präsident der Akademie der Wissenschaften Martschuk aus Akademgorodok. Ich habe später in der Zeit als deutscher Botschafter in Moskau viel mit ihm und seinen Kollegen zu tun gehabt. Aber auch bedeutende Reformer der postkommunistischen Zeit wie Frau Saslawskaja und Professor Aganbegjan kamen von dort.

Als Aufpasserin von der Presseagentur „Nowosti" begleitete uns eine Enkelin von Chruschtschow, die bei ihren Großeltern aufgewachsen war, ihr Vater, der älteste Sohn Chruschtschows, war im Kriege gefallen. In den vielen Stunden, die man zusammen verbrachte, kamen doch eine Menge Details über das Leben der oberen Nomenklatura, der Eliten der Kommunistischen Partei heraus, die mein Russlandbild abrundeten. Hier lebte eine Schicht von Menschen in einer exakt abgezirkelten Hierarchie, deren Privileg sich insbesondere in den Wohnverhältnissen, beziehungsweise der in der Moskauer waldreichen Umgebung gelegenen „Datscha" ausdrückte. Auch Chruschtschow bewohnte nach seiner Entmachtung immer noch ein solches dem Staat gehörendes Haus, wie auch heute noch frühere Politbüromitglieder, respektive deren Erben, derartige Villen bewohnen. Mit Julia Chruschtschowa sind wir bis heute verbunden.

Natürlich hatten wir schon manchmal bei Autofahrten außerhalb von Moskau, sei es zum Baden in der Moskwa, sei es zum Spazierengehen im Wald, die vielen zwei Meter hohen, grün gestrichenen Bretterzäune gesehen, hinter denen sich diese Landhäuser versteckten. Natürlich war uns auch hie und da ein Blick in solche Anwesen geglückt, wenn mal ein Brett aus dem Zaun herausgebrochen oder umgefallen war, und wir dabei Tennisplätze und ähnlichen vor den Augen des Volkes zu verbergenden Luxus erspähten.

Aber das Gespräch mit einem Familienmitglied dieser Nomenklatura war mir neu und interessant. Vieles von den Schilderungen eines nachgestellten, bourgeoisen Lebensstils des 19. Jahrhunderts war mir freilich bereits aus dem Buch „Das erste Jahr" von Stalins Tochter Swetlana Allilujewa bekannt, in dem die Abgehobenheit dieser Herrschaftsschicht vom Volk besonders drastisch zu Tage tritt, z. B. wenn sie erzählt, wie sie bei Mikojan in dessen Datscha war und das Gespräch auf die schlechte Versorgung Moskaus kam, dass es etwa seit langem kein Fleisch mehr gäbe, woraufhin Mikojan missgläubig geantwortet habe: „Tatsächlich?… Bei uns gibt es immer Fleisch."

Eine weitere Reise führte im Mai 1968 zusammen mit dem Kollegen Walter Neuer und dessen Frau nach Armenien, Georgien und zum Schwarzen Meer nach Sotschi. Damals hatten die Sowjets den Tourismus als Devisenquelle entdeckt und auch deutsche Reiseunternehmen begannen, Sowjetunion-Reisen anzubieten. Eines der ersten war NUR („Neckermann und Reisen"), die ihre Programme einer westlichen Journalistengruppe bei uns in der Botschaft vorstellten. (Josef Neckermann, der Gründer des Unternehmens und erfolgreicher Dressurreiter, war leider selbst nicht dabei. Ich habe ihn als Reiter sehr verehrt, später saßen wir viele Jahre gemeinsam im Präsidium der Deutschen Reiterlichen Vereinigung.) Über diese jetzt offizielle Schiene konnten auch wir nun Reisen planen.

In Jerewan, der Hauptstadt Armeniens, absolvierten wir ein touristisches Programm, besichtigten die Bibliothek mit berühmten frühchristlichen Handschriften, die Reste römischer Tempel in Garni, Edschmiadsin, den Sitz des armenischen Patriarchen, und den Sewan-See. Als Ausländer leicht erkenntlich – und damals gab es noch nicht viele in Armenien –, wurden wir häufig in Diskussionen verwickelt, auch über Deutschland-Fragen. Mir ist noch ein ziemlich agressiver Mann in einem Restaurant mit dem typischen Namen „Ararat" in Erinnerung, der es für nötig hielt, unsere Berlin-Politik anzugreifen: Es ginge doch nicht an, dass West-Berlin, welches mitten in der DDR liege, vom Westen regiert werde. Ich bin, obschon ziemlich wütend, gar nicht erst in die geschichtliche Entwicklung eingestiegen, um Teilung und Berlin-Situation zu erläutern. Ich verwies nur darauf, dass wir hier im Hotel „Ararat" säßen, dass der größte Fußballverein Armeniens „Ararat" heiße, so auch der beste armenische Cognac, auf den man hier zu Recht stolz sei, und schließlich im Staatswappen Armeniens der Ararat eine zentrale Position einnähme – doch soviel ich wisse, liege der Ararat in der Türkei. Der Mann verstummte, und dann tranken wir gemeinsam einen armenischen Cognac. Armenische Namen enden häufig auf „-ian" oder „-jan", und so war es besonders pikant, als ein Taxifahrer, der uns zum Flughafen brachte, nachdem er festgestellt hatte, dass wir aus Deutschland waren, prahlte: „Wir Armenier sind überall, in Amerika Gulbenkian und in Deutschland Guderian und Karajan." Der populärste Auslandsarmenier war allerdings Charles

Aznavour, der französische Chansonnier, der später in Armenien Triumphe feierte.

Im schönen Tiflis, mit herrlichen Schnitzereien an hölzernen Balkonen, umgeben von einer eindrucksvollen, oft bizarren Gebirgslandschaft, hatte meine Frau mit dem Magen zu tun. Die fette armenische Hammelsuppe am Vorabend war wohl ein wenig zuviel des Guten gewesen. Als wir dann zur Stadterkundung aufbrachen, blieb sie im Hotel im Bett. Ihre Schilderung des danach Vorgefallenen zeigte, wie abgeschlossen und weltfremd die Sowjetunion nach fünfzig Jahren Kommunismus geworden war. Zunächst erschien die in allen sowjetischen Hotels obligate Etagenfrau, die „Deschurnaja“, an ihrem Bett und kommandierte: „Doktor“. Es half kein Hinweis auf die Belanglosigkeit der Erkrankung. Die Deschurnaja verschwand, und nach kurzer Zeit erschien mit Sirenengeheul ein Arzt mit Assistentin, schlug die Decke zurück, tastete den Bauch meiner Frau ab, alle übrigen Anwesenden inklusive der Deschurnaja beugten sich über die Patientin, gespannt die Tätigkeit des Arztes verfolgend. Als schließlich noch ein dunkelhäutiges, schnurrbärtiges georgisches Gesicht sich heranschob und auf die Frage „Wer sind Sie?“ antwortete: „Ich bin der Dolmetscher“, versuchte meine Frau wenigstens die Unbeteiligten hinauszuweisen – ohne Erfolg. Die Diagnose war schnell gestellt: Der Appendix müsse heraus und zwar schnellstens, sonst könne es einen Blinddarmdurchbruch geben, und jedermann wisse, wie gefährlich dies sei. Also am besten sofort auf eine Tragbahre und ab ins Krankenhaus. Meine Frau versuchte nun – was offenbar mühsam war –, den Umstehenden klarzumachen, dass ihr Blinddarm längst operiert war. Da sei die Narbe! Fassungslosigkeit. Eine so kleine Narbe für die Entfernung des Appendix, das gäbe es nicht. Allmähliches Sich-Abfinden mit dem Unerhörten: Die Deutschen – ich sag es Euch! Die neuerliche Therapieempfehlung lautete: Wärmflasche und möglichst etwas schlafen. Das hätte man auch billiger haben können.

Der Rest der Reisegruppe hatte inzwischen die Stadt erkundet und das Museum mit herrlichen Bildern meines geliebten Pirosmani besichtigt. Schön wurde am nächsten Tag ein Ausflug nach Dschwari mit seinem kleinen, fast ausgestorbenen Kloster, über eine Straße, die hinauf ins Gebirge führte, immer wieder durch Sturzbäche von Schmelzwasser vom Kaukasus unterbrochen. Doch der Fahrer fuhr unbeirrbar hindurch, das Wasser stob rechts und links auseinander; seltsamerweise passierte nichts Auffälliges, und wir kamen abends unbeschädigt ins Hotel zurück.

Dort wurde unglaublich getafelt und getrunken. Die Georgier sind Meister im Ausbringen von Toasts während eines Gelages – ohne Toast zu trinken ist „njekulturno". So gibt es den „Beruf" des Tamada, des Herrn der Tafel, der mit seinen Erzählungen, Liedern und Trinksprüchen einer Gesellschaft die richtige Würze gibt.

In Moskau zurück, erzählte mir ein russischer Journalist den zu meinen Georgien-Erlebnissen passenden Trinkspruch. Er lautete:

„Genossinnen und Genossen, als die legendäre georgische Königin Tamara von der alten Hauptstadt Mzcheta nach Tbilissi reiste, tat sich vor ihrer Karosse eine große Pfütze auf. Die Königin musste ihr Gefährt verlassen und durch die Pfütze waten, sie lüftete ihre Röcke bis über die Knöchel, bestieg die Karosse wieder jenseits der Pfütze, und die Fahrt wurde fortgesetzt. Doch es dauerte nicht lange, und wieder hielt der Kutscher vor einer Pfütze, die noch größer und tiefer als die erste war. Die Königin musste aussteigen, waten, die Röcke bis über ihre schneeweißen Knie anhebend, bis es erneut weitergehen konnte. Doch wer beschreibt das Unglück des mitreisenden Hofes: Eine erneute Pfütze, geradezu riesigen Ausmaßes, hemmte die Weiterreise der Königin. Sie musste waten, sie musste lüften. Genossen und Genossinnen, lassen Sie uns auf die großmächtige Sowjetunion trinken, und alle Ingenieure, Straßenbauer und -arbeiter, dass heute solche Zustände überwunden sind!" Wie die Erfahrung lehrte: Noch nicht ganz...

In Sotschi am Schwarzen Meer hatte die Bade-Saison noch nicht begonnen. Der Ort liegt langgestreckt an den Ausläufern des Kaukasus-Gebirges, mit einem Kieselstrand und mediterranem Klima. Vom Strand aus sah man die protzigen Sanatorien der Gewerkschaften der Eisenbahner, der Metallarbeiter, der Bergarbeiter, säulenbewehrt, mit gewaltigen Freitreppen. Dass dies nur ein winziger Tropfen auf den heißen Stein der hunderttausenden von Arbeitern sein konnte, die Erholung brauchten, war jedermann klar, doch für die Propaganda waren dies natürlich hervorragende Vorzeigeobjekte.

Aus Gründen üblicher Schlampigkeit waren wir im Hotel nicht erwartet worden. Nach langem Suchen wurde zwar die Anmeldung gefunden, doch wir mussten in einem Nebenbau, unter äußerst primitiven Umständen, untergebracht werden.

Als Entschuldigung und quasi Kompensation wurde uns am nächsten Tag angeboten, in einem dieser Supersanatorien der Sowjetmacht das Schwimmbad zu benutzen. Es war, wie zu erwarten: riesige Marmorhallen, Kronleuchter gewaltiger Dimension, Säulen. Es geht die Sage, Lenin habe einmal gesagt, jeder Arbeiter in Russland werde in nicht allzuferner Zeit in einem Haus mit Säulen leben. Deshalb findet man auch bei den Bauten der dreißiger und fünfziger Jahre überall Säulen, auch auf Dächern von Hochhäusern ist häufig ein Säulen-Portikus zu sehen. Zurückzuführen sei dies wiederum auf die Häuser des Landadels. Auch wenn jene keineswegs üppig und aus Holz gebaut waren, gehörte doch stets ein Vorbau vor dem Haupteingang mit ein paar klassizistisch inspirierten Säulen dazu. Und da die Arbeiter in Lenins Staat den Feudalismus ablösten, ist die Geschichte mit den Säulen und den Arbeiterhäusern gar nicht so abwegig.

Das Schwimmbad, mit etwa 50 m hoch gepumptem und angewärmtem Meerwasser, war stark besetzt mit meist höchst übergewichtigen Sanatoriumsbewohnern und einer Fülle von unterbeschäftigten Aufsehern und Badefrauen, die ihren Schützlingen pausenlos irgendwelche Anweisungen zuriefen.

Estland: Nach dreißig Jahren in die Heimat

Am tiefsten berührte mich verständlicherweise die Reise, die in meine Geburtsstadt, nach Reval/Tallinn in Estland führte. Diese, so stark deutsch geprägte Stadt am Finnischen Meerbusen der Ostsee hat eine besonders wechselvolle Geschichte erlebt und erlitten, wie ihre Einwohner auch.

Mein Bruder, der in Düsseldorf lebte, und ich verabredeten uns zu einem Treffen in Reval, um unseren Frauen zu zeigen, wo wir herkommen. Die Düsseldorfer kamen über Leningrad mit dem Flugzeug, und wir aus Moskau mit dem Zug. Es war schon erstaunlich, plötzlich die Silhouette von Reval mit dem charakteristischen Domberg, den Türmen und Mauern auf sich zukommen zu sehen – alles jedoch wie zu Spielzeuggröße geschrumpft. Das lag natürlich daran, dass man als Kind die Stadt verlassen hatte, und sich nun die Proportionen mit denen der Erinnerung nicht mehr in Übereinstimmung befanden.

Reval ist eine schöne Stadt, doch schöne Städte finden sich, nicht zuletzt im Ostseeraum, auch anderweitig; es ist eine typische Hansestadt, doch auch deren gibt es eine ganze Reihe. Einmalig wird die Stadt durch ihre unendlich vielgestaltige Geschichte und die so überaus unterschiedlichen Menschen, die in ihren Mauern, im Schutze ihrer Wehrtürme in fast achthundert Jahren gelebt haben – unter höchst unterschiedlichen Herrschafts- und Lebensbedingungen. Es waren Esten und Deutsche, Dänen und Schweden und Russen, wobei die

Die Stadtmauer meiner Heimatstadt Reval/Tallinn, dahinter der Turm der Domkirche. Die Aufnahme stammt von 1992 und zeigt den Zustand nach erfolgter sorgfältiger Restaurierung.

Esten erst nach dem Ersten Weltkrieg zu Herren der Stadt wurden, obgleich sie in Stadt und Land die eigentlichen Ureinwohner der Region darstellten. Nun waren sie, wie das gesamte Baltikum, seit 1940 wieder fremdbestimmt, fremdbeherrscht. Eine Fremdherrschaft, die fünfzig Jahre andauern sollte.

Dabei war allen Unkenrufen, ebenso wie der grob gefälschten sowjetischen Geschichtsschreibung zum Trotz, das Experiment der Unabhängigkeit Estlands zwischen 1920 und 1940 ein Erfolg gewesen; freilich nicht ohne nationalistische Konvulsionen. Das Selbstbestimmungsrecht der Völker wurde verwirklicht. Dass das Korrelativ dieser Politik, der Schutz der Minderheiten, in Estland in einer für das damalige Europa exemplarischen Weise gewährleistet werden konnte, war auf die politische Reife estnischer Politiker und ihrer deutschen Partner zurückzuführen. Es zeigte sich, dass die estnische Bevölkerung nicht nur zur Selbstverwaltung und Unabhängigkeit fähig war, sondern dass sie in einer Zeit, in der von „Entwicklungshilfe" oder „Unterstützung einer Politik der Reformen und der Demokratisierung" noch keine Rede war, ein blühendes Staatswesen aufbaute, dessen wirtschaftliche Basis gesund war und dessen Gesellschaft sich in lebensfähiger Symbiose mit dem im Lande verbliebenen Deutschtum zukunftsträchtig entwickelte.

Allein, der „unaufhaltsame Aufstieg" der Diktaturen im Europa der dreißiger Jahre machte auch vor den baltischen Staaten nicht halt. Die deutsch-sowjetischen Verträge vom 23. August und 17. September 1939 nebst geheimen Zusatzprotokollen schlugen die baltischen Staaten der sowjetischen Einflusssphäre zu; Deutsche, die in den der Sowjetunion zufallenden Gebieten ansässig waren, sollten die Möglichkeit haben, diese zu verlassen. Der Exodus der Deutschen erfolgte mehrheitlich im Oktober/November 1939 – siebenhundert Jahre deutscher Kolonisierung, aber auch großer wirtschaftlicher und kultureller Leistung beendend.

So verließ auch meine Familie im November 1939 die Heimat. Eine Reise, die zwar unter Parolen wie „Heim ins Reich" erfolgte, dann aber ins frisch besetzte Polen führte, den so genannten Warthegau.

Als wir nun, im Mai 1967, auf einem Erkundungsspaziergang durch die gotische Altstadt von Reval den Domberg hinaufgingen, erlag ich wieder einer Erinnerungstäuschung. Es handelte sich um unseren Schulweg, den ich natürlich erkannte, ich fand nur das in Schulterhöhe angebrachte Geländer entlang der Mauern nicht mehr, an dem wir uns einst entlang gehangelt hatten... Es war freilich noch da, doch in Hüfthöhe!

Als wir dann zu unserem Elternhaus nach Katharinental, an der Revaler Bucht gelegen, hinauszogen, da erschien, mit hoher Geschwindigkeit und vor dem Hause kreischenden Bremsen, ein Kleinbus, aus dem vier Leute heraussprangen, die uns umkreisten, anrempelten und uns von diesem Augenblick an nicht mehr von der

Seite wichen. Der KGB argwöhnte vermutlich, dass wir mit irgendwelchen Esten Kontakt aufnehmen würden, oder sonstwie Schlimmes im Schilde führten. Ein paar Wochen später bekam ich über einen Korrespondenten einen Pressebeleg, den dieser über seinen „Halbleiter“ erhalten hatte. Es handelte sich um die in Estland erscheinende russischsprachige Zeitung „Sowjetskaja Estonia“. Darin fand sich ein mehrspaltiger, mit üblen Verleumdungen gespickter Artikel gegen meinen Vater. Ihm wurden Verbindungen zum Geheimdienst des Deutschen Reiches in der Nazizeit vorgeworfen, sowie Verrat von Esten an die deutsche Besatzungsmacht, das Ganze gewürzt mit ein paar zutreffenden Informationen über seine Position in der Wirtschaft des Landes in den dreißiger Jahren. Er war Vorstand eines der größten Industrieunternehmen Estlands, der international arbeitenden „Northern Paper & Pulp AG“, heute aus ökologischen Gründen stillgelegt. Es war leicht zu erkennen, dass diesem Artikel ein zweiter, dann gegen mich gerichteter folgen sollte, nach dem Motto: „Der Apfel fällt nicht weit vom Stamm.“

Dies war eine beliebte Methode des KGB: Durch Zeitungsartikel westliche Diplomaten zu verleumden, um vornehmlich sowjetische Staatsbürger zu warnen, mit diesen Personen Kontakt zu haben, und damit die Betreffenden zu isolieren und für ihre Botschaften zu entwerten.

Ich ging natürlich direkt ins Außenministerium und beschwerte mich lautstark und nachdrücklich wegen dieser hanebüchenen Verleumdung meines Vaters. Dort wurde mir gesagt, dass man auf derartige Artikel keinen Einfluss habe, lediglich, wenn es sich um in Moskau akkreditierte Diplomaten handele, müssten entsprechende Artikel vor Veröffentlichung eingereicht werden. „Nun gut“, sagte ich, „wenn also etwas gegen mich erscheint, dann weiß ich ja, wem ich das zu verdanken habe.“

Es erschien zwar kein Artikel gegen mich, aber mein Vater, dem ein Bekannter den Artikel geschickt hatte, erregte sich so darüber, dass er einen Herzinfarkt erlitt. Dies führte dazu, dass er uns nicht besuchen kommen konnte. Dabei hatten wir uns auf diesen Besuch besonders gefreut. Mein Vater hatte Moskau zuletzt im Jahre 1913 gesehen, als er an der dortigen Lomonossow-Universität das juristische Staatsexamen ablegen musste. Er hatte zwar in Dorpat/Tartu Jura studiert, doch hatte diese deutsch geprägte Universität, an der viele berühmte deutsche Wissenschaftler gelehrt haben, zu jener von einem starken russischen Chauvinismus bestimmten Zeit keine Examensrechte.

Ich selbst habe in den neunziger Jahren engen Kontakt zu Estland und persönlich zum Präsidenten Lennart Meri gehabt und wurde im Sommer 2001 für die Mitwirkung im Unabhängigkeitsprozess mit dem Marienorden ausgezeichnet.

Erste Vorboten einer neuen Ostpolitik

Nicht lange vor der Bundestagswahl im September 1969 erschien überraschend in Moskau eine FDP-Delegation mit deren Vorsitzendem, dem damaligen Bundestagsvizepräsidenten Walter Scheel, dem Fraktionsvorsitzenden Wolfgang Mischnick und Fraktionsgeschäftsführer Hans-Dietrich Genscher. Da die FDP-Politiker ihrerseits von der sowjetischen Botschaft in Bonn ganz kurzfristig von der Möglichkeit, in Moskau mit verantwortlichen Politikern zusammenzutreffen, unterrichtet worden waren, hatten wir in Moskau, da die ganze Sache zu unserem Missbehagen wieder einmal nicht über uns eingefädelt worden war, natürlich keine Ahnung. Botschafter Allardt war deshalb beleidigt und weigerte sich, die Gäste auf dem Flughafen zu empfangen. So fuhren der politische Botschaftsrat Wolff und ich mit zwei Autos zum Flughafen Wnukowo. Nach kühler Begrüßung durch den Botschaftsrat ging es in die Residenz des Botschafters, wo es einen so genannten Imbiss, belegte Brote und Bier, und ein Vorgespräch gab. Walter Scheel erläuterte die von der FDP vorgesehene außenpolitische Linie, falls eine Koalition mit der SPD zustande komme, bei der eine Verbesserung der Beziehungen mit Moskau eine zentrale Rolle spielte. Bei den bevorstehenden Gesprächen sollte insbesondere sondiert werden, wie die Sowjetunion zu der in der UN-Charta enthaltenen, auch Deutschland betreffenden Feindstaaten-Klausel stand, daneben mache man sich auch Gedanken darüber, ob der von der Bundesrepublik bislang aufrechterhaltene Anspruch der Alleinvertretung Deutschlands im Ausland und die so genannte Hallstein-Doktrin, die bis dahin nur im Falle Moskaus durchbrochen worden war, d. h. die Verweigerung von Parallelvertretungen aus Bonn und Ost-Berlin, unseren Interessen noch entsprach. Herr Wolff, assistiert durch Botschafter Allardt, widersprach vehement mit schneidender Argumentation: Man werde nur verlieren, nichts gewinnen.

Am nächsten Tag gab es ein Mittagessen für die Delegation im Hause des Botschafters, zu dem auch Sowjets aus den mittleren Führungsetagen eingeladen waren. Plötzlich wurde Allardt von der

Tafel weg zum Ministerpräsidenten Kossygin gerufen, eine Maßnahme rein protokollarischer Art, denn Kossygin sollte am späteren Nachmittag die FDP-Delegation in Begleitung des Botschafters empfangen. Nun hatte der Regierungschef dem Botschafter allerdings seit dessen Ankunft vor mehr als einem Jahr noch keinen Termin gewährt und konnte ihn ja schlecht gleichzeitig mit der Delegation kennenlernen. Das Mittagessen verlief in einer eisigen Atmosphäre, die auch durch einen höchst förmlichen Toast von Herrn Wolff nicht erwärmt wurde. Ich fühlte mich ziemlich scheußlich in meiner Haut.

Selbiger Kollege konnte gelegentlich auch höchst witzig sein: Die Frau des Botschafters legte großen Wert darauf, emanzipiert zu sein, was sich nicht zuletzt darin äußerte, dass sie ihre in Kette gerauchten Zigaretten selber anzuzünden pflegte und die Kavaliersgeste des „einer-Dame-Feuer-Gebens" ablehnte. Eines Tages saß Herr Wolff neben ihr, sie holte eine Zigarette hervor und er, ohne zu zögern, reichte ihr Feuer. In ihrem durch starken russischen Akzent geprägten Deutsch sagte sie: „Herr Wolff, Sie sollen mir nicht Feuer geben, Sie sollen mich unterhalten." Worauf er erwiderte: „Gnädige Frau, es ist viel leichter, Ihnen Feuer zu geben, als Sie zu unterhalten."

Bald darauf erhielt ich einen Versetzungserlass für Oktober 1969: Ich sollte Botschafter werden! Dies war natürlich eine große Sache. Allerdings handelte es sich um einen der klimatisch schwierigsten und miesesten Posten, den das Auswärtige Amt zu vergeben hatte: Kongo-Brazzaville.

Bevor ich Moskau verließ, lud mich der bekannte „Halbleiter" Mulin zu einem Essen zu zweit in das Restaurant „Praga" ein. Er hatte von meiner Versetzung nach Brazzaville gehört und offensichtlich einen Auftrag zu erfüllen. Dazu muss man wissen, dass sich der Kongo damals sehr stark auf den Kommunismus hin orientierte und die Sowjetunion dort durchaus beachtliche Interessen hatte. Dass nun gerade ich als Sowjetunion-Experte dort hingeschickt wurde, hatte wohl die Sowjets alarmiert. Vermutlich argwöhnten sie eine westliche Gegenoffensive unter Führung der Deutschen.

Jedenfalls drohte mir mein Gesprächspartner ganz offen, ich hätte ja erlebt, wie man auf meine Reise nach Estland reagiert habe. Wenn ich, für den die Arbeit in Moskau ja wohl die einzige Fortkommensmöglichkeit darstelle, die sowjetische Politik im Kongo stören sollte, würde ich auf ein Visum für die Sowjetunion lange warten können!

In einem Artikel des „Stern" (Nr. 47/1969) hieß es mit Bezug auf Botschafter Allardt: „Dagegen musste er gerade erst seinen hervorragenden Spezialisten für Presse- und Öffentlichkeitsarbeit, den ostorientierten, sechs slawische Sprachen beherschenden Dr. Meyer-Landrut ziehen lassen. Der Sowjetexperte wird als Bonner Missionschef ‚in den Busch' (Kongo-Brazzaville) geschickt."

Einen merkwürdigen Eindruck machte auch die Anrede, mit der mich der kongolesische Botschafter in Moskau beehrte: „Genosse Exzellenz". Da konnte man ja auf Einiges gefasst sein!

Zwischenstation Afrika

Kurz vor meiner Ankunft in Brazzaville war nach zwanzigjähriger Regierungsverantwortung die CDU durch die deutschen Wähler abgelöst und die so genannte kleine Koalition, bestehend aus SPD und FDP, gebildet worden. Dies hatte auch tiefgreifende außenpolitische Folgen.

Wenn heute gesagt wird: Konrad Adenauer verankerte die Bundesrepublik im Westen und Willy Brandt schaffte durch den Ausgleich mit dem Osten die Voraussetzung für die Überwindung des Ost-West-Konflikts und damit für die Vereinigung Deutschlands, so ist das sicherlich in historischer Perspektive nicht falsch, doch wieviel schweren inneren und politischen Kampfes, wievieler Auseinandersetzung, bis in die Familien hinein, bedurfte es, um diese Politik am Ende mehrheitsfähig zu machen! Es war vornehmlich Egon Bahr, der die Ost- und Deutschlandpolitik der SPD-FDP-Regierung konzipierte. Was allerdings kaum bekannt ist, ist die Tatsache, dass diese zu nicht geringen Teilen bereits in der Zeit des CDU-Außenministers Gerhard Schröder im Planungsstab des Auswärtigen Amtes vorgedacht worden war. Egon Bahr hatte sie dann, als er zwischen 1966 und 1969 – in der Zeit der großen Koalition – Chef dieses Planungsstabes unter Willy Brandt als Außenminister war, weiterentwickelt. Ein Umstand, der von beiden großen Parteien stets verschwiegen wurde, denn die CDU, die gegen die Ostpolitik Willy Brandts opponierte, hatte ebenso wenig Interesse an einer einschlägigen Publizität wie die SPD, die das Erstgeburtsrecht dieser Politik gern für sich in Anspruch nahm.

Als ich in Brazzaville, einer kleinen französisch geprägten Stadt des einstigen Pariser Kolonialreiches, eintraf, kamen zwei politische Entwicklungen zusammen. Zum einen: Die konvulsivischen Nachwehen dieses Imperiums hatten nach einem exkommunizierten Priester, dem Abbé Youlou, und einem prokommunistischen, doch aus dem von den Franzosen bevorzugten Süden des Landes stammenden Präsidenten, Massamba Debat, einen französisch ausgebildeten Unterleutnant aus dem Norden des Landes mittels eines Militärputsches in den Präsidentenpalast geschwemmt. Dieser ließ nicht nur rote Fahnen aufziehen, sondern erklärte den „wissenschaftlichen Sozialismus" zur Staatsdoktrin und verkündete, alsbald die DDR anerkennen und mit ihr diplomatische Beziehungen aufnehmen zu wollen.

Andererseits hatte Egon Bahr in seinen Verhandlungen mit Moskau die deutsche Bereitschaft erklärt, auf den Alleinvertretungsanspruch Deutschlands durch die Bundesrepublik im internationalen Beziehungsgeflecht zu verzichten, d. h., die so genannte Hallstein-Doktrin aufzugeben. Allerdings erst dann, wenn ein mit der DDR angestrebter Vertrag, der so genannte Grundlagenvertrag, zustande gekommen war. Es versteht sich von selbst, dass die Kongolesen unter einen gewaltigen Druck von Seiten Moskaus gerieten, nunmehr also gleich die DDR diplomatisch anzuerkennen; die Westdeutschen, auf deren Entwicklungshilfe Brazzaville nicht verzichten wollte, würden die Beziehungen nicht abbrechen, denn die Hallstein-Doktrin sei ohnehin obsolet.

Mich brachte dies alles in eine ziemlich heikle Situation. Vor allem deshalb, weil ich keinen Termin zur Übergabe des Beglaubigungsschreibens beim Präsidenten Ngouabi erhielt – sechs Wochen lang – und insofern nicht frei war zu agieren. So konnte ich auch nicht mit den zuständigen Ministern und dem Präsidenten selber reden, um ihnen klarzumachen, dass wir die Räumung der bisherigen Position, einschließlich des Beitritts beider deutscher Staaten in die Vereinten Nationen, nur dann vollziehen könnten, wenn die vorgesehenen Verträge mit der Sowjetunion und der DDR unter Dach und Fach seien.

Natürlich versuchte ich, auf inoffiziellen Wegen und auch mit Hilfe meines französischen Kollegen Einfluss zu nehmen, doch war das nicht einfach. In jener Zeit war unsere Aktivität in Afrika der französischen Außenpolitik keineswegs hundertprozentig genehm, was sich besonders deutlich in der oft schamlosen Inanspruchnahme der EG-Entwicklungshilfe, zu der wir etwa fünfundzwanzig Prozent beitrugen, als ausschließlich französische Leistung manifestierte.

Schließlich gelang es, einen Termin für die Übergabe des Beglaubigungsschreibens zu erhalten. Hierzu wurde ich vom Protokollchef in einem offenen, weißen Mercedes 300 mit roten Ledersitzen abgeholt, der allerdings als Zweisitzer konzipiert, zweitürig, im Fond nur eine Art Kinder-Sitzbank hatte, während vorne zwei komfortable Sitze eingebaut waren, auf deren einem der weiß livrierte Fahrer Platz genommen hatte. Also klemmten wir uns mit dem Protokollchef auf die enge Rückbank, und an der Residence, dem ehemaligen Gouverneurssitz angelangt, zwängten wir uns um die umgeschlagenen Lehnen der Vordersitze wieder heraus.

Die Zeremonie begann mit dem Abschreiten einer Ehrenformation in Tarnanzügen und fand ihren Höhepunkt in der Überreichung mei-

20. Dezember 1969: Übergabe des Beglaubigungsschreibens an Marien Ngouabi in Brazzaville. Offizielles Foto der Zeremonie, dazu ein Schnappschuss vom sich anschließenden Gespräch.

nes Beglaubigungsschreibens an den inzwischen selbst ernannten Major Marien Ngouabi, einen etwa fünfunddreißigjährigen Berufssoldaten, der in Straßburg seine Ausbildung erfahren hatte. Er erklärte vehement und ausgiebig, das Ziel seiner Politik sei es, den „wissenschaftlichen Sozialismus" im Kongo zu verwirklichen, wobei ich ziemlich sicher bin, dass er nicht die geringste Vorstellung mit dieser Formulierung zu verbinden vermochte. In der Sowjetunion war in den sechziger Jahren im Zusammenhang mit der Dekolonialisierung der Welt, in deren Verlauf Staatsmänner wie Nkrumah aus Ghana oder Sukarno aus Indonesien zur Abgrenzung ihrer Politik von den früheren Kolonialmächten einen „afrikanischen" respektive „asiatischen Sozialismus" verkündet hatten, ein Problem entstanden, mit dem Moskau schon in Kuba konfrontiert worden war: die Selbsternennung zum sozialistischen Staat von Gebietskörperschaften und sozialen Systemen, die so nicht akzeptabel waren und am Ende viel zu kostspielig geworden wären. So erfand Suslow den Staat, der auf der Grundlage des „wissenschaftlichen Sozialismus" den „nicht-kapitalistischen Entwicklungsweg" eingeschlagen habe. Das alles klang nach „ein bisschen schwanger" und war auch nicht lange lebensfähig, weil Indiens Nehru, auch Tito und Sukarno, alsbald die „Bewegung der Blockfreien" ins Leben riefen, damit eine weit wirksamere Leitlinie für die jungen Staaten der Dritten Welt schaffend.

In dieser Zeit, um die Jahreswende 1969/70, erhielt ich den Besuch meines Nachbarn, des deutschen Botschafters aus der Zentralafrikanischen Republik, dem später kurzzeitigen Kaiserreich des ebenfalls aus der französischen Armee hervorgegangenen Jean Bedel Bokassa, den ich kurz darauf in Brazzaville kennenlernte. Durch Botschafter Gröner wurde mir vieles von der ziemlich scheußlichen postkolonialen Entwicklung in Afrika deutlich, einer Entwicklung, die auch heute, zu Beginn des neuen Jahrtausends, zum Leidwesen des ganzen schwarzen Kontinents noch nicht überwunden ist.

Der Kollege Gröner war nach Bangui gekommen, nachdem zwei deutsche Botschafter von Bokassa aufgrund französischer Intrigen ausgewiesen worden waren. Da er ein Mann von ausgefallenen Ideen war, erschien er als die rechte Person am rechten Ort. Niemand hatte das Amt übernehmen wollen, er aber wollte, denn er hasste den Bürokram in der Zentrale, zu dem man ihn verdonnert hatte.

Sein erster Coup war, dass er sein Beglaubigungsschreiben Bokassa in der Uniform eines Reserveoffiziers der Bundeswehr, an der er diverse Kriegsauszeichnungen aus dem Zweiten Weltkrieg trug, überreichte. Dies war zweifellos in mehrfacher Hinsicht vorschriftswidrig, doch der Uniformen- und Ordensnarr Bokassa, der ebenfalls im Zweiten Weltkrieg, auf französischer Seite, gekämpft hatte, stürzte, den Botschafter mit seinen Auszeichnungen erblickend, auf diesen zu und umarmte ihn mit den Worten: „Mein Bruder!“ So hatte Gröner die erste Schlacht gewonnen. Kurze Zeit später passierte allerdings erneutes Ungemach. Der Botschafter hatte, wie wir das eigentlich immer zu tun pflegten, einen Bericht über seine ersten Eindrücke auf dem neuen Dienstposten ans Auswärtige Amt gesandt. Und irgendjemand hatte diesen so ironisch und amüsant gefunden, dass er ihn einer deutschen Illustrierten zur Verfügung gestellt hatte. Vermutlich nicht ahnend, welche Folgen dies haben sollte. Tatsächlich war der Bericht auch äußerst witzig, allerdings auf Kosten der Zentralafrikanischen Republik und ihres Präsidenten. Kaum hatte der Botschaftsbericht das Licht der Öffentlichkeit erblickt, wurde Gröner zu „seinem Bruder“ gerufen und aufs Gröbste niedergemacht: Er habe ein verleumderisches Telegramm verfasst und ihn, den Präsidenten schwer beleidigt. Der Botschafter allerdings, nicht mundfaul, erwiderte: Der Präsident möge doch nachprüfen lassen, ob in der fraglichen Zeit ein Telegramm dieser Länge von ihm nach Bonn geschickt worden sei. (Es muss hier erklärt werden, dass wir damals weder Fax noch Fernschreiber hatten und unsere Telegramme über die normale Post absetzten. Soweit geheim, wurden sie chiffriert, d. h., man hatte Blocks in den Auslandsvertretungen wie in der Zentrale mit Buchstaben- und Zahlenreihen, beim Verziffern wurde addiert und beim Entziffern subtrahiert, dann gab es wieder Klartext.) Also – auf der Post in Bangui wurde bestätigt, dass in den fraglichen Tagen kein Telegramm der deutschen Botschaft aufgegeben worden war, Gröner war gerettet. Er hatte nämlich den Bericht per normaler Luftpost abgesandt. Nur wenige Tage darauf geschah mir ähnliches, allerdings mit weniger gutem Ausgang.

Ein Katastrophen-Posten

Kurz vor unserer Abreise aus der Sowjetunion war die Illustrierte „Stern“ mit einem Team in Moskau gewesen. Die Zeitschrift hatte eine Serie mit dem Titel „Unser Mann in…“ begonnen und deutsche Botschafter in verschiedenen Hauptstädten dieser Erde porträtiert, einschließlich ihrer Mitarbeiter. Im Moskau-Artikel stand, auf mich bezogen, wie ich bereits berichtet habe, die Formulierung: „Ostexperte in den Busch geschickt“. Und nun, um Weihnachten 1969, erschien das Team im Kongo, um einen deutschen Botschafter in einer afrikanischen Mini-Botschaft zu porträtieren.

Doch daraus wurde nichts. Zwar wurden unendlich viele Aufnahmen von mir und der Familie, meinem neu erworbenen Pferd „Tonnère“ und Ausflügen mit dem Motorboot auf dem Kongo gemacht. Daneben war es dem Team auch gelungen, eine Reportage über den Präsidenten, seine Frau – ein bescheidenes Mädchen aus dem Elsass, dessen Muttersprache deutsch war – und deren zwei Söhne zusammenzuschreiben und zu fotografieren, die dann im Februar 1970 mit dem Titel: „Rot die Fahne, weiß die Frau“ erschien. Eine Woche später wurde ich – siehe Bokassa – zum Präsidenten bestellt. Offensichtlich hatten unsere französischen Freunde eine Übersetzung des Artikels geliefert und überhaupt auf das Erscheinen des Elaborats aufmerksam gemacht. Merkwürdigerweise erregte den Präsidenten die Charakterisierung, er sei eine Mischung aus kleinem Napoleon und Othello, ganz besonders, wobei offen blieb, ob er mit letzterem Namen überhaupt etwas verband, von Napoleon hatte er auf der französischen Militärakademie zweifellos gehört. Meine Verteidigungsrede, auf die bei uns herrschende Pressefreiheit gestützt, bewirkte nicht viel.

Wenig später erfolgte die nächste Katastrophe: Einer der Kollegen des Präsidenten, ich glaube ein Hauptmann, versuchte – wie gesagt wurde, nicht ohne französischen Rückenwind – erneut einen Putsch, der allerdings misslang. Seine Leiche, mit Dollarnoten, die zwischen seine Zähne gestopft worden waren, fanden wir vor dem Eingang unserer Botschaft, wo sie abgelegt worden war, weil wir gleichzeitig die Interessen der USA und Großbritanniens wahrnahmen. Da die Beziehungen mit diesen beiden Staaten wegen ihres „imperialistischen“ Charakters abgebrochen worden waren, wurde die deutsche Botschaft als so genannte Schutzmachtvertretung tätig. Nun hieß es aber, dass der Putsch von den Imperialisten angezettelt worden sei, so waren wir die Adresse, an der man solches dokumentierte. Außerdem wurde nach dieser Geschichte der französische Botschafter Hals über Kopf ausgewechselt.

Recht unangenehm war die tagelang im lokalen Fernsehen wiederholte Szene der Verurteilung der am Leben gebliebenen Putschisten zum Tode und ihre Abführung zur sofortigen Hinrichtung.

Ein paar Jahre später ist dann der Präsident Ngouabi im Laufe einer Palastrevolution selbst ermordet worden.

Da inzwischen ein Abgesandter der DDR aus Ghana längerfristig Aufenthalt in Brazzaville genommen hatte und an der Aufnahme diplomatischer Beziehungen strickte, wurde meine Position immer schwieriger. Etwa ein halbes Jahr nach meinem Eintreffen in Brazzaville verkündete mir der 28-jährige Außenminister, die kongolesische Regierung habe beschlossen, Beziehungen mit der DDR auf der Ebene von Gesandtschaften (nicht Botschaften) aufzunehmen. Dies war ein Trick der DDR-Diplomatie, der uns insofern traf, als man im internationalen Gesandtschaftsrecht zwar diplomatische (politische) und konsularische (wirtschaftlich-rechtliche) Beziehungen unterscheidet, ob allerdings eine politische Vertretung nun Botschaft oder Gesandtschaft heißt, macht überhaupt keinen Unterschied und bemisst sich lediglich nach der Größe des entsendenden, respektive des empfangenden Staates. Heute sind Gesandtschaften völlig aus der Mode gekommen.

Da ich mich im Kongo einerseits nicht besonders wohlfühlte, andererseits durch die neue Ostpolitik Bonns fasziniert war, begann ich am Ast, auf dem ich saß, zu sägen: Ich schlug vor, die Beziehungen bis auf weiteres einzufrieren, den Botschafter abzuziehen und den Posten nicht wieder zu besetzen. So geschah es, und ich tauschte einen 13.000-Mark-Job gegen einen für 3.000 DM im Monat, ein großes Haus gegen eine 3-Zimmer-Wohnung ein. Nicht zu reden von den sechs Boys, dem Reitpferd und dem Motorboot. Ich kam wieder in das Sowjetunion-Referat in Bonn.

Vorher hatte ich allerdings noch einen kleinen persönlichen Triumph in meinem erfolglosen Kampf gegen die Expansion der DDR in Afrika: Eines Abends erschien bei einem meiner Mitarbeiter nach Sonnenuntergang der erwähnte Emissär der DDR, der die Aufgabe hatte, nun die neue Gesandtschaft aufzubauen, und erklärte, er wolle abspringen und in den Westen gehen! Wir organisierten eine komplizierte Marschroute, denn er musste mit seinem DDR-Diplomatenpass den Kongo verlassen, um kein Aufsehen zu erregen. Bei einem Zwischenaufenthalt erhielt er dann von einer anderen Auslandsvertretung einen deutschen Pass, um ohne Visum in Frankreich einreisen zu können, weil damals alle Flugverbindungen aus Afrika über Paris, London oder Amsterdam und Brüssel führten, und mit DDR-Pass brauchte man in diesen Ländern ein Visum – welches er natürlich nicht beantragen konnte, es wäre sein Todesurteil gewesen. Seine Ausreise war natürlich ziemlich spannend, da wir nicht wussten, ob die kongolesische Regierung von der Sache nicht doch Wind bekommen hatte. Aber alles verlief planmäßig, er ist unbehelligt in Frankfurt am Main eingetroffen.

Wieder Referatsarbeit in Bonn

In Bonn sollte ich nach dem inzwischen erfolgten Abschluss des deutsch-sowjetischen Vertrages vom 12. August 1970, in dessen Zusammenhang auch die Einrichtung von Generalkonsulaten in Leningrad und Hamburg beschlossen worden war, das Sowjetunion-Referat des Auswärtigen Amtes übernehmen. Die Einrichtung unserer Vertretung in Leningrad war insofern bedeutsam, als der bisherige Referatsleiter Dr. Blumenfeld, ein exzellenter Kenner Russlands, selbst in Petersburg geboren und das Russische perfekt beherrschend, diese Position einnehmen sollte. Bis es aber soweit war, vergingen noch zwei Jahre, in denen ich auf dem zweiten Stühlchen im Referat ausharren musste, bis dann Zug in den Schornstein der Karriere kommen sollte. Als ich mich im Dezember 1970 im Sowjetunion-Referat des Auswärtigen Amtes zum Dienst meldete, ahnte ich nicht, dass ich ohne Unterbrechung fast ein Jahrzehnt in dem grauen Bau am Rhein meine Tage verbringen würde; allerdings immer mit für unser Land brisanten außenpolitischen Problemen und Aufgaben betraut.

In den ersten Monaten meiner Tätigkeit im Referat konzentrierte sich die ostpolitische Aufmerksamkeit auf den Vertrag mit Polen (Dezember 1970) und Verhandlungen über das Viermächte-Abkommen über Berlin, das am 3. September 1971 unterzeichnet wurde, wobei eine uns noch viel beschäftigende Unklarheit im Raum blieb. Der entscheidende Satz, der die sowjetischen Bestrebungen, West-Berlin zu einem Völkerrechts-Subjekt als dritte politische Einheit in Deutschland zu machen, beenden sollte, betraf die Frage des Verhältnisses zwischen Berlin (West) und dem Bundesgebiet. Im Text war von dem Vorhandensein und den weiteren Entwicklungsmöglichkeiten der „ties“ oder „liens“ oder „swjasi“ die Rede. Als es an die deutsche Übersetzung ging, bestanden Russen und DDR darauf, diesen Sachverhalt mit „Verbindungen“ zu übersetzen, während die westdeutsche Seite auf „Bindungen“ beharrte.

Jedermann war klar, dass mit dem auf technische Verbindungen beschränkten Wortlaut die Zugehörigkeit, insbesondere im Hinblick auf die politischen Beziehungen, wieder in Frage gestellt wurde.

Die Unterzeichnung erfolgte schließlich mit der Maßgabe, dass nur die Texte in den drei Originalsprachen verbindlich seien, was einen großen Unsicherheitsfaktor in die weitere Entwicklung des deutsch-sowjetischen Verhältnisses hineintrug, der meine Arbeit in den Folgejahren erheblich beeinflusste.

Der erste große Paukenschlag in meiner neuen Tätigkeit war die Reise des Bundeskanzlers Willy Brandt nach Oreanda auf der Krim, nahe bei Jalta. Ich habe vor einer Reihe von Jahren über dieses Erlebnis einen kleinen Essay geschrieben, den ich hier, kaum verändert, wiedergebe. Zu Themen und Inhalt der Gespräche hat Willy Brandt in seinen Memoiren „Begegnungen und Einsichten. Die Jahre 1960-1975" ausführlich berichtet, wie auch Egon Bahr in seinem Buch „Zu meiner Zeit".

Das Kommuniqué von Oreanda

Schon wieder das Telefon! Ich sitze in meiner „Dienstzelle" im sechsten Stock des Auswärtigen Amts, die sich allein durch den schönen Blick auf Rhein und Siebengebirge auszeichnet. „Der Herr Staatssekretär möchte Sie sprechen..." – „Herr Staatssekretär?" – „Sie reisen mit dem Bundeskanzler übermorgen in die Sowjetunion, als Vertreter des Auswärtigen Amts! Morgen um 15.30 Uhr melden Sie sich bei Staatssekretär Bahr im Kanzleramt. Es wird Ihre Aufgabe sein, die Kommuniqué-Verhandlungen zu führen." Staatssekretär Paul Frank pflegte nie große Worte zu machen, aber dies war ja nun arg nüchtern.

In der Boeing 707 der Bundeswehr, der ersten deutschen Militärmaschine, die nach dem Kriege Kurs auf die Sowjetunion nahm, traf die so genannte Delegation zusammen: Bundeskanzler Willy Brandt, Staatssekretär Egon Bahr vom Bundeskanzleramt und ich, ein stellvertretender Referatsleiter, „Feigenblatt des Auswärtigen Amtes", wie es ein Journalist später formulierte. Und das kam so: Natürlich war die Einladung an Willy Brandt nicht ordnungsgemäß über das Auswärtige Amt erfolgt, sondern in direkter Absprache zwischen Egon Bahr und dem damaligen sowjetischen Botschafter Valentin Falin, was den Staatssekretär Paul Frank schon ohnehin ärgerte. Bahr bot ihm an, den Bundeskanzler zu begleiten. Da Frank mit Recht vorhersah, dass er aller Voraussicht nach das Kommuniqué zu verhandeln haben werde, während Brandt und Bahr die Gespräche führten, versuchte er, meinen Freund und Landsmann, den Leiter der politischen Abteilung Ministerialdirektor Bernd von Staden, zu schicken. Dieser allerdings war auf Urlaub und nicht so kurzfristig zu mobilisieren. Dessen zuständigen

Unterabteilungsleiter wollte Frank nicht entsenden, denn er war neu im Geschäft und insofern zu unerfahren, und mein lieber Referatsleiter Alfred Blumenfeld war krank.

Bei Willy Brandt hieß das später: „Neben Egon Bahr begleitete mich ein sachkundiger Beamter unseres Auswärtigen Amtes..." Bei Bahr, auf die Kommuniqué-Verhandlungen bezogen: „Zwei Tage tüftelten wir an der Formel, assistiert von einem jungen Legationsrat, Andreas Meyer-Landrut, Balte, der – unanfällig gegen die östliche wie westliche Propaganda und Vorurteile – später unserem Land zweimal als Botschafter in Moskau gedient und es bis zum Staatssekretär bei Bundespräsident von Weizsäcker gebracht hat."

Es war der 16. September 1971. Wir flogen nach Simferopol auf der Krim; ein Ort, der im Kriege schwer gelitten hatte. Wie würde der Empfang des Kanzlers, der ersten Bundeswehrmaschine mit dem Eisernen Kreuz sein, die in der Sowjetunion landete, wie würden die Gespräche laufen, wie – und das beunruhigte mich am meisten – würden die Vorstellungen der Sowjets für ein Kommuniqué aussehen und schließlich: wie würde die deutsche Öffentlichkeit auf diesen neuen Schritt der Ostpolitik reagieren, einen Schritt, der trotz des Moskauer Vertrages vom 12. August des vorhergehenden Jahres spektakulär wirken musste – ein quasi privates Treffen des deutschen Bundeskanzlers mit dem sowjetischen KP-Chef. Und wie spektakulär dieser Schritt wirkte! Von Rapallo-Befürchtungen einer deutsch-sowjetischen Allianz gegen die Westmächte bis zu „Ausverkauf Deutschlands an die Russen"-Theorien rauschte es nur so durch den Blätterwald.

Bei der Landung in Simferopol stand Generalsekretär Breschnew am Fuß der Gangway, mit ihm sein außenpolitischer Berater Alexandrow-Agentow, neben ihm – gewissermaßen als Hausherr – der Parteivorsitzende der Krim, dazu ein Vizeaußenminister, Herr Kowaljow aus Moskau, der für uns zuständige Abteilungsleiter des Außenministeriums Alexander Bondarenko und mehrere Räte aus dem Außenministerium. Anwesend waren auch eine Reihe von Presse-, Foto- und Fernsehkorrespondenten, die Deutschen waren aus Moskau herangeflogen worden, ebenso wie zahlreiche sowjetische Medienvertreter.

Herzlich-aufgeräumte Begrüßung durch Breschnew, der sich auch den Kommandanten der Luftwaffen-Boeing, einen Oberstleutnant, vorstellen ließ – das Bild ging durch die Presse. Dies war von Breschnew durchaus beabsichtigt, hatte er doch die wartenden Journalisten auf die symbolische Bedeutung des Eintreffens des Bundeskanzlers mit einer Maschine der Bundesluftwaffe besonders hingewiesen.

Mit Willy Brandt in Oreanda auf der Krim, bei der Begrüßung durch Breschnew. September 1971.

Flugkapitän Major Schünemann wird Breschnew vorgestellt: die erste Begegnung mit einem westdeutschen Soldaten nach dem Zweiten Weltkrieg.

Breschnew selbst war während des Krieges am Südabschnitt der Front als Politoffizier eingesetzt gewesen und stand, wie auch spätere Treffen bezeugten, stark unter dem Eindruck der Erlebnisse des Zweiten Weltkrieges. Politisch war mit dieser Geste dem jahrelangen Propagandageschrei, das die Bundeswehr als Gefahrenquelle für einen neuerlichen Angriff auf die Sowjetunion verteufelte, durch den obersten Kreml-Chef ein kleines Gegengewicht gesetzt worden.

Wir wurden in eine kleine Ankunftshalle, eine Art VIP-Raum geschleust, geteilt durch einen langen Tisch, der „à la russe" vor kalten Speisen, Flaschen, Obstpyramiden, Gläsern und Gedecken fast brach. Der Parteichef der Krim wollte nur einen kleinen Willkommensimbiss servieren; es dauere nur zwanzig Minuten. Das Abendessen werde dann an unserem Ziel, dem Badeort Oreanda, serviert werden.

Es kam anders. Erst nach gut drei Stunden stiegen wir in die bereitgestellten schwarzen Tschaika- und SIL-Limousinen, zu einer abenteuerlichen Serpentinenfahrt an die Küste der Krim. In der Zwischenzeit war gewaltig gegessen und pokuliert worden: Kaviar natürlich, dazu die verschiedensten, vornehmlich ukrainischen Vorspeisen – die Krim gehörte verwaltungsmäßig seit einem entsprechenden Erlass Chruschtschows zur Ukraine, was bis heute einen Streitpunkt zwischen Moskau und Kiew darstellt –, von köstlichen sauren Gurken bis zu zartem schierem Speck. Als Hauptgericht erinnere ich Spanferkel – es müssen aber noch zahlreiche andere Gänge gereicht worden sein. Doch der Wodka, die Krim-Weine und – was ich nach meinen vielen Jahren in der Sowjetunion erstmals bekam – hervorragender echter Krimsekt (nicht die künstlich produzierte Plempe, die in Moskau als „Sowjetskoje Schampanskoje" verkauft und in Deutschland als Krimsekt vertrieben wird) bewirkten offensichtlich eine Gedächtnislücke: russische Gastfreundschaft!

Breschnew wirkte wie ein georgischer „Tamada": der Stimmungsmacher an der Tafel. Anekdoten aus seinem Leben, Erinnerungen an Kriegserlebnisse und Witze – viele davon auf Kosten der Sowjetmacht oder der Kommunistischen Partei. Willy Brandt, selbst ein Freund überraschender Pointen, hielt mit. Ich konnte nicht alles verfolgen, obschon mich dieser Blick in den Lebensstil der Sowjetprominenz faszinierte. Ich führte ein angeregtes Gespräch mit Alexandrow-Agentow, dem hochgebildeten, sprachgewandten Breschnew-Berater, daneben Hobbyspezialist für nordische Sprachen und Sagen. Im Laufe der nächsten Tage ergab sich eine Gelegenheit, bei der Willy Brandt, Alexandrow und ich schwedisch miteinander sprachen; A. M. Alexandrow hatte in Stockholm unter der berühmten Botschafterin Madame Kollontai gearbeitet, später war er als Berater von Gorbatschow tätig.

In Oreanda angekommen – es war ein sommerlich milder Abend –, ging es durch mehrere Absperrungen in das Allerheiligste sowjetischer Prominenten-Sommerfrischen, eine große Parkanlage mit höchst aufwändiger Einrichtung, wie wir am folgenden Tage noch sehen konnten. Auf der breiten, meerzugewandten Terrasse eines an steilem Abhang etwa zwanzig Meter über dem Meer gelegenen komfortablen Hauses mit ausladenden Suiten, mit für unseren Geschmack altmodisch-prächtig-plüschig eingerichteten Salons, Schlafzimmern und Badezimmern, dem allfälligen Billard-Tisch, stets bereiter, diskreter Bedienung, saßen wir dann noch zusammen: Brandt, Bahr, der persönliche Referent des Kanzlers Schilling, später Botschafter in Kairo, und ich, und ließen diesen merkwürdigen Abend Revue passieren. Hier, mitten in der Sowjetunion hatte diese feudale Atmosphäre etwas Phantastisch-Unwirkliches…

Breschnew hatte sich in seine nur einen Steinwurf weit entfernte Villa zurückgezogen. Das Haus, in dem der Kanzler und Egon Bahr untergebracht waren, soll Podgorny, der damalige Vorsitzende des Präsidiums des Obersten Sowjets und damit Staatspräsident, normalerweise benutzt haben. Ich war einige Kilometer weiter in einem anderen parkartigen Areal zusammen mit unserem Dolmetscher Eggert Hartmann untergebracht. Die Villa, sie soll von Molotow bewohnt worden sein, präsentierte sich im gleichen Stil wie diejenige, aus der ich gerade kam, mit großer überdachter Veranda zum Meer, die bei schönem Wetter auch als Esszimmer diente. Die gesamte Anlage war ursprünglich für die Zarenfamilie gebaut worden.

Als ich spät nachts ankam, war der Tisch gedeckt wie jener auf dem Flughafen, die Küche dienstbereit. „Vielen Dank, ich werde jetzt versuchen zu schlafen." Am nächsten Morgen hatte mich der Kanzler zu neun Uhr zum Frühstück bestellt. So nutzte ich morgens die Gelegenheit, nach der Toilette im riesigen Badezimmer mit Massagebank und lauter Glockenzügen, einen asphaltierten Serpentinenweg zum Strand hinunterzulaufen (benutzte Molotow hierzu ein Auto?), um schnell mal ins Schwarze Meer zu springen, da ich nicht annahm, dass im Laufe des Tages hierzu Gelegenheit sein würde. Am Strand ein Ruhehäuschen mit weiß bezogenen Betten und Mullgardinen. Wie überall in der Sowjetunion diente der obersten Führung auch hier das 19. Jahrhundert als Stilmaßstab für ihr Lebensniveau.

Als ich ins Wasser sprang, stellte ich zu meinem Erstaunen fest, dass ich nicht alleine war, seitlich von mir sprangen zwei Leute mit knallig roten Badehosen ebenfalls mit großen Sätzen ins Wasser und schwammen unauffällig mit: „Personenschutz“ nennt man das! Etwas weiter draußen, vor der Küste, die graue Silhouette eines Wachbootes der sowjetischen Marine – auch dies wohl „Personenschutz“.

Nach dem Frühstück in der Kanzlervilla – wir hatten wenig gegessen, da wir mit einem großen Mittagessen rechneten – geschah erst einmal fast zwei Stunden lang gar nichts. Dann kam Breschnew, der offenbar ein spätes „russisches“ Frühstück, das unserer Hauptmahlzeit vergleichbar ist, zu sich genommen hatte, und geleitete uns zu einem riesigen Stahlgerüst, in dem ein Fahrstuhl zum Strand hinabführte. Dort ein Badesteg mit Umkleide-Häuschen am Ende. Der Leibarzt ließ an einem Bindfaden ein Thermometer in die Fluten und bekundete diskret, die Temperatur sei geeignet. Breschnew lud zum Bade. Nun sprangen freilich eine ganze Reihe von „Fröschen“ mit ins Wasser und umkreisten die schwimmenden Staatsmänner, dazu ein Ruderboot mit hinten angesetzter Treppe, wie man sie an Schwimmbädern hat, und darin zwei Rettungsschwimmer ebenfalls in identischen roten Badehosen. Breschnews Schwimm-Stil war derart, dass man annehmen konnte, er habe das Schwimmen erst in fortgeschrittenem Lebensalter erlernt, doch sicher erreichte er nach einem kleinen Bogen im Meer den Steg.

Die deutschen Journalisten, die zu einem kurzen Fototermin aus ihrem Hotel im nahegelegenen Jalta ins Gelände gebracht worden waren, standen oben auf der Plattform des Fahrstuhls, von wo aus dann diverse „Brandt-badet-mit-Breschnew-auf-der-Krim“-Bilder mit Teleobjektiven geschossen wurden, die in der ganzen Weltpresse erschienen.

Das Besichtigungs- und Vergnügungsprogramm ging weiter. Nur Egon Bahr hatte sich mit Alexandrow absentiert, um einen Fahrplan für die Gespräche aufzustellen, dabei erhielt er auch einen Kommuniqué-Entwurf der Russen, der allerdings erst eine Stunde später in meine Hände gelangte.

Breschnew zeigte sein Meerwasserschwimmbad, dessen Glaswände automatisch auseinandergefahren werden konnten, was unter viel Lärmaufwand – man wähnte sich in einer Maschinenfabrik – dann auch vorgeführt wurde; auch durfte nochmals, jetzt im Schwimmbad, geschwommen werden. Schließlich ging es dann zur „Grotte“, einer natürlichen, recht geräumigen Felshöhle, in der ein Konferenztisch stand, selbstverständlich war ein Telefon vorhanden, das auch zu Rücksprachen mit Moskau genutzt worden ist.

Dies war der Zeitpunkt, als ich mich mit dem bisherigen Gesandten der Bonner Sowjetbotschaft und neuen Leiter der für uns zuständigen 3. Europäischen Abteilung des Außenministeriums, Alexander Pawlowitsch Bondarenko, in ein Arbeitszimmer in der Kanzlervilla zurückzog, um das Kommuniqué zu verhandeln. Der Kanzler und Bahr hatten einen Blick auf den Entwurf geworfen – ich sollte es etwas ausfeilen, sprachlich aus dem Übersetzungsdeutsch in ein ordentliches Deutsch bringen und halt sehen, dass ich es mit unserer Politik in Übereinstimmung brächte…

Nach einigen Stunden Verhandelns mit Bondarenko war ich am Ende meines Lateins. Ich muss zugeben, das Ergebnis war nicht sehr befriedigend. Freilich war dies meine erste Erfahrung auf diesem Gebiet – ich habe später wohl ein Dutzend Kommuniqués für Gipfel- und Außenministerbegegnungen verhandelt und eine gewisse Sicherheit auf diesem Gebiet des Umgangs mit Ostblockdiplomaten erworben. Doch damals…

Als ich schließlich nach einer Bootsfahrt auf Breschnews Motorjacht Herrn Bahrs habhaft wurde und ihm das Kommuniqué geben konnte, war klar, dass noch eine Menge getan werden musste. Bondarenko wurde geholt, Vizeaußenminister Kowaljow stieß dazu, und das ganze Gerangel begann praktisch von vorne. Freilich mussten auch neue Elemente aufgenommen werden, die sich aus den Gesprächen ergeben hatten und die Bahr und Kowaljow beisteuerten. Es handelte sich in erster Linie um den Bereich der Rüstungskontrolle. Erst nach weiteren Stunden konnte das Papier zum Schreiben gegeben werden.

In Breschnews Haus fand an diesem Abend ein Essen statt, bei dem ich teilweise die Aufgabe hatte zu dolmetschen, weil Eggert Hartmann die Aufzeichnung der Gespräche Brandt-Breschnew diktieren musste und nicht zur Verfügung stand. Breschnew sprach über seine innenpolitischen Probleme: die Weite des Landes, die Schwierigkeiten der Administration, insbesondere der zentral gelenkten Wirtschaft, soziologische Probleme, vornehmlich der Jugend – ganz neue Einblicke in Denkungsweise und Vorstellungswelt der sowjetischen Führung. Wahrscheinlich deshalb, weil in den Gesprächen das Berlin-Abkommen – und zwar die erwähnte Frage der „Bindungen“ oder „Verbindungen“ – eine wichtige Rolle gespielt hatte, kam Breschnew darauf zu sprechen, dass er bei einem Besuch in Ost-Berlin auf Anregung des dortigen sowjetischen Botschafters im Auto auch nach West-Berlin hinübergefahren sei. Er habe allerdings nicht viel gesehen, denn neben dem Auto seien Leute auf Fahrrädern mitgefahren, die an einer roten

Ampel neugierig in den Wagen geblickt hätten. Und da er, Breschnew, ja keinen internationalen Skandal wollte, habe er die Weisung erteilt umzudrehen. Der Fahrer sei in eine Einfahrt eingebogen, wo plötzlich amerikanische Soldaten auftauchten, es sei das Gefängnis in Spandau gewesen. Glücklicherweise sei man unbemerkt davongekommen. An dieser Stelle wurde ich fortgerufen, um in Feinabstimmung mit Bondarenko das Kommuniqué endgültig fertig zu stellen.

Gegen Mittag des nächsten Tages flogen wir zurück nach Deutschland. Schon die Pressekonferenz am Flugplatz in Köln-Wahn zeigte die Richtung an, in die die Kritik zielte. Ein zentraler Stein des Anstoßes war, wie sollte es anders sein, ein Satz aus dem Kommuniqué... Es ging um ein Problem, das ich, das aber auch Bahr übersehen hatte, denn man hätte den Satz sicherlich auch anders formulieren können.

Im Kommuniqué steht, auf die DDR bezogen: „Die allgemeine Normalisierung der Beziehungen zwischen der Bundesrepublik Deutschland und der Deutschen Demokratischen Republik auf der Grundlage der vollen Gleichberechtigung, der Nichtdiskriminierung, der Achtung der Unabhängigkeit und der Selbständigkeit der beiden Staaten, in Angelegenheiten, die ihre innere Kompetenz in ihren entsprechenden Grenzen betreffen, erscheint heute möglich und wird eine große Bedeutung haben. Einer der wichtigsten Schritte in dieser Richtung wird im Zuge der Entspannung in Europa der Eintritt dieser beiden Staaten in die Organisation der Vereinten Nationen und ihre Sonderorganisationen sein."*

Die Frage, die von der kritisch eingestellten Presse und Öffentlichkeit gestellt wurde, lautete: Ist damit die Reihenfolge der ostpolitischen Planung – erst Vertrag mit der DDR, dann Aufnahme beider deutscher Staaten in die Vereinten Nationen – umgestellt worden, ist hier möglicherweise den Russen und über die Russen der DDR eine Konzession gemacht worden, die unsere Verhandlungsposition gegenüber der DDR entscheidend schwächen würde? Alle Versicherungen, dass keinerlei Konzessionen gemacht worden seien und die Reihenfolge unverändert bleibe, halfen nichts. Erst über ein Jahr später, als der Grundlagenvertrag mit der DDR unterzeichnet und danach dann die Aufnahme der beiden deutschen Staaten in die UNO eingeleitet wurde, sollte sich zeigen, dass an diesen Befürchtungen nichts dran gewesen war.

* Bulletin der Bundesregierung Nr. 136, 21. September 1971

Einige Beispiele für das damalige Presseecho:

Im Bonner „General-Anzeiger" vom 20. September 1971 hieß es: „Brandt seinerseits stellte Bonner Schützenhilfe für das Zustandekommen der vom Osten gewünschten europäischen Sicherheitskonferenz in Aussicht, ging dabei aber offenbar nicht über die von der NATO bereits entwickelten Vorstellungen hinaus. Dagegen will er die Aufnahme beider deutscher Staaten in die UNO nicht mehr von einer vorherigen Normalisierung der Beziehungen zur DDR abhängig machen."

In der „Welt am Sonntag" vom 14. September 1971 las man: „Kein Wort mehr davon, dass innerdeutsche Erleichterungen zugunsten des ganzen deutschen Volkes auf beiden Seiten der Teilungslinie erreicht sein müssten, ehe Bonn Ost-Berlin die Pforte zum New-Yorker Völkerforum öffnet."

Und „Bild" polemisierte am 19. September 1971: „Russland-Flieger Adenauer nahm seinen Außenminister mit nach Moskau und brachte die Kriegsgefangenen nach Hause. Russland-Flieger Brandt lässt seinen Außenminister zu Hause und bringt die ‚DDR' in die UNO."

Freilich, die Polemik in diesen Sätzen ist offensichtlich, und auch die starke innenpolitische Ausrichtung der Kritik, die uns als Beamte nicht zu tangieren brauchte; dennoch fühlte ich mich persönlich getroffen, denn ich war überzeugt, dass ich durch eine unzureichende Kommuniqué-Formulierung eine überflüssige Kritik mit verursacht hatte und somit auch am Ende der Bewährungsprobe, die in der mir gestellten Aufgabe gelegen hatte, ein Mangelhaft stand.

Aus heutiger Sicht ist dieser Wirbel um das Kommuniqué recht bedeutungslos; die Geschichte ist darüber hinweggegangen. Ich habe sie dennoch hier aufgenommen, zeigt sie doch, wie in der politischen Auseinandersetzung relativ unbedeutende, auf Überinterpretation zurückzuführende Sachverhalte ein ganz unverhältnismäßiges Gewicht erlangen können.

Nach dem, mich menschlich sehr anrührenden und faszinierenden Besuch auf der Krim holte uns in Bonn der Alltag wieder ein. Eine der schwersten Aufgaben des Referats bestand in jener Zeit in der fachlichen Begleitung des Ratifikationsprozesses des Moskauer Vertrages. Als Vertreter des Außenministers in der parlamentarischen Arbeitsgruppe, die dieses Thema über viele Wochen diskutierte, fungierte der parlamentarische Staatssekretär und FDP-Abgeordnete Moersch aus Baden-Württemberg, nicht nur ein gescheiter liebenswerter Mensch, sondern auch mit der Begabung des Schnellredens ausgestattet – selbst die Parlamentsstenographen mussten gelegentlich vor seinem Redeschwall kapitulieren. Vom Auswärtigen Amt hat mein Stellvertreter im Referat, der spätere Botschafter Immo Stabreit, die Arbeit der Ratifizierungs-Arbeitsgruppe begleitet und Herrn Moersch zugearbeitet.

Kämpfen für Berlin

Als ein besonders heikles Thema erwies sich immer wieder Berlin. Die Sowjets versuchten auf alle nur erdenkliche, teilweise spitzfindige Weise, die Vertretung West-Berlins im Ausland durch die Bundesrepublik Deutschland zu verhindern. Mehrere Vertragsprojekte über eine engere Zusammenarbeit, die eine erhebliche Intensivierung der Beziehungen ermöglicht hätten, scheiterten an diesem Widerstand – ich nenne die Rechtshilfe, den See- und Binnenwasserstraßen-Verkehr, die wissenschaftliche Zusammenarbeit, die Intensivierung der Kulturbeziehungen. Nur nach langwierigen Verhandlungen erfolgten schließlich Vereinbarungen über kulturellen Austausch und Sport. Die anderen Vertragstexte blieben bis in die neunziger Jahre in der Schublade. Noch 1989, vor dem so erfolgreichen Gorbatschow-Besuch in Deutschland, gelang es, in einer Runde mit den Außenministern Genscher und Schewardnadse, nicht, das Schiffahrtsabkommen zu finalisieren, weil die Sowjets auf Berliner Flaggen an dort registrierten Schiffen bestanden, was ganz offensichtlich die These der besonderen politischen Einheit augenfällig dokumentiert und bestätigt hätte, ebenso wie es unser Recht auf Außenvertretung Berlins in Frage zu stellen geeignet war.

Nachdem schließlich die komplizierte Ratifizierung der Verträge mit Moskau und Warschau am 17. Mai 1972 im Bundestag erfolgt war, fuhr Außenminister Walter Scheel nach Moskau, um einen Vorstoß in Sachen zweiseitiger Verträge unter Einschluss Berlins zu wagen. Gromyko zeigte sich völlig unnachgiebig. Während einer Verhandlungspause zum „Hände waschen“, die auch von allen Anwesenden dementsprechend genutzt wurde, blieb Scheel eisern sitzen und unterhielt sich trefflich mit Herren der Delegation. Als ich ihn auf den Sinn der Pause aufmerksam machte, kam ein „typischer Scheel“: „Ich verhandle ganz gerne unter Druck!“

Im Nachtzug nach Leningrad (St. Petersburg) musste dann wieder ein Kommuniqué verhandelt werden. Beteiligt waren Valentin Falin – Verhandlungspartner von Egon Bahr beim deutsch-sowjetischen Gewaltverzichtsvertrag und zu jener Zeit schon Botschafter in Bonn, wo er sieben Jahre lang die deutsch-sowjetischen Beziehungen maßgeblich und aus sowjetischer Sicht höchst erfolgreich beeinflusst hat –, Bernd von Staden – später Botschafter in Washington, außenpolitischer Berater von Bundeskanzler Helmut Schmidt und mein Vorgänger als Staatssekretär des Auswärtigen Amtes –, der für uns zuständige Abteilungsleiter aus dem sowjetischen Außenministerium Alexander Bondarenko, der diese Position rund zwanzig Jahre innehatte, und ich.

Einmal mehr ging es um Berlin und Formulierungen zur Beschreibung unserer Beziehungen. Als unsichtbarer Dritter saß stets die DDR dabei, deren Glacis-Funktion die sowjetischen Verhandlungspartner nur ja nicht aufgeweicht oder gar verletzt sehen wollten.

Viele Jahre später, als die DDR schon nicht mehr existierte, erklärte einer der russischen Kollegen – in einer Gedenksendung zum deutsch-sowjetischen Vertrag – auf die Frage eines Journalisten nach den Motiven der Moskauer Politik, diesen Vertrag zu verhandeln und abzuschließen, ganz nüchtern und ungeschminkt: „Die DDR stärken!“

Bei einer der folgenden Moskau-Reisen leitete Egon Bahr die Delegation. Ziel der Verhandlungen war wiederum, einige der Vertragsprojekte endlich unter Dach und Fach zu bringen. Die Gespräche

Immer wieder Verhandlungen mit den Sowjets um die Einbeziehung Berlins in die deutsch-sowjetischen Vertragsprojekte, hier im Juni 1972 in Moskau; v. r. Dolmetscher Armbruster, Außenminister Scheel (ihm gegenüber sein Moskauer Amtskollege Gromyko), Staatssekretär Frank, Abteilungsleiter van Well, Leiter Planungsstab Brunner, Sowjetunion-Referent Meyer-Landrut.

begannen mit dem Stellvertreter von Gromyko, Vizeaußenminister Kusnezow.

In diesen Verhandlungen hatten wir mit ihm eine Einigung schon so gut wie erzielt – es ging um die Rechtshilfe in Zivilsachen –, als Gromyko, nach Rückkehr aus Syrien, den Vorsitz der Verhandlungen auf der Gegenseite übernahm und mit etwa folgenden Worten einleitete: Wie ich höre, haben meine, jeder Sachkenntnis ermangelnden, verantwortungslosen Mitarbeiter irgendwelchen Formulierungen zugestimmt, die die deutsche Seite vorgeschlagen hat. Ich möchte unmissverständlich klarstellen, dass für die Sowjetunion ein solcher Vorschlag völlig unannehmbar ist!

Am nächsten Morgen rief mich ein befreundeter Journalist an und sagte, dass er mich sprechen wolle. Wir trafen uns in einem Park, um nicht abgehört zu werden, und er erzählte, er sei spät nachts von einem sowjetischen Bekannten, von dem er annehme, dass er dem KGB angehöre, angerufen worden und der habe ihn gefragt, was im Deutschen die Metapher „übers Knie brechen" bedeute. Er, der Journalist, nehme an, dass es sich um etwas handele, was in den Verhandlungen eine Rolle gespielt habe. Da ich mich an derartiges nicht erinnern konnte, bat ich, in der Botschaft angelangt, Egon Bahr in die abhörsichere Kabine und fragte ihn, ob ihm dieser Ausdruck aus Gesprächen, möglicherweise als ich nicht dabei war, erinnerlich sei. Er lachte und sagte nein, aber er habe am Abend mit Bundeskanzler Brandt per Telefon gesprochen und über den Misserfolg der Gespräche mit Gromyko berichtet, worauf Willy Brandt erwidert habe: „Also, wenn nicht heute, dann morgen; man muss ja nicht alles übers Knie brechen…"

Hilfsdienst für Alexander Solschenizyn

Am folgenden Tag flogen wir nach Bonn zurück, im Flugzeug zwei unserer Kollegen, der spätere Staatssekretär und Chef des Bundespräsidialamtes Klaus Blech, der mein Nachfolger als Botschafter in Moskau wurde, und der spätere Botschafter in Warschau Johannes Bauch. Die beiden waren bei einem Wochenendausflug nach Wladimir zusammen mit dem Kollegen Alexy in einen Autounfall verwickelt worden und hatten zahlreiche Knochenbrüche davongetragen. Alexy, der eine schwere Kopfverletzung erlitten hatte, musste noch in Moskau bleiben. Er ist ein Jahr später tragischerweise an den Unfallfolgen gestorben.

Ich selbst hatte einen zusätzlichen Koffer an Bord. Ebenfalls durch einen mir bekannten Journalisten vermittelt, befanden sich darin Manuskripte von Alexander Solschenizyn, der einige Monate zuvor unter dramatischen Umständen nach Deutschland ausgewiesen worden war. Er hat seine Ausreise selber ausführlich beschrieben. Aus meiner Sicht geschah das Ganze so:

Nachdem Chruschtschow seinerzeit die Publikation der Erzählung „Ein Tag im Leben des Iwan Denissowitsch" während der bereits erwähnten kulturellen „Tauwetter"-Periode genehmigt hatte, wodurch die Welt mit dem GULAG – den Zwangsarbeitslagern der Stalin-Zeit – in erschütternder Weise bekannt gemacht wurde, war Solschenizyn in der Breschnew-Zeit wieder zur Persona non grata mit absolutem Publikationsverbot geworden, öffentlich angeprangert und verleumdet – wozu auch deutsche Medien durch Nachdrucke beizutragen sich nicht zu schade waren – und eingesperrt worden.

Eines Tages nun hatte Willy Brandt in einer Rede in München für die Dissidenten in der Sowjetunion eine Lanze gebrochen und erklärt: „Bei uns in der Bundesrepublik könnte Solschenizyn frei leben und ungehindert arbeiten." Kurz darauf rief Botschafter Falin bei Egon Bahr im Kanzleramt an und erklärte, am nächsten Tage werde eine sowjetische Aeroflot-Maschine Herrn Solschenizyn nach Deutschland bringen. Nach der Rede des Bundeskanzlers gehe man davon aus, dass er in Deutschland aufgenommen werde.

Staatssekretär Frank, der von Bahr am darauffolgenden Morgen unterrichtet wurde, dass der Schriftsteller noch am gleichen Tage in Deutschland eintreffen werde, übertrug mir, als dem zuständigen Referatsleiter, die Abwicklung. Bahr hatte bereits mit Heinrich Böll gesprochen, der sich bereit erklärt hatte, Solschenizyn in seinem Ferienhaus in der Eifel aufzunehmen und zu beherbergen, um die ganze Sache nicht zu einem Medienrummel werden zu lassen, was man weder dem Betroffenen zumuten wollte, noch hätte es in die politische Landschaft gepasst. So wurde auch meine Aufgabe, nämlich die Abholung am Flughafen und Ablieferung bei Böll, dahingehend definiert: Bitte möglichst ohne öffentliches Aufsehen.

Da die Maschine mit ihrer Besatzung, plus acht Mann Begleitung (alle vom KGB) und einem Fluggast (Solschenizyn) bereits gegen Mittag landen sollte, ohne dass uns allerdings gesagt wurde, ob in Köln oder Frankfurt, schickte ich je einen Mitarbeiter an die beiden Flughäfen mit der Maßgabe, die Ankunft mit den Flughafenbehörden so zu regeln, dass der Fluggast mit unserem Dienstfahrzeug an der Gangway abgeholt werden und das Flughafengelände so verlassen könnte, dass

Ein Foto aus dem Jahre 1993. Der Bezug aber liegt zwanzig Jahre zurück. Nach der Ausweisung des Schriftstellers Alexander Solschenizyn aus der Sowjetunion hatte ich Manuskripte, die er hatte zurücklassen müssen, in den Westen gebracht. Erst zwanzig Jahre später, auf seiner Rückreise nach Russland, bei der er auch Deutschland besuchte, konnten wir offen darüber reden.

keine Befragung durch die Presse erfolgte. Nach einigen Stunden stellte sich heraus, dass das Flugzeug in Frankfurt landen würde. Mein Kollege Peter Dingens, später Botschafter in Mexiko, hieß den völlig verstörten Fluggast auf Russisch willkommen, was Solschenizyn zusätzlich irritierte, obgleich er diese Szene später sehr liebenswürdig beschrieben hat. Er hatte bis zur Ankunft nicht gewusst, wohin er gebracht wurde, und erst aus dem Fenster des Flugzeuges bei der Landung die Aufschrift „Frankfurt" auf dem Flughafengebäude gelesen. Sein zweiter Gedanke nach dem Aussteigen war dann gewesen, dass ihn Leute von der sowjetischen Botschaft abholten, um ihn irgendwo auszusetzen. Er zeigte Peter Dingens einen Knust Schwarzbrot, den er eingesteckt hatte, als man ihm im Gefängnis am Morgen bedeutet hatte, dass er sich für einen längeren Transport vorbereiten solle. Man müsse bei Gefangentransporten immer gewärtig sein, dass man lange Zeit nichts zu essen bekomme, sagte Solschenizyn. Als er abends dann bei Heinrich Böll ankam, stand, trotz unserer Versuche, die Sache diskret abzuwickeln, eine große Gruppe von Journalisten, einschließlich Fernsehen, vor dem Haus. Inzwischen hatte sich die Geschichte herumgesprochen.

Der Koffer, den ich dann, nach den Verhandlungen mit Egon Bahr, zu transportieren übernahm, enthielt Solschenizyns Manuskripte, die er in Moskau hatte zurücklassen müssen. Da er inzwischen in der Schweiz seinen Wohnsitz genommen hatte, leitete ich den mitgebrachten Koffer an meinen Kollegen Peter Schönfeld nach Genf weiter. Die Freude von Solschenizyn soll groß gewesen sein. Erst viele Jahre später, als sich der Schriftsteller im Zuge seiner Rückkehr nach Russland auch kurz in Bonn aufhielt und wir nach einem Empfang durch Bundespräsident von Weizsäcker ein Gespräch mit ihm und seiner Frau führten, eröffnete ich ihm das Geheimnis des Weges, über den u. a. das Manuskript von „August 1914" in seine Hände gekommen war. Zu meinem 70. Geburtstag hat er mir das Buch mit liebenswürdiger Widmung zukommen lassen.

Einzelverhandlungen auf „Arbeitsebene"

Viele Einzelverhandlungen auf „Arbeitsebene" folgten. Unser Team bestand aus Klaus Blech, damals Unterabteilungsleiter Ost in der politischen Abteilung, dem Rechtsberater Karl August Fleischhauer, später stellvertretender UN-Generalsekretär und Rechtsberater der Weltorganisation, und mir.

Ich musste in den Verhandlungen mit den sowjetischen Kollegen immer den Part des positiv Denkenden und auf Lösungen Bedachten spielen, Blech passte auf, dass politisch nichts schief ging, und Fleischhauer sorgte für die Beachtung unserer Rechtspositionen. Unsere sowjetischen Verhandlungspartner waren beinhart, was Juli Kwitsinski in seinen Memoiren später bestätigt hat, bis hin zu Unverschämtheiten. So wurde etwa lachend vorgeschlagen, wir sollten Fleischhauer doch aus dem Flugzeug werfen, oder: Man halte es mit dem amerikanischen Politiker Vansittard, der gesagt habe, man müsse „die Deutschen entweder am Kopf oder an den Eiern haben". Das sollte dann witzig sein, doch so arg komisch fanden wir derartige Bemerkungen nun doch nicht.

Einmal traf ich während einer Moskauer Verhandlungsrunde einen der Botschaft wohl bekannten „Halbleiter", also einen jener Deutschlandexperten, die angeblich bei irgendwelchen Medien arbeiteten, tatsächlich aber direkt die Geheimdienste belieferten. Dieser erregte sich kolossal über einen Sowjetunion-Artikel, der in der deutschen Monatszeitschrift „Außenpolitik" erschienen war und in dem bezüglich der Haltung Moskaus zur Europäischen Gemeinschaft vorhergesagt wurde, dass die Sowjetunion ihre Einstellung des Nicht-zur-Kenntnis-Nehmens der EG schon bald aufgeben werde. Die russische Politik habe sich stets auf Realitäten eingestellt, das werde sie auch in Zukunft tun. Besonders verärgert – so der „Halbleiter" – habe aber ein Zitat aus den Memoiren von Milovan Djilas, in dem beschrieben wurde, wie Stalin 1948 bei einem Essen mit Tito die Meldung bekam, dass BENELUX gegründet worden sei. Woraufhin Stalin gebrüllt habe, das sei nicht wahr, die Kapitalisten würden sich zerstreiten und nicht vereinen, und im übrigen handle es sich ja nur um Belgien und Luxemburg und somit sei das zu vernachlässigen. Als die Jugoslawen versuchten, ihm klarzumachen, dass, wie der Name sage, auch die Niederlande dazugehörten, habe Stalin dies geleugnet. Im Artikel der „Außenpolitik" hieß es dann weiter, nach jahrelangem Nicht-zur-Kenntnis-Nehmen der BENELUX sei mit dieser Staatengruppe vor kurzem ein Wirtschaftsabkommen abgeschlossen worden. Meinen Gesprächspartner erregte besonders, dass ein solch bösartiger Artikel in einem Journal erschienen sei, das sich staatlichen Wohlwollens, ja staatlicher Förderung erfreue. Ich musste innerlich lachen. Der Artikel war von mir. Ich habe in jener Zeit recht viel publiziert, allerdings unter einem Pseudonym.

Es dauerte übrigens auch nicht mehr lange, bis offizielle Beziehungen mit der EG aufgenommen wurden. Irgendwann einmal klappte dann auch die Eröffnung der Generalkonsulate in Hamburg und Leningrad, und ich übernahm das Referat 213.

Ein Problem bei unserer Arbeit waren die Parallelkontakte, die Egon Bahr im Kanzleramt mit seinen sowjetischen Gesprächspartnern pflegte, weil wir hiervon nicht unterrichtet wurden. Ich bin auch ziemlich sicher, dass es nicht nur die Behörde war, die hier im Dunkel gelassen wurde, sondern auch die politische Spitze, das heißt der Außenminister selbst. Andererseits hat Bahr seine „back channels" als äußerst hilfreich geschildert, was vermutlich auch zutrifft.

Wir wussten von diesen ständigen Kontakten, waren wir doch vom Kanzleramt gebeten worden, Jahresvisen für zwei sowjetische Besucher auszustellen, was uns freilich der Möglichkeit beraubte zu wissen, wann jeweils die Herrschaften sich in Bonn aufhielten. Beide, hohe KGB-Offiziere, sollen direkt von Andropow geführt worden sein. Einen von ihnen habe ich gut gekannt. Er firmierte uns gegenüber als Journalist und pflegte enge Kontakte zu deutschen Korrespondenten.

Was Egon Bahr betrifft, so habe ich dessen Scharfsinn und Weitsicht („Wandel durch Annäherung") geachtet und bewundert. Unverständlich blieb mir aber sein ausgesprochener Hang zum Konspirativen, wodurch er sich – siehe oben – eine Menge Feinde und Hindernisse im eigenen Lande aufbaute und zu Misstrauen Anlass gab. Ich kann mir beim besten Willen nicht vorstellen, dass er damit für die Sache, für seine Politik viel gewinnen konnte. Andererseits war er insofern ein „gebranntes Kind", als 1970 seine Entwürfe eines Übereinkommens mit Moskau trotz aller Geheim-Stempel in einer deutschen illustrierten Zeitschrift veröffentlicht wurden – das so genannte „Bahr-Papier" –, was dazu führte, dass wir alle, deren Paraphe auf den entsprechenden Dokumenten stand, bis zur Einstellung des Verfahrens als „Beschuldigte" galten und staatsanwaltlich verhört wurden.

In seinen Memoiren schreibt Bahr, dass viele Jahre später, bei einem Gespräch mit dem CDU-Politker Rainer Barzel, dieser im Zusammenhang mit dem Verrat des Bahr-Papiers einen Namen genannt habe, der auch im Klartext erscheint.* Für mich ein ziemlicher Schock, hielt ich unsere Kollegen doch stets für loyale Staatsdiener, die weder aus materiellen noch auch aus politischen Gründen zu Derartigem fähig wären.

Einen Höhepunkt meiner Zeit als Leiter des Russlandreferats bildete der Besuch Breschnews 1973 in Bonn. Der Aufwand, der aus diesem Anlass von der Bundesregierung getrieben wurde, erinnerte an die Adenauer-Reise 1955 nach Moskau, mit Sonderzug, Flugzeug, Mercedes 300-Limousinen etc.

Staatsbesuch in Bonn

Breschnew wurde in dem seit einigen Jahren leerstehenden Luxushotel „Petersberg", oberhalb von Königswinter mit einem herrlichen Blick über das Rheinknie gelegen, untergebracht. Dort hatte nicht nur 1938 Chamberlain gewohnt, während des so genannten „Godesberger Treffens" mit Hitler. Auch nach dem Kriege diente dieser Ort für politische Ereignisse, wie die Machtübergabe der Alliierten an die neu ver-

* Egon Bahr: Zu meiner Zeit. München 1996, S. 325

fasste Bundesrepublik Deutschland, wobei Adenauer, entgegen dem von den bisherigen Machthabern gewünschten Protokoll, auf den Teppich trat, auf dem die Hohen Kommissare standen, um den Souveränitätsanspruch zu dokumentieren. Die junge Bundesrepublik hatte dann hier ihre prominenten Gäste, wie Präsident de Gaulle und Königin Elizabeth, beherbergt. Als junge Attachés waren wir gelegentlich zu protokollarischen Anlässen dorthin kommandiert worden. Wir nannten das: zehn Fräcke mit Attachés darin.

Als Breschnew am 18. Mai 1973 kam, musste das Haus, das der Familie Mülhens, Eigentümer der berühmten Kölnisch-Wasser-Parfümerie 4711 gehörte, zuvor ausgemottet und in einen benutzbaren Zustand gebracht werden. Aber selbst als wir dort einzogen, mit Büro und Übernachtungsmöglichkeiten, lief immer noch rotbraunes Wasser aus den verrosteten Rohrleitungen. Kurz vor der Vereinigung ist das Gebäude dann als Gästehaus der Bundesregierung, zum Teil als allgemein zugängliches Hotel, komplett renoviert und umgebaut worden. Heute erstrahlt es wieder in schönem Glanz; es wird schwerpunktmäßig als Hotel genutzt.

Als beim Begrüßungsessen das Programm von Bundeskanzler Willy Brandt mit Breschnew besprochen wurde, tauchte schon das erste Problem auf: Die sowjetische Sicherheit war gegen einen Hubschrauberflug, da er als unsicher galt. Es war aber notwendig geworden, einen solchen einzuplanen, weil ein ursprünglich in Dortmund vorgesehener Besuch Breschnews wegen angemeldeter antisowjetischer Demonstrationen ausfallen musste. So war ein Flug mit dem Hubschrauber ins Bergische Land, auf Einladung des nordrhein-westfälischen Ministerpräsidenten Kühn auf eine Burg mit Spießbratenessen vorgesehen worden. Breschnew stimmte schließlich mit der Maßgabe zu, dass der Bundeskanzler mit ihm im gleichen Hubschrauber sitzen würde.

Dieser Flug wurde dann zu einem Erlebnis für den sowjetischen Gast, auf das er später immer wieder zurückkam: Das Überfliegen des Bayer-Geländes in Leverkusen beeindruckte ihn besonders – speziell die Harmonie von Industrieanlagen und grüner Landschaft –, so habe er sich das „Ruhrgebiet" nicht vorgestellt. Dass es sich nicht direkt ums Ruhrgebiet handelte, störte die Anwesenden nicht weiter. Dann gab es noch den berühmten Zwischenfall mit dem geschenkten Mercedes-Cabrio, welches Breschnew am Ende der zu Tal führenden Serpentinenstraße beim Wenden so über den Bordstein knallte, dass die Ölwanne riss und das Auto umgetauscht werden musste. In der typischen Unverschämtheit jener sowjetischen Funktionärsschicht, die stets

Bundeskanzler Willy Brandt und der sowjetische KP-Chef im Gespräch vor einem Mittagessen im Kanzler-Bungalow.

Offizieller Besuch von Leonid Breschnew in Bonn, Mai 1973. Aufnahme vom Höflichkeitsbesuch beim Bundespräsidenten; v. l. Moskau-Botschafter Ulrich Sahm, Bundesaußenminister Walter Scheel, Bundespräsident Heinemann, Dolmetscher Eggert Hartmann, Breschnew, Staatssekretär und Chef des Präsidialamts Spangenberg, Außenminister Andrej Gromyko, Botschafter Falin, Sowjetunion-Referent Meyer-Landrut, Rat Schmitt-Dornedden vom Bundespräsidialamt.

meinte, dass man die Kapitalisten schröpfen müsse, wo immer man an sie herankäme, wurden uns dann von Botschafter Falin Sonderwünsche für den Ersatzwagen hinsichtlich der Lackierung und allerlei Extras übermittelt.

Für mich wurde die Geschichte kritisch, als am zweiten Tage, erneut bei Kommuniqué-Verhandlungen – und in der Tat bildete ein solches Gipfel-Kommuniqué eine wichtige Grundlage für die zukünftige Politik –, von Bahr und Gromyko neue Berlin-Formulierungen probiert wurden. Ich fürchtete, dass das Auswärtige Amt hier erneut, wie schon bei den Verhandlungen um den deutsch-sowjetischen Vertrag, ins Abseits gerate und rief, etwas verzweifelt, bei Staatssekretär Frank an. Da es ein Samstag war, saß er, wie seine Frau sagte, gerade in der Sauna. Für einen kleinen Referatsleiter war es nicht ganz leicht, auf das Verlassen derselben durch den Herrn Staatssekretär zu insistieren. Doch Frank kam im Eiltempo auf den Petersberg, und gemeinsam wurde die „Frank-Falin-Formel" geboren, dass dem Berlin-Abkommen „strikte Einhaltung und volle Anwendung" zuteil werden sollte. Mit letzterer Formulierung sollte unsere Vertretung Berlins nach außen und die Entwicklung der Bindungen in unserem Sinne abgesichert werden. Die Sowjets sahen dies natürlich anders, sodass wir diese Formulierung, mit der zwanzig Jahre lang operiert wurde, unter uns in „strikte Einwendung und volle Anhaltung" abwandelten.

KSZE: Die Schlussakte von Helsinki

Im Jahre 1974 begannen dann in Genf, nach einer Vorkonferenz in Helsinki, die Verhandlungen über die KSZE-Schlussakte. Die deutsche Verhandlungsdelegation leitete der spätere langjährige Botschafter in Madrid, EG-Kommissar und Berliner Bürgermeister Guido Brunner, der im Auswärtigen Amt an der Spitze des Planungsstabes stand und als enger Vertrauter von Außenminister Scheel auch dessen erster Berater war.

Als Scheel Bundespräsident wurde und Hans-Dietrich Genscher das Auswärtige Amt übernahm, trennte dieser sich dann ziemlich bald von Brunner. Was zur Folge hatte, dass Klaus Blech von der Unterabteilung Ost zum Leiter des Planungsstabes avancierte und die Delegation in Genf übernahm, und ich die Ostabteilung und damit die Scharnierfunktion zur Delegation zu Hause. Es war die erste Personalmaßnahme des neuen Ministers, nicht zur Freude der Personalabteilung, weil wir beide – Mitte vierzig – als zu jung für die Aufgaben galten, die wir übernahmen: Wir waren „noch nicht dran".

Unsere Zusammenarbeit klappte vorzüglich – wieder im Team mit dem Völkerrechtsberater Karl August Fleischhauer. Es gelang damals Klaus Blech, obschon die Verhandlungen zum völkerrechtlichen Verhaltenskodex bereits abgeschlossen waren, im Hinblick auf die Unverletzlichkeit der Grenzen die Möglichkeit der „friedlichen Grenzänderung" („peaceful change") durchzusetzen. Fleischhauer wehrte sich erfolgreich dagegen, die Schlussakte als Vertrag bei den Vereinten Nationen registrieren zu lassen. Sie blieb Absichtserklärung, sodass weitere Dynamik, insbesondere im Korb drei, wo es um Menschenrechte, Reisefreiheit, Informationsaustausch und Pressefreiheit ging, erhalten bleiben konnte und eine Ratifizierung durch sämtliche Teilnehmerstaaten entbehrlich blieb, die den gesamten Prozess zum mindesten arg verzögert, wenn nicht zum Scheitern verurteilt hätte. Ich selbst verhandelte einmal eine ganze Nacht lang im Redaktionskomitee, um die am Anfang aufgeführten Teilnehmer, sowie am Schluss die Aufzählung der Unterzeichnerstaatenliste im Genitiv aufzuführen, weil das im Russischen eine Formulierung erlaubte – „Vertreter der Bundesrepublik Deutschland … Englands … der UdSSR …", wodurch der Namensstreit in der russischen Sprache, die auch offizielle KSZE-Vertragssprache war, vermieden werden konnte. Hatte ich mich doch schon genug geärgert, dass diese Unverschämtheit, uns aus politischen Gründen nicht mit unserem richtigen Namen zu nennen, im deutsch-sowjetischen Vertrag von 1970 nicht korrigiert worden war. Dahinter stand, dass „Bundesrepublik Deutschland" als eine Art Alleinvertretungsanspruch, für alle Deutschen zu sprechen, empfunden wurde, und wir deshalb auf Russisch als „Bundesrepublik Deutschlands" – im Genitiv, mithin als Teilrepublik kenntlich gemacht – bezeichnet wurden. Und was mich am meisten ärgerte war, dass die Russen, vorneweg Herr Falin, unseren Politikern immer wieder erklärten, anders sei unsere Staatsbezeichnung aus sprachlichen Gründen des Russischen nicht machbar. Ich wusste es besser, denn die „Bundesrepublik Nigeria" wurde, ebenso wie die „Föderative Volksrepublik Jugoslawien" und andere vergleichbare Staatsbezeichnungen, im Russischen stets im Nominativ repräsentiert.

Tatsächlich ist unser Staatsname in der richtigen nominativen Form erst 1989 in Zusammenhang mit und dann auch während des Gorbatschow-Besuches in Deutschland in den russischen politischen Sprachgebrauch übernommen worden.

Staatsbesuch von US-Präsident Jimmy Carter 1974. Begrüßung beim Empfang von Bundespräsident Scheel auf Schloss Brühl.

Der chinesische Ministerpräsident 1974 im Frühstücksgespräch mit Außenminister Genscher auf Schloss Gymnich bei Köln; im Spiegel Meyer-Landrut.

Heute mag es lächerlich erscheinen, dass man so viel Kraft und Zeit für derartige Details aufgewandt hat; ich glaube aber immer noch, dass es sinnvoll war, für diese Dinge zu kämpfen. Hinter jeder dieser Formulierungen verbarg sich ein kleiner Spalt zum Offenhalten der deutschen Frage; einer Tür, die nicht zugeschlagen werden durfte. So war es später dann bei den 2 + 4-Verhandlungen um den internationalen Status des vereinigten Deutschland 1990 von entscheidender Bedeutung, dass Blech den „peaceful change" durchgesetzt hatte. Wäre dieser in der Schlussakte nicht vorgesehen gewesen, hätte dieses komplexe Vertragswerk erneut zur Diskussion gestellt werden müssen, andernfalls hätte die Vereinigung der Schlussakte von Helsinki widersprochen.

Bemerkenswert ist, dass die Vereinigten Staaten an den KSZE-Verhandlungen desinteressiert waren. Als US-Delegationsleiter wirkte der amerikanische Botschafter in Prag, der jedoch nur sporadisch in Genf aufkreuzte, im Übrigen wurden die Interessen Washingtons von einigen jungen Kollegen wahrgenommen, unter ihnen John Kornblum, der spätere US-Botschafter in Berlin.

So hatten wir zu großen Teilen die Last der westlichen Positionen zu tragen und diese zu verteidigen. Die Spannungen im Verhältnis zur sowjetischen Delegation waren dementsprechend. Kurz nach dem Wechsel in unserer Delegationsleitung entschieden Klaus Blech und ich, die sowjetische Delegation zu einem Abendessen einzuladen, um die Atmosphäre etwas aufzulockern und eventuell den einen und anderen weiterführenden Ansatz zu finden. Ich kam aus Bonn angereist und wir organisierten ein schickes Essen in einem erstklassigen Lokal. Der Leiter der sowjetischen Delegation, Vizeaußenminister Kowaljow, erklärte gleich zu Beginn in blanker Unverfrorenheit, wir sollten bloß nicht annehmen, dass wir mit einem Glase Wein die sowjetischen Positionen erschüttern könnten.

Nun, im Laufe der Zeit mussten die Sowjets dann in der Tat einige Konzessionen machen, und auch wir haben die eine oder andere Kröte geschluckt. Im „end game" mussten dann auch die Amerikaner von ihrer distanzierten Position herunter und es musste eine Einigung zwischen Kissinger und Gromyko herbeigeführt werden.

In die Zeit meiner Tätigkeit als Leiter der Unterabteilung Ost fielen auch eine ganze Reihe von Reisen nach Moskau, Budapest, Warschau, Bukarest, Prag und Sofia; meistens im Zusammenhang mit KSZE-Fragen oder, zusammen mit meinem Kollegen Friedrich Ruth, Leiter der Rüstungskontroll-Abteilung, mit MBFR-Fragen. Hier ging es um „Mutual Balanced Force Reduction", gegenseitige ausgewogene Streitkräfte-Verringerung, wobei man im westlichen, Nato-bestimmten Lager davon ausging, dass die Ausgewogenheit eine größere Verringerung von Einheiten des Warschauer Pakts vorsehen musste als auf der westlichen Seite, da die sowjetische Hauptmacht von Streitkräften aus dem außereuropäischen Teil des Landes schneller herangeschafft und in den vorgesehenen europäischen Reduktionsraum gebracht werden konnte, als Verstärkungen der Amerikaner, die sich jenseits des Ozeans befanden.

Ursprünglich war die Idee, eine Verringerung der konventionellen Streitkräfte in Europa auf dem Verhandlungswege zu erreichen, als Gegenvorschlag zu dem östlichen Vorschlag der politischen Sicherung des Friedens auf Basis des Status quo durch die „Konferenz über Sicherheit und Zusammenarbeit in Europa", KZSE, entwickelt worden. In sich hatte sie ihren Sinn einmal darin, dass in der Kernwaffen-Problematik eine ausschließlich die USA und die UdSSR betreffende Kompetenz vorlag und die Gefahr eines konventionellen Krieges erheblich größer war, zum anderen in Zentraleuropa eine derartige Massierung dieser Waffensysteme vorhanden war, dass ohne größere militärische Einbußen beiderseits Verringerungen vorgenommen werden konnten. Dennoch dauerten die Verhandlungen ein gutes Jahrzehnt, um in anderem Format praktisch bis zum Ende der Sowjetunion anzudauern. Sie haben aber, flankierend zur KSZE, zweifellos eine stabilisierende und konfliktmindernde Rolle gespielt.

Noch einmal zu den Geheimdiensten

Ein trauriges Feld – ich habe es schon erwähnt – war der gar nicht Kalte Krieg der Geheimdienste. Die Bundesrepublik Deutschland bot für die östlichen Dienste eine ideale Operationsbasis, weil wir jeden Deutschen, der aus der DDR zu uns kam, direkt als Inländer behandelten. So konnte der DDR-Auslandsdienst des Herrn Markus Wolf nach Belieben Agenten und Agentinnen bei uns einschleusen und an den verschiedensten Stellen einsetzen. Einige wurden entlarvt und eingesperrt, wie der berühmt gewordene Assistent von Willy Brandt, Guillaume, andere flogen erst nach der Vereinigung auf. Aber auch der sowjetische Dienst hatte seine Leute in großer Zahl bei uns herumlaufen, ganz abgesehen von Botschaftsangehörigen, die sich mit der Beschaffung von vertraulichen oder geheimen Informationen beschäftigten. Wenn diese auffällig geworden waren und ausgewiesen wurden, gab es alsbald die Gegenausweisung eines Botschaftsangehörigen aus Moskau, und wenn wir nach einer Begründung dieser Maßnahme fragten, so erhielten wir die Standard-Antwort: Der Betroffene möge sein Gewissen befragen!

Auf mich kam mehrfach die Aufgabe zu, bei geplanten Austauschaktionen verurteilter Spione eine Formel auszuhandeln: zwei zu zehn Jahren Verurteilte gegen einen, der lebenslang, und einen, der zu fünf Jahren verurteilt worden war, oder ähnlich – ein ziemlich scheußlicher Menschenhandel.

Immer wieder war ich beeindruckt von der enormen Rolle, die das jeweilige Verständnis des politischen Gegners, also die Perzeption der Gegenseite, spielte. So war, vermutlich auch von den Geheimdiensten geschürt, bei uns eine Hasenangst vor der Sowjetunion, ihrer gewaltigen Militärmaschine zu spüren, während die Sowjets ihrerseits wiederum einen erheblichen Respekt vor den westlichen – militärischen – Technologien erkennen ließen. Sicher hatte beides seine Berechtigung, sicher wurde aber auch hierin übertrieben, hüben wie drüben.

Unterwegs mit Helmut Schmidt und Walter Scheel

Erwähnenswert ist eine Reise mit Bundeskanzler Helmut Schmidt und Außenminister Hans-Dietrich Genscher im Oktober 1974 nach Moskau und Kiew. Dort hielt ich bei einer Vorbesprechung im Flugzeug ein zugegebenermaßen emotionales, nicht sehr gut formuliertes Plädoyer dafür, dass Schmidt bei Breschnew verbesserte Ausreisemöglichkeiten für die Russlanddeutschen ansprechen möge, weil in letzter Zeit die Sowjets bei der Genehmigung von Ausreisen wieder total restriktiv geworden waren. Darauf Schmidt, in seiner typisch schneidenden Art: „Reden Sie nicht in Girlanden!" Ich setzte tapfer erneut an, und er hat mein Petitum dann auch wirklich in die Tat umgesetzt.

Wie der Kanzler später erzählte, unterbrach Breschnew bei der Darstellung der Fakten durch Schmidt das Gespräch, rief den Innenminister an und ließ sich die Zahlen der noch in der Sowjetunion lebenden Deutschen bestätigen. Die Ausreisemöglichkeiten verbesserten sich zwar danach, entsprachen aber auch dann keineswegs den vorhandenen Wünschen, das Paradies der Arbeiter und Bauern zu verlassen.

Im Verlauf dieser Reise kam ich auch erstmals nach Kiew – eine wunderbare, am Dnjepr gelegene Stadt mit schöner alter Bausubstanz, bemerkenswerten Kirchen- und Profanbauten, dem Höhlenkloster,

Damenprogramm in Moskau, November 1974. Loki Schmidt (r.) und Barbara Genscher beim Besuch des Ballett-Nachwuchses im Bolschoi-Theater.

Bundeskanzler Helmut Schmidt mit Frau Loki vor dem Lawra-Kloster in Kiew.

der Wiege der russischen Orthodoxie. Natürlich auch alles vom Mehltau des Sozialismus befallen und vieles verfallen. Am Abend gab es ein Diner im Marienpalais, wo auf einem großen Buffet an der Längsseite des Tisches ein Fernseher aufgestellt war, spielte doch „Dynamo Kiew" gegen eine deutsche Bundesligamannschaft um den Europapokal: ein Ausdruck der Gastfreundschaft.

Eine weitere Reise erfolgte mit Walter Scheel als Bundespräsident zum Staatsbesuch im November 1975 nach Moskau und nach Usbekistan, wo wir Taschkent und Samarkand besuchten. Von diesem Besuch konnten natürlich keine besonderen politischen Impulse ausgehen. Es war aber ein wichtiger Mosaikstein im Bau der Beziehungen. Immerhin wehte über dem Gästetrakt des Kreml erstmals die Standarte des deutschen Präsidenten und die Stadt war schwarz-rot-gold geflaggt. Erstmals sprach der Bundespräsident gegenüber russischen Gesprächspartnern das Thema Umweltschutz an. Bei uns war das Thema „saurer Regen" aktuell. Die Russen einschließlich Präsident Podgorny waren verblüfft, das Problem war völlig neu für sie.

Ich habe dann, zwanzig Jahre später, noch einmal einen Staatsbesuch nach Kasachstan und Usbekistan als Sondergast von Prof. Roman Herzog begleitet. Besonders die in neuer Blüte erstrahlten architektonischen Schönheiten von Samarkand und Buchara sind mir unvergesslich geblieben.

Jagdreiterei am Niederrhein

In jener Zeit entwickelte ich die Leidenschaft für das Jagdreiten. Bei diesem Sport bewegt sich, so wie er heute in Deutschland betrieben wird, eine Anzahl von Reitern auf einem vorher festgelegten Kurs durch Wald und Feld hinter einer Meute von Hunden, die ihrerseits einer von einem Vorreiter gelegten „Schleppe" folgen, wobei es sich um aufgelöste Fuchs-Losung handelt. Die Hunde hecheln auf der Schleppe im scharfen Tempo voraus und die Reiter hinterher. Dabei sind zahlreiche natürliche Hindernisse zu überwinden, eingebaut in die Landschaft: Hochsprünge und Gräben, respektive überbaute Gräben. Ein nicht ungefährlicher Sport, sind die Hindernisse doch solide gebaut, ohne dass irgendwelche Stangen fallen könnten, was ein Weiterreiten, wie z. B. im Springparcours, ermöglicht. Hier kann das Pferd nur seinen Lauf vor dem Hindernis abstoppen, wenn es z. B. zu dicht an dieses herangekommen ist, oder es springt zu niedrig oder zu kurz und bleibt am Hindernis hängen, was regelmäßig zum Sturz von Pferd und Reiter führt. Solche Situationen sind nicht immer zu verhindern, denn die Hunde bestimmen das Tempo, und das kontrollierte Anreiten der Hindernisse gelingt nur in eingeschränktem Maße. Dieserhalb sind Stürze und Knochenbrüche an der Tagesordnung, andererseits garantiert heiles Ankommen am „Halali", wo die Hunde als Lohn den ihnen vorgelegten Rinderpansen zerreißen, einen Adrenalinstoß besonderer Stärke. Man ist einfach glücklich.

Ich habe Dutzende und Dutzende von Jagden geritten. In den Wintermonaten, wenn bei uns der Boden gefroren ist, sind wir auch schon mal nach Irland geflogen und haben dort, im milderen, vom Golfstrom beeinflussten Klima, an Wildjagden auf den Fuchs teilgenommen. Hier geht es querfeldein über Steinwälle und besonders breite Gräben. Der Fuchs wird nur selten gestellt. Ich habe so einen „Kill" ein einziges Mal erlebt. Der Fuchs wurde von der Meute in Windeseile zerrissen. Ich glaube nicht, dass diese Art der Dezimierung der Dorfräuber weniger tierschutzgerecht ist als die Schießjagd, bei der ja doch viel Wild angeschossen wird und irgendwo kümmerlich verendet. In England verläuft diese Diskussion seit Jahren heftig. Bei uns ist die Wildjagd bereits in den zwanziger Jahren verboten und durch die eingangs beschriebene Schleppjagd ersetzt worden.

Der Rheinisch-Westfälische Schleppjagdverein mit seinem schönen Clubhaus, dem Wasserschloss Schwarzenstein, wurde im Kreise gleichgesinnter Freunde zu einem Refugium. Mein Freund Heinz Herrmanns, bei dem unsere Pferde auf dem Bad Godesberger Domhof standen, war gleichzeitig Sportwart in Schwarzenstein. Er sorgte für den Transport der Tiere, trainierte uns Reiter und die Pferde.

Da mein Arbeitsaufwand mit wachsenden Karrierefortschritten zunahm, musste ich die Jagden so rationell wie möglich in den Wochenablauf einpassen. Häufig lud ich Mitfahrer in mein Auto ein, die mir morgens aus dem Auswärtigen Amt gebrachte Telegramme unterwegs vorlesen mussten. In Schwarzenstein angekommen, wurden einige Telefonate mit Kollegen geführt, wenn noch am Wochenende etwas zu veranlassen war – „Handys" gab es damals noch nicht.

Von gefährlichen Unfällen blieb ich ziemlich verschont. Als ich später, immerhin schon sechsundsechzig Lenze zählend, von Moskau aus zu Gast in Schwarzenstein war und eine Jagd auf fremdem Pferd mitritt, geschah, was geschehen musste: Das Pferd blieb an einem Hindernis hängen und überschlug sich, vier meiner Rippen waren gebrochen, fünf Wirbelkanten ab und ein riesiger Bluterguss von der Hüfte bis un-

Jagdreiterei am Niederrhein: mit dem Holsteiner „Frisco“ bei einer Schleppjagd; mit dem Achaltekkiner „Peikam“ aus Aschchabad bei einem Geländeritt.

ter den Arm zierte den Leib. Ich war nach dem Unfall erst im Ambulanzfahrzeug, das durch einen Reitersfreund zum Unfallort heranbeordert werden musste, erwacht, so dass eine hübsche Gehirnerschütterung zu den Unfallfolgen dazuzuzählen war. Das war's dann auch mit der Jagdreiterei. Von da an wurde nur noch dressurmäßig geritten, auf der Erde bleibend. Aber schön war die Jagd im roten Rock, begeisternd schön.

Politik: Das Schwungrad der Geschichte dreht sich zunehmend schneller

Unsere Politik in der Zeit des Kalten Krieges war ziemlich klar und eindeutig, wenn auch spezifisch, unvergleichbar mit der anderer Länder. Ich habe in einer Grundsatz-Darstellung Ende der siebziger Jahre eine kurze Charakteristik dieser Politik versucht, die nach meiner Einschätzung relativ deutlich den Rahmen absteckt, in dem wir uns mit unserer Außenpolitik in den siebziger und achtziger Jahren bewegten:

„1. Deutsche Außenpolitik muss von Voraussetzungen ausgehen, die zumeist einmalig sind im Vergleich zur internationalen Lage ähnlicher Länder in Europa. Es sind dies
– die geographische und historische Lage unseres Landes, insbesondere:

a) Der Ost-West-Konflikt verläuft mitten durch Deutschland, wobei Berlin durch seine Insellage im östlichen Machtbereich noch ein Sonderproblem darstellt; dadurch ist das nationale Anliegen ungelöst und entsteht eine völlige Abhängigkeit in der Frage der Sicherheit.

b) In Westdeutschland leben sechzig Millionen Menschen auf einem schmalen Streifen Land, deren ungebrochene Dynamik bei den Nachbarn, vor allem im Osten, aber nicht nur im Osten, nicht nur freundschaftliche Gefühle hervorruft.

c) Aufgrund einer genialen politischen Konzeption ist unser Volk wirtschaftlich wie auch militärisch und sicherheitspolitisch integriert in der Europäischen Gemeinschaft und dem NATO-Bündnis.

– die wirtschaftliche Lage. Unser Volk lebt vom Export. Unser Land ist angewiesen auf Rohstoffeinfuhren aus dem Ausland. Auch hieraus ergeben sich zahlreiche Abhängigkeiten wirtschaftlicher wie politischer Art. Unter diesen Voraussetzungen bleibt uns nichts anderes übrig, als

a) eine Politik zu verfolgen, die darauf abzielt, die bereits genannten europäischen und atlantischen Komponenten der Außenwirtschafts- und Sicherheitspolitik zu sichern und zu fördern;

b) bei unserem weltweiten Vorgehen die wirtschaftlichen Gegebenheiten unseres Landes zu berücksichtigen, nämlich die Notwendigkeit des Exports unserer Erzeugnisse, die Sicherung der Energie- und Rohstoffversorgung, von der wir abhängig sind, sowie die internationale Finanzlage im Sinne der Stabilität;

c) eine Ostpolitik zu entwickeln und fortzusetzen, die unserer geographischen Lage, unserem nationalen Anliegen und unserer Position in der Europäischen Gemeinschaft und im Nordatlantischen Bündnis entspricht.

2. Im folgenden möchte ich etwas näher auf diese drei Komponenten der deutschen Außenpolitik eingehen.

a) Die europäische und die atlantische Komponente unserer Politik stellen nicht etwa eine Alternative zueinander dar, sondern ergänzen sich gegenseitig. Stark und dem Ostblock gewachsen ist Europa nur mit dem Rückhalt des nordamerikanischen Kontinents; andererseits könnte die freie Welt als Ganzes ohne ein starkes und freies Westeuropa kaum überleben.

Niemand in unserem Lande – winzige Randgruppen der Gesellschaft vielleicht ausgenommen – ist ernstlich gegen die Aufrechterhaltung eines wirksamen nationalen Verteidigungsbeitrags im Rahmen der NATO. Die Bundesrepublik trägt ihren Teil zur gemeinsamen Verteidigung bei in dem Wissen, dass ein enger Zusammenhang besteht zwischen einer angemessenen Beteiligung der Europäer an der konventionellen Verteidigung und der lebenswichtigen Präsenz amerikanischer Truppen in Europa.

Zur europäischen Komponente unserer Außenpolitik: Die Idee eines Vereinigten Europa, die nach dem Zweiten Weltkrieg geboren wurde und sich die Überwindung der Feindseligkeiten in diesem Teil der Welt zum Ziel gesetzt hat, die so oft aus unausgeglichenem Nationalismus entstanden – diese Idee hat für manchen Idealisten an Anziehungskraft verloren, weil wir nur langsam vorankommen. Aber obwohl mehr hätte getan werden können und mehr erreicht werden sollte, ist Europa als Einheit eine Wirklichkeit. Nicht nur der Gemeinsame Markt, der ein wirtschaftlicher Erfolg ist, wenn man die Wirtschaftsleistung seiner Mitglieder seit 1958 betrachtet, sondern auch der politische Kern eines Gebildes, das wir eines Tages vielleicht ein Vereintes Europa nennen können, ist vorhanden und funktioniert. Mag der Weg bis zu einem Vereinten Europa auch noch lang sein, der Zug Europa rollt – wenn keine unvorhersehbaren Entwicklungen eintreten – unablässig auf dieses Ziel zu.

b) Als zweites nannte ich das weltweite Vorgehen unter Berücksichtigung unserer wirtschaftlichen Bedürfnisse und Abhängigkeiten. Wir sind Mitglied der Vereinten Nationen, wir tragen über internationale weltweite oder europäische Organisationen zur Entwicklungshilfe bei, müssen aber gleichzeitig äußerst vorsichtig sein, nicht in Konflikte hineingezogen zu werden, die nicht die unsrigen sind und die die genannten Wirtschaftsbedingungen gefährden könnten, welche Voraussetzung für das Wohlergehen unseres Volkes sind. Daher unsere absolute Neutralität im arabisch-israelischen Konflikt, daher die peinlich genaue Einhaltung unserer Doktrin, keine Waffen in Spannungsgebiete zu liefern, daher auch unsere sehr sorgfältige und ausgewogene Politik gegenüber Afrika, und insbesondere Südafrika. Schließlich ist unsere Tätigkeit im internationalen Währungs- und Wirtschaftsbereich zu nennen, sei es in der OECD, der Energieorganisation IEA, dem Weltwährungsfonds oder der Weltbank – um nur die bedeutsamsten Organisationen in diesem Bereich zu erwähnen.

c) Die Ostpolitik der Bundesrepublik Deutschland ist – wie ich schon mit wenigen Worten über die europäische und die atlantische Politik als Pfeiler unserer politischen Konstruktion angedeutet habe – ohne handfeste Unterstützung des Westens und unserer westlichen Verbündeten nicht denkbar, noch wird sie so geplant oder durchgeführt. Gute Ostpolitik in unserem Lande ist daher nur vorstellbar, wenn sie auf guter Westpolitik basiert. Wir haben weder das Potenzial, ohne Bündnis den Osten als Partner zu beeindrucken, noch sind wir attraktive Wirtschaftspartner ohne den Rückhalt und die Wirtschaftsmacht der Europäischen Gemeinschaft.

3. Die Ostpolitik unseres Landes ist leider in der Öffentlichkeit allzu gefühlsbeladen betrachtet worden. Dafür gab es zwei Gründe. Deutschland ist ein geteiltes Land, unser Volk hat das Streben nach nationaler Einheit nicht aufgegeben, und obwohl wir wissen, dass unter den gegebenen Umständen dieses Ziel in absehbarer Zukunft nicht erreicht werden kann, wollen wir doch die so genannte deutsche Option offen halten, nämlich die schließliche Wiedervereinigung des deutschen Volkes auf der Grundlage der Selbstbestimmung. Der zweite Grund lag darin, dass 1972 die Ostpolitik Hauptthema eines Bundestagswahlkampfes war, so dass auf der einen Seite die Entspannungspolitik fast als etwas dargestellt wurde, was den Weg für eine kommunistische Machtübernahme bereite, während auf der anderen Seite die Tendenz herrschte, dieses politische Konzept mit der Illusion zu belasten, als führe es zu einer grundlegenden Verbesserung der Ost-West-Bezie-

hungen. Beides ist falsch: Ostpolitik ist einfacher und komplizierter zugleich.

Ein Rückblick auf die vergangenen 30 Jahre der europäischen Geschichte zeigt, dass die Hoffnung, die beiden Seiten könnten irgendwie Einigung über gemeinsame politische Ziele erreichen, übertrieben war. In Deutschland nannten wir unsere Entspannungspolitik einen modus vivendi, was nichts anderes heißt, als dass ein kommunistisches Land vermutlich auch kommunistisch bleiben wird und dass es, auch wenn es den Frieden so sehr wünscht wie wir, seinen Einfluss wird ausdehnen wollen, wie auch der Westen dies wünscht. Was wir sagten, war, dass trotz dieser unterschiedlichen Positionen normale Beziehungen erreicht werden können. Genau dies geschieht nun auch, wenngleich es mit harter Arbeit verbunden ist. Es ist uns gelungen, Berlin in die Entspannung einzubeziehen, weil hier der Zustand der Ost-West-Beziehungen sinnfälligen Ausdruck findet, oder, wie wir sagen, wenn in Berlin Spannung herrscht, herrscht in ganz Europa Spannung. Wir bemühen uns um die Erleichterung der humanitären Probleme. Man darf aber nicht das Eintreten einer Art ‚Entspannungswunders' erwarten, die Entstehung paradiesischer Zustände, wo wir uns um unsere Sicherheit keine Gedanken mehr zu machen brauchen und unsere Verteidigung vergessen können.

Seit 1970 haben wir unser Verhältnis mit der Sowjetunion, mit Polen, mit der Tschechoslowakei und mit der DDR vertraglich organisiert; 1972 wurde das Viermächte-Abkommen über Berlin geschlossen. Mit allen Ländern des Ostens haben wir diplomatische Beziehungen eingerichtet und haben angefangen, diese Beziehungen mit der Intensität auszubauen, die notwendig war, um den Nachholbedarf einer langen Zeit der Stagnation und Konfrontation wettzumachen. Das meiste haben wir im wirtschaftlichen Bereich erreicht.

Ein weiterer Aspekt der Ostpolitik ist der multilaterale Bereich. Hier sind zwei Dinge zu nennen: die KSZE und die MBFR-Gespräche in Wien. An beiden Konferenzen hat die Bundesrepublik Deutschland aktiv teilgenommen.

Die KSZE-Schlussakte ist ausgewogen. Die Ergebnisse der KSZE werden zu Stabilität und Zusammenarbeit beitragen und mehr Kommunikation zwischen Ost und West zustandebringen. Einige positive Elemente sind jetzt schon greifbar, und ich empfinde sie als eindrucksvoll: Die westlichen und neutralen Länder haben Solidarität und Durchhaltevermögen in den Verhandlungen mit dem Osten gezeigt, die Länder des Ostens mussten sich zu Kompromissen bereitfinden, und innerhalb des monolithischen Ostblocks wurden Unterschiede deutlich, die zur Erreichung ausgewogener Ergebnisse beigetragen haben. In ständiger Abstimmung ihrer Haltung haben die Neun (Europa), wie die Fünfzehn (NATO) in Genf bei der Schaffung der Schlussakte eine große Leistung erbracht und dabei eine Solidarität an den Tag gelegt, die bis heute als unerreicht gelten kann."

Neue Aufgabe: Dritte Welt-Politik

Ende 1977 wurde ich dann der Ostpolitik untreu. Bundesaußenminister Genscher hatte mich zum Leiter der zweiten politischen Abteilung des Hauses ernannt. Klaus Blech hatte inzwischen die Ost-West-Abteilung fest in der Hand, und ich erhielt „den Rest der Welt", d. h. die südliche Halbkugel von Yokohama bis Santiago de Chile mit den Unterabteilungen: Afrika, Nahost, Fernost und Lateinamerika. Meine Aufenthalte in Tokio und Brazzaville kamen mir nun zugute.

Kurz nach Übernahme der neuen Aufgabe erfolgte der israelisch-ägyptische Ausgleich in Camp David. Auf dem Rückflug von Washington nach Kairo machte Präsident Anwar al Sadat Zwischenstation in Hamburg, wo er sich mit Bundeskanzler Helmut Schmidt treffen wollte. Außenminister Genscher, der an dem Gespräch in dieser weltpolitisch brisanten Lage verständlicherweise teilnehmen wollte, ließ sich von mir begleiten.

Als wir auf dem Hamburger Flughafen, von Bonn aus eingeflogen, mit Helmut Schmidt zusammentrafen, machte er in der ihm eigenen Art eine abfällige Bemerkung gegenüber Genscher, meine Betrauung mit der Aufgabe die politischen Beziehungen mit den Ländern der südlichen Hemisphäre betreffend: Es gäbe wohl zu viele Ostexperten im Auswärtigen Dienst… Genscher sagte zunächst gar nichts. Als jedoch im Gespräch mit Sadat etwa eine Stunde später im Gästehaus des Hamburger Senats der ägyptische Präsident auf den sowjetischen Flottenverband im Mittelmeer, die „Eskada", zu sprechen kam, auf die engen Beziehungen zwischen Moskau und Damaskus und deren Auswirkungen auf die Lage im Nahen Osten, machte Genscher, in einer kurzen Gesprächspause, an die Adresse Helmut Schmidts gerichtet eine Bemerkung der Art, nun habe ja auch Sadat bestätigt, dass es vielleicht in der gegenwärtigen Weltlage nicht so verkehrt sei, jemanden mit einer gewissen Kenntnis der Sowjetunion mit Fragen der Dritten Welt zu befassen.

Tatsächlich war zu jener Zeit nicht ein einziges weltpolitisches Problem vom Ost-West-Gegensatz gelöst zu behandeln oder zu betrachten. Jede beliebige Entscheidung in den Vereinten Nationen, jeder Regionalkonflikt auf der ganzen Welt war in dieser oder jener Weise dem Ost-West-Gegensatz untergeordnet oder mindestens verbunden.

Da fällt mir die berühmte Geschichte in der UN-Vollversammlung ein, als der sowjetische Vertreter das Selbstbestimmungsrecht für die Bevölkerung der Galapagos-Inseln einforderte. Freilich gab es auf diesen Inseln außer den vorzeitlichen Echsen keine Bewohner. Doch die von der amerikanischen Seite unterstützte Regelung der regionalen Verhältnisse behagte den Russen nicht, also musste gegengehalten werden. Und wenn auch nur deshalb, weil es ein amerikanischer Vorschlag war. Da waren auch die dümmsten Argumente gut genug.

Dennoch sollte nicht unerwähnt bleiben, dass die russische Diplomatie eine große Tradition hat und – oft zu unserem Leidwesen – höchst professionell und erfolgreich zu arbeiten verstand. Erinnert sei an den großen Gegenspieler Bismarcks, den Fürsten Gortschakow, oder den eminenten Völkerrechtler aus baltendeutscher Familie Martens, dem der estnische Schriftsteller Jaan Kross ein romanhaftes Denkmal errichtet hat. Freilich gab es auch den Botschafter an der Pforte in Konstantinopel um die Wende des 19. zum 20. Jahrhundert, Iswolski, den man in seinem Gastland „Vater der Lüge" nannte. Trotz des totalen Bruchs mit der Tradition durch die Revolution von 1918, hat die sowjetische Diplomatie sich im Vergleich mit anderen auswärtigen Diensten aber nicht verstecken müssen, im Gegenteil.* Hiermit soll allerdings keine Aussage zu Inhalten getroffen werden, die vertreten wurden, sondern zur hohen Professionalität der Vorgehensweise.

Golo Mann, der nun wirklich nicht ein durch Vorurteile eingeschränkter Historiker genannt werden kann, schrieb am 4. November 1985 in einem Brief:

„Dass die Russen bessere Politiker sind als die Nordamerikaner, erklärt sich aus ihrer langen imperialen Tradition und der aus dieser Tradition entwickelten Erfahrung. Die Amerikaner sind nachgerade schon lange genug eine große Macht, um lernen zu können. Aber sie wollen nicht lernen und kennen ihre eigene Vergangenheit nicht, und darum machen sie immer wieder großen Blödsinn."**

Von Santiago bis Tokio

In der neuen Abteilung hatten wir eine Reihe brisanter politischer Probleme zu bewältigen, so im Rahmen der Nahost-Politik, so auch

* Vgl. auch Igor Iwanow: Neue Russische Diplomatie. München 2002

** Zit. nach Frankfurter Allgemeine Zeitung, 7. März 2003

Immer wieder auf „Horrortrip" in New York zu Sitzungen des Sicherheitsrats der Vereinten Nationen. Auf dem Bild: Außenminister Genscher trägt unsere Position in der Namibia-Problematik vor, Botschafter von Wechmar (verdeckt), Unterabteilungsleiter Gorenflos und Meyer-Landrut hören intensiv zu.

bei der UN-Resolution Nr. 432 über die Unabhängigkeit Namibias, die erst viele Jahre später ihre Wirkung zu entfalten vermochte, als diese ehemals deutsche Kolonie schließlich in die Selbstständigkeit entlassen wurde.

Die Flugreisen nach New York mit Bundesaußenminister Genscher bezeichneten wir als „Horrotrip", weil meistens von Bonn/Köln aus gegen Mittag abgeflogen wurde, nachmittags erfolgten Sitzungen und Begegnungen mit Politikern in New York und nachts wurde zurückgeflogen, so dass wir am nächsten Mittag wieder in Bonn waren und nachmittags am Schreibtisch im Auswärtigen Amt.

Aber da waren auch noch zahlreiche andere Fragen, bei denen wir beteiligt waren, wie die Geisel-Affäre in Teheran, bei der die amerikanische Botschaft von den Iranern in eine Haftanstalt umfunktioniert worden war. Mein Kollege Montfort, Leiter der Unterabteilung Nah- und Mittelost, wurde für seinen Beitrag zur Befreiung der Geiseln mit einem hohen amerikanischen Orden ausgezeichnet. Oder unser Bemühen um Freilassung oder zumindest Klärung der Schicksale deutscher Landsleute, die von der argentischen Militärregierung inhaftiert und nicht selten gefoltert oder getötet worden waren.

Bei einer Mission in dieser Sache war ich mit dem nötigen Ernst beim damaligen Innenminister, dem General Hargindegy in Buenos Aires vorstellig geworden, worauf dieser mir mit großer Liebenswürdigkeit seine Poloponys zum Reiten anbot. Er habe gehört, dass ich auf diesem Gebiet passioniert sei...

Ein wichtiger Fortschritt gelang im Nahost-Bereich, als es auf Anregung des damaligen Regionalreferenten und späteren Botschafters in Kairo Heinz Fiedler gelang, in einem Kommuniqué der Europäischen Gemeinschaft die Teilnahme der PLO am Friedensprozess zu postulieren. Israelis und Amerikaner protestierten heftig, doch auch hier sind wir von der Geschichte bestätigt worden: 1993 war es soweit, im Weißen Haus in Washington wurde der erste Vertrag zwischen Israel und der PLO besiegelt.

Ein weiteres Thema jener Jahre war die Annäherung zwischen der Südasiatischen Gruppierung ASEAN und der Europäischen Gemeinschaft, auch hier konnte unser Fachreferat mit dem späteren Botschafter Dr. Alfred Steger, unterstützt von der „Bonn Group" der ASEAN-Botschafter, entscheidende Impulse geben.

Auf vielen Reisen lernte ich damals die Welt kennen: Indien, Japan, China, Pakistan, Brasilien, Chile, Mexiko, Israel, Irak, Ägypten, Kenia, Algerien, aber auch häufig New York mit den Vereinten Nationen und Washington. Fast überall habe ich kleine, meist in Hauptstadtnähe gelegene Regionen der Länder zu Pferde durchquert. Unvergessliche Eindrücke: der Ritt über die Cordillere bei Santiago de Chile, die schöne Landschaft von Maryland bei Washington, das sandige, von großen Sträuchern bedeckte Gebiet bei New Delhi mit Schakalen und bunten tropischen Vögeln, zumeist Pfauen, die durchquerten pakistanischen Dörfer bei Islamabad oder die unendlichen grünen Hügel in Neuseeland.

Im Laufe dieses Zuges durch die Welt ergaben sich auch zahlreiche Begegnungen mit Persönlichkeiten, wie etwa dem Schah von Persien, kurz vor dessen Sturz durch die Mullahs mit Chomeini an der Spitze, anlässlich eines Staatsbesuchs mit Bundespräsident Scheel, der uns auch nach Japan führte – erstmaliges Wiedersehen mit diesem Land seit fast zwanzig Jahren. Oder mit dem „Löwen von Juda", General Moshe Dayan, der zu jener Zeit Außenminister Israels war; mit dem späteren König Saud von Saudi-Arabien, seinerzeit als Kronprinz zugleich Mi-

Staatsbesuch in Japan. Mit Protokollchef Seemann im Gespräch mit Geishas in Kyoto.

Am Flughafengebäude in Israel steht zwar: „Welcome Vice President Mondale“ – wir waren aber auch nicht ganz unwillkommen. Mit Moshe Dayan, damals israelischer Außenminister, bei der Verabschiedung auf dem Flughafen Ben Gurion.

Staatsbesuch im Iran; v. r. Staatssekretär Hermes (AA), Staatssekretär Rohwedder (BMWi), Herr Pavel (Industrieller aus Aachen als Vertreter des Bundesverbandes der Deutschen Industrie), der Schah von Persien Reza Pahlewi, Botschafter Ritzel, Abteilungsleiter Meyer-Landrut.

nisterpräsident des Landes; sowie mit dem Präsidenten von Kenia, Arap Moi, mit dem wir erstmals bei der Beerdigung seines legendären Vorgängers Kenyatta zusammentrafen – und zahlreiche weitere Persönlichkeiten der Zeitgeschichte.

Ende 1979 allerdings erfolgte mit dem Einmarsch sowjetischer Truppen nach Afganistan ein erneuter Rückschlag in den Ost-West-Beziehungen, an dem wir noch lange zu leiden hatten.

Missionschef in Moskau

Im Herbst 1980 kehrte ich nach Moskau zurück, nun als Botschafter.

Vor der Abreise gab es ein Treffen mit dem sowjetischen Botschafter in Bonn, Wladimir Semjonow. Er war eine bekannte politische Figur, hatte schon früh eine steile Karriere gemacht, war Hoher Kommissar in der Sowjetischen Besatzungszone gewesen, Vizeaußenminister und erster Botschafter seines Landes bei der DDR. Ungeachtet absoluter Linientreue war Semjonow ein Sammler russischer Kunst, und zwar auch derjenigen, die seit Ausbruch des „sozialistischen Realismus" verpönt war. Er war ein Liebhaber von Chagall und Kandinsky, Malewitsch, Lentulow, Falk und anderen und hatte in der Zeit, als Bilder dieser Epoche für ein Geringes zu haben waren, eine stattliche Sammlung zusammengetragen, die er in Deutschland dann voller Stolz zeigte, als in Moskau in dieser Beziehung die Zügel etwas gelockert wurden.

Mich allerdings behandelte er wie einen Schüler im Examen. Ich wurde nach Strich und Faden ausgefragt: politisch, wirtschaftlich, kulturell. Was ich vorhätte, wie ich zur Sowjetunion eingestellt sei usw. Ich versuchte immer wieder, das Gespräch zu wenden, auf ein anderes Gleis zu schieben, vergebens. Später haben wir uns dann ganz gut verstanden, Semjonow hat seine letzten Lebensjahre in Köln zugebracht, wo er ein schönes Haus im vornehmen Stadtteil Marienburg bewohnte.

Der so viel gescholtene Kapitalismus musste in der Tat selbst für Angehörige der oberen Etagen der Nomenklatura etwas Anziehendes an sich haben: Zu Beginn der neunziger Jahre lebten die drei letzten Botschafter, die die Sowjetunion bei uns vertreten haben, in Deutschland: Falin, Semjonow und Kwitsinski – „difficile est satiram non scribere", worüber keine Satire zu schreiben ein wenig schwer fällt!

Wir kamen im Oktober 1980 nach Moskau und zogen in das schon mehrfach erwähnte Haus in einer der sternförmig auf den Kreml zuführenden Straßen, die ursprünglich den Namen „Powarskaja " (Straße der Köche) trug, seit der Revolution allerdings „Worowskowo" hieß, nach einem in der Schweiz einem Mordanschlag erlegenen Revolutionär. Heute hat sie ihren urspünglichen Namen wiedererhalten. Das Haus wurde 1907 von einem jüdischen Großkaufmann erbaut, der es vermutlich nicht viel länger als zehn Jahre hat bewohnen können. Die Familie ist, soweit ich weiß, vor dem roten Terror nach Frankreich ge-

Frisch akkreditiert als Botschafter in Moskau, Oktober 1980.

flüchtet. Seit Beginn der zwanziger Jahre hatte das Haus der britischen Handelsmission gedient, die es in den fünfziger Jahren aufgab, worauf es dann 1956 bei der Aufnahme der diplomatischen Beziehungen durch uns vom sowjetischen Staat gemietet wurde.

Die deutsche Botschafterresidenz von 1922 bis 1941, in der zuletzt der im Zusammenhang mit dem Offiziersputsch gegen Hitler vom 20. Juli 1944 ermordete Graf Schulenburg lebte, dient seit dem Krieg als Sitz des russischen Patriarchen. Stalin hatte den bis dahin in ein Kloster in der Nähe von Moskau Verbannten dort einquartiert, im Bemühen, den russischen Patriotismus und damit auch die Religiosität nach dem deutschen Überfall für die Landesverteidigung zu mobilisieren.

Trotz vorhandener Pläne, die Botschafterresidenz auf den Sperlingsbergen – zu kommunistischen Zeiten in Leninberge umgetauft – in einem Neubau-Projekt, das Büros und Wohnhäuser umfasst, unterzubringen, gelang es, die Residenz in der Powarskaja 46 zu erhalten. Kein Neubau hätte die hohen Decken und die großzügigen Empfangsräume ersetzen können.

Überhaupt war der nach 1970 geplante Neubau der Botschaften ein zwar nachrangiges, aber entsetzlich langwieriges und mühsames Vorhaben – auf beiden Seiten. Ich selbst hätte am liebsten einen Bürobau auf dem freien Nachbargrundstück unseres Kanzleigebäudes, einer Gründerzeit-Villa in der Großen Grusinischen Straße gebaut, wo auch

Einer der ersten Besuche galt dem Patriarchen von Moskau und ganz Russland Pimen in seiner Residenz, in der bis zum Kriegsausbruch der Deutsche Botschafter Graf Schulenburg gelebt hatte. Seine Büste steht heute in der Botschaft. Hitler hatte ihn im Zusammenhang mit seiner Teilahme am Putsch vom 20. Juli 1944 ermorden lassen. Zu beachten ist das Gemälde, vor dem der Patriarch empfängt: Die weltliche Macht unterwirft sich der geistlichen. V. l. Dolmetscher Eggert Hartmann, Kulturattaché Gründel, Botschafter Meyer-Landrut, der Patriarch.

die Polen eine überdimensionale Botschaft errichteten, aber die sowjetischen Behörden wollten uns in den Bereich der Moskauer Universität auf der rückwärtigen Seite der Sperlingsberge auf die Mosfilmowskaja-Straße abschieben, wo tatsächlich ein neues Botschaftsviertel entstand mit Bulgaren, Jugoslawen, Rumänen und Schweden, etwas abseits einem großen Compound der Chinesen. Einer meiner Vorgänger hatte sich dann mit dieser Variante einverstanden erklärt, wobei das ausschlaggebende Argument war, dass dort genug Fläche zur Verfügung stand, um auch die Botschaftsangehörigen unterzubringen sowie die Schule, ein Restaurant, Tennisplatz und Schwimmbad. Diese Philosophie hielt ich für grundverkehrt, denn sie führte schnurstracks in die Isolation des diplomatischen Personals. Niemand würde sich bemühen – die wenigen höheren Beamten ausgenommen, die ständigen Kontakt mit den Behörden hatten –, die Sprache zu lernen, Kontakte zu suchen, das Leben, die Mentalität im Gastland kennen zu lernen.

Aber, was soll's, die Entscheidung war gefallen und so mussten wir um die Verwirklichung kämpfen.

Die sowjetische Seite hatte ein großes Hanggrundstück oberhalb von Bad Godesberg am Rhein erhalten, auf dem ein mächtiger Baukomplex entstand, der wiederum unseren Baubehörden Kopfschmerzen bereitete; keinesfalls wollten sie die in den russischen Bauplänen vorgesehene Gebäudehöhe akzeptieren, die die Landschaft verschandelt hätte.

Bei einem der erwähnten Besuche von Außenminister Scheel 1972 in Moskau polterte Gromyko beim Mittagessen etwa: „Wie ich höre, wollen Sie unsere Botschaft in Bonn in eine Jurte sperren!" Unser Minister, mit dem Bauthema weder befasst noch vertraut, schaute hilflos in die Runde, worauf ich das Problem darlegte mit der Maßgabe: in die Breite bitte, in die Höhe bitte nicht!

Nun also zogen wir in die Residenz, und auch das Bürger-Palais in der Großen Grusinischen Straße 17 als Bürogebäude blieb mir erhalten. Den Grundstein zum Neubau legten wir mit Außenminister Genscher vier Jahre später, und der Umzug in die Mosfilmowskaja erfolgte unter Klaus Blech 1990 – allerdings dann schon unter sich rapide ändernden Umständen, die sich aus der Übernahme der ehemaligen DDR-Liegenschaften einschließlich deren Botschaftsgebäude sowie dem plötzlichen Anwachsen der deutschen Kolonie und der Aufgaben der Botschaft nach der Vereinigung ergaben.

Meine Anti-Compound-, Anti-Isolations-Einstellung äußerte sich auch darin, dass ich der Personalabteilung gegenüber darauf bestand, dass an die Botschaft versetzte Kollegen des diplomatischen Dienstes eine Basis ordentlicher Sprachkenntnisse mitbrachten. Eine Praxis, die sich bis heute erhalten hat.

Mein Beglaubigungsschreiben überreichte ich am 30. Oktober 1980 jenem bereits erwähnten ehemaligen Vize-Außenminister Kusnezow, der inzwischen zum Vorsitzenden des Präsidiums des Obersten Sowjets und damit zum Staatspräsidenten aufgestiegen war.

Außenminister und damit erster Gesprächspartner war nach wie vor Andrej Gromyko – immerhin seit 1957. Er war ein ebenso intelligenter wie verschlagener, total in der kommunistischen Ideologie befangener Mann, der zur Erreichung seiner Ziele weder vor Drohungen oder Lügen, noch vor Schmeicheleien zurückschreckte. Obgleich er in seiner amtlichen Eigenschaft stets einen grimmigen Eindruck vermittelte, verfügte er über großen Humor, der allerdings uns gegenüber allenfalls in Andeutungen zum Tragen kam.

Dies alles in Rechnung stellend, gelang es mir, eine ganz gute Arbeitsbeziehung mit ihm herzustellen.

Als er einmal einige Botschafter von NATO-Mitgliedsländern nacheinander ins Außenministerium bestellte und auch mir gegenüber eine Philippika von Vorwürfen im Zusammenhang mit Rüstungsfragen an die Adresse der Bundesregierung abfeuerte, um damit zu schließen, dass über diese Demarche auch eine Pressemitteilung veröffentlicht werde, bat ich, mir diese doch vorzulesen. Ich würde zwar über den Inhalt seines Vortrags berichten, wenn ich auch seine Ansichten weder für gerechtfertigt noch für richtig hielte, fände es aber doch korrekt, wenn ich über die Presseveröffentlichung ebenfalls in Kenntnis gesetzt würde. Mein Misstrauen beruhte darauf, dass die Sowjets bei solcher Gelegenheit den Empfängern von Aktionen dieser Art gerne Dinge in den Mund legten, die keineswegs den Tatsachen entsprachen.

So war der anwesende Leiter der für uns zuständigen Abteilung im sowjetischen Außenministerium, Alexander Bondarenko, auch gar nicht mit meinem Ansinnen einverstanden und murmelte etwas der Art, es sei eine „innere Angelegenheit", was veröffentlicht würde. Gromyko allerdings schnitt ihm das Wort ab und meinte, der Botschafter habe recht, er möge die Pressemitteilung vorlesen. Tatsächlich hieß es nach der Wiedergabe des Inhalts der Gromykoschen Ausführungen im Text, der Botschafter habe hiervon zustimmend Kenntnis genommen. Als ich sagte, dass es wohl nicht anginge, mir so etwas zu unterstellen, einigten wir uns schnell auf die Aussage, dass der Botschafter sich bereit erklärt habe, seine Regierung von der sowjetischen Haltung in der besagten Frage zu unterrichten.

Ich hatte den Eindruck, dass es Gromyko, der von lauter Ja-Sagern umgeben war, imponierte, wenn ihm auch einmal widersprochen wurde. Diese Erfahrung haben auch einige westliche Politiker gemacht, andere strafte er mit kalter Verachtung.

Die weiteren Führungsspitzen der Sowjetunion, wo damals ja die Partei den Gang der Dinge bis in das Privatleben der Bürger bestimmte, lernte ich fast alle im Laufe der nächsten drei Jahre kennen. Es waren dies eben nicht die Kabinettsmitglieder, sondern die Riege des Politbüros, zu der allerdings der Regierungschef, damals zunächst Kossygin, dann Tichonow, und Gromyko als Außenminister sowie der Verteidigungsminister Ustinow und KGB-Chef Andropow gehörten. Neben Breschnew spielten die Altkommunisten Ponomarjow, gleichzeitig Parteisekretär für Außenbeziehungen und damit stets Rivale Gromykos, sowie Michail Suslow, der Ideologe, damals noch eine große Rolle.

Einflussreich waren auch die Regionalfürsten, wie Solomenzew, Ministerpräsident der russischen Teilrepublik, oder Schtscherbizki als Chef der Ukraine oder der noch heute in Baku regierende Aserbaidschaner Alijew, respektive sein transkaukasischer Kollege, der Georgier Schewardnadse, mit dem ich in meiner zweiten Moskauer Botschafterzeit intensiv zu tun haben sollte, als er dann sowjetischer Außenminister war.

Das politische Umfeld

In den USA wurde im Herbst 1980 Ronald Reagan zum Präsidenten gewählt. „The empire of evil“ war seine Definition der Sowjetunion, sein Credo für die USA lautete: „Second to none“, und sein Marschbefehl: „We will get them on their knees“. Ohnehin waren die Ost-West-Beziehungen wegen des erwähnten Einmarschs der Sowjets in Afghanistan, dem von den USA erlassenen Wirtschaftsembargo und dem Boykott der Olympischen Spiele in Moskau in dieser Phase des Kalten Krieges dem Gefrierpunkt gefährlich nahe gerückt. Und von Ronald Reagan wusste man, dass er in der Zeit der Kommunistenfresserei des Herrn McCarthy zahlreiche seiner Schauspielerkollegen denunziert hatte und insgesamt ein in der Wolle gefärbter Antikommunist war.

Ich hatte mir vor der Ausreise von Bundesminister Genscher die Zusage geben lassen, alle vier bis sechs Wochen zum Vortrag nach Bonn kommen zu können, da ich aus langjähriger Erfahrung wusste, dass die

Außenminister Hans-Dietrich Genscher zu Konsultationen in Moskau, April 1981. V. l. der deutsche Botschafter, der sowjetische Botschafter in Bonn Semjonow, Staatssekretär van Well, Genscher, Breschnew.

Die „Chemie“ stimmt!

Drahtberichte der Botschaften entweder die Amtsspitze überhaupt nicht erreichten oder nur in der Form unterstrichener Sätze und Wörter, die beim Lesen den Gesamtzusammenhang der Aussage verlorengehen ließen.

Bei einem dieser Besuche im Spätherbst 1980 wurde ich auch zum damaligen Bundeskanzler Helmut Schmidt vorgeladen, der die Gefahr einer negativen Eskalation des Ost-West- oder West-Ost-Verhältnisses natürlich sofort erkannte, als ich ihm die Rezeption der Reaganschen Politik in Moskau erläuterte.

Für uns, an der Grenzlinie dieser Teilung der Welt, war diese Gefahr natürlich direkt spürbar, hatte sie doch Auswirkungen auch auf das deutsch-deutsche Verhältnis. Die Tatsache, dass Deutschland sich dem Embargo Präsident Carters nicht angeschlossen hatte, räumte dem deutschen Botschafter in Moskau einen gewissen Handlungsspielraum ein, und da Reagan außer den Getreidelieferungen dann auch noch Düngemittel und Produkte einzelner Firmen, die ihn im Wahlkampf unterstützt hatten, aus dem Embargo herausnahm, hatten wir aus dieser Ecke keinen allzu großen Druck auszuhalten.

Was uns in dieser Zeit am meisten beunruhigte, war das Anwachsen der Mittelstreckenraketen des Typs SS-20 in der Sowjetunion, die eindeutig auf Ziele in Deutschland gerichtet waren. Die NATO hatte mit dem so genannten Doppelbeschluss vom 12. Dezember 1979 bereits verkündet, dass sie diesem Treiben nicht tatenlos zusehen, sondern ihrerseits Pershing-Raketen dislozieren werde, die große Teile des europäischen Russland abdecken könnten, wenn die Sowjets weiterhin ihre Raketen in Stellung brächten. Alles jeweils mit atomaren Sprengköpfen versehen – hüben wie drüben. Der politische Kampf um diese Problematik nahm teilweise dramatische Formen an. Erst die Abrüstungs-Übereinkünfte von Reagan und Gorbatschow in der zweiten Hälfte der achtziger Jahre setzten diesem Kampf dann ein Ende.

Zehn Jahre Oreanda und Solidarnosc

Im Sommer 1981 kam Willy Brandt zu Besuch, es war eine Art zehnjähriges Jubiläum des Treffens von Oreanda.

Damals hatte sich die Situation in Polen schon zugespitzt. Die mächtige Gewerkschaftsbewegung „Solidarnosc“, die meiner Beurteilung nach nur durch die KSZE-Schlussakte von Helsinki überhaupt entstehen konnte, in Polen allerdings stark gefördert durch die katholische

Willy Brandt zu Besuch bei Breschnew, zehn Jahre nach dem Treffen in Oreanda. V. l. Parteisekretär Ponomarjow, zuständig für Außenbeziehungen der KPdSU, Breschnew, der stellvertretende Leiter des Partei-Außensekretariats Wadim Sagladin, Willy Brandt, Hans-Jürgen Wischnewski, Meyer-Landrut, Anatoli Tschernjajew vom ZK, Gesandter Hermann Huber, SPD-Sprecher Wolfgang Clement (ganz rechts).

Kirche und die Tatsache, dass ein Pole zum Papst gewählt worden war, begann an den Grundmauern des sowjetischen Imperiums zu rütteln.

Beim Abendessen im Kreml saßen sich Breschnew als Gastgeber und Willy Brandt gegenüber. Neben letzterem saß Michail Suslow, den ich zum ersten Mal aus der Nähe erlebte. Brandt sprach ihn auf Polen an, von wo jener gerade zurückgekommen war und wo er, wie der Presse zu entnehmen war, die polnischen Kommunisten wohl etwas „zur Brust" genommen hatte, was wiederum erfolglos verlaufen sein sollte. Suslow war so wütend über diese Frage eines westlichen Politikers und „Sozialfaschisten" – wie die alten Kommunisten die Sozialdemokraten nach wie vor titulierten –, dass er seine Gabel ergriff und mehrfach mit ihr auf den Tisch schlug, während ihm die Frage übersetzt wurde, allerdings dann den Frager einfach keiner Antwort würdigte.

Breschnews Gesundheit war in einem so katastrophalen Zustand, dass er ohnehin kaum der Tischrede Willy Brandts folgen konnte und immer wieder dazwischenfragte. Als Brandt z. B. auf den Botschafter verwies, der vor zehn Jahren ebenfalls an dem Treffen in Oreanda teilgenommen hatte, fuhr Breschnew ruckartig auf, woraufhin ihm von seinem Nachbarn meine Wenigkeit gezeigt wurde. Das Essen, bestehend aus mindestens fünf Gängen mit Kaffee und Cognac, wurde in etwa einer halben Stunde durchserviert, d. h., die Teller einfach ausgewechselt, ob man nun fertig gegessen hatte oder nicht.

Die Ereignisse in Polen hatten mich seit dem Spätherbst 1980 mit großer Sorge erfüllt. Ich verfolgte sie mit größter Aufmerksamkeit, denn man musste ja befürchten, dass sich eine Invasion der Sowjets, wie 1968 in der Tschechoslowakei, wiederholen konnte.

Wir schenkten deshalb den sowjetischen Reaktionen auf einzelne Ereignisse in Polen genaue Beachtung und berichteten hierüber fast jeden Tag. Ich wollte dadurch auch Kurzschlussreaktionen in Bonn und eventuelles, gern zum Vorwand einer Intervention genommenes, provokatives öffentliches Reden vermeiden. Immerhin hatte die „deutsche Gefahr“ bei der Prager Besetzung durch die Sowjets, mindestens propagandistisch, eine große Rolle gespielt.

Als eines Tages ein Telegramm unseres Militärattachés (der das Recht eigener Berichterstattung hat, jedoch seine Berichte vor Abgang dem Botschafter vorlegt) eine sowjetische Intervention in Polen als kurz bevorstehend bezeichnete, habe ich – es war das einzige Mal in meiner Moskauer Zeit – das Telegramm nicht gegengezeichnet und meinem General gesagt, wenn er den Bericht trotz meiner Bedenken absende, würde ich einen Gegenbericht machen. Der Bericht blieb in Moskau und – wie bekannt – unterblieb auch eine Intervention in Polen, Gott sei Dank.

Breschnews letzter Besuch in Bonn

Im November 1981 erfolgte dann der letzte Besuch Breschnews in Bonn. Bundeskanzler war zu der Zeit Helmut Schmidt, Bundespräsident Professor Karl Carstens.

Breschnew, der schon seit Mitte der siebziger Jahre Ausfallserscheinungen hatte und nur mühsam sprechen konnte, war zu jener Zeit in besonders schlechter gesundheitlicher Verfassung. Schon beim Begrüßungsfoto hatte er Schwierigkeiten, sich aus dem Ledersofa, auf dem er neben Helmut Schmidt Platz genommen hatte, zu erheben. Beim gro-

Ein sichtlich gezeichneter Breschnew während der Tischrede von Bundeskanzler Helmut Schmidt am 24. November 1981 in der Bonner Redoute, links Bundestagspräsident Stücklen.

Flughafen Köln/Bonn: Warten auf Breschnew; in der Bildmitte Außenminister Genscher (verdeckt), Kanzler Schmidt und Meyer-Landrut, 2. v. links Bernd von Staden als Leiter der Abteilung für Außen- und Sicherheitspolitik im Bundeskanzleramt, neben ihm sein Stellvertreter und späterer Nachfolger von der Gablentz.

ßen Diner auf Schloss Brühl musste ihm von einer Begleitperson eine rote, für uns zunächst undefinierbare Flüssigkeit in eines der Weingläser gefüllt werden; offensichtlich ein Medikament. Wie wir heute wissen, war er schwer alkoholkrank und arzneimittelabhängig.

Beim ersten großen Delegationsgespräch im Kabinettssaal des Kanzleramtes wies Schmidt auf die dort hängenden Bilder deutscher Expressionisten hin, die in der Nazizeit als „entartete" Künstler verboten gewesen waren. Auf Breschnew machte dies jedoch nicht den geringsten Eindruck, war zu jener Zeit in der Sowjetunion doch noch jegliche „moderne" Malerei geächtet, dem Dogma des „sozialistischen Realismus" entsprechend, wonach die strahlende Traktoristin oder der heldenhafte Kosmonaut, in knalligen Ölfarben porträtiert, immer noch das offizielle Kunstverständnis bestimmten.

Aus dem Gespräch ist mir der Teil über die Wirtschaftsbeziehungen erinnerlich, in dessen Verlauf ein sowjetischer Gesprächspartner, möglicherweise Breschnew selbst – der alle seine Interventionen von ihm vorgelegten Papieren, meist stockend, ablas –, erklärte, der Handelsumsatz mit Deutschland stehe an erster Stelle der sowjetischen Außenhandelsbilanz mit den „kapitalistischen" Staaten. Helmut Schmidt warf ein, dass wir hinter Amerika an zweiter Stelle rangierten, was Breschnew zusammenzucken und Gromyko um Aufklärung ersuchen ließ. Dieser antwortete – stets gut informiert – nur mit einem Wort: „Weizen", was Breschnew mit einem verständnisinnigen „Ach so" kommentierte, um fortzufahren: „Das gilt aber nicht!"

Tatsächlich importierte die Sowjetunion in den achtziger Jahren 30 bis 40 Millionen Tonnen Weizen jährlich aus Kanada und den USA, etwa ein Drittel ihres Bedarfs. Wenn man dagegen hält, dass durch Lager- und Transportverluste etwa die doppelte Menge, wenn nicht mehr, jährlich an Verlusten bei der einheimischen Ernte eintrat, so wird ein weiteres Mal deutlich, wie ungeeignet und verfehlt das sowjetische Wirtschaftssystem war. Schon die Halbierung der Ernteverluste hätte das riesige Land autark gemacht und die enormen Devisenbeträge, die für die Modernisierung der heimischen Industrie so notwendig gewesen wären, eingespart. Erst nach dem Jahr 2000 erreichte Russland wieder die vor dem Ersten Weltkrieg traditionelle Position eines Getreideexporteurs.

Ein weiteres zentrales Thema war natürlich die Situation mit der sowjetischen SS-20-Rüstung und der eventuell zu erfolgenden Nachrüstung auf westlicher Seite, doch dazu gab es keinerlei Diskussionsbereitschaft auf der sowjetischen Seite.

Als das Gespräch beendet war, sagte der Kanzler: „Wir gehen jetzt noch kurz vor die in der Halle versammelte Presse, dann...“, worauf einige Ausführungen zum weiteren Programm folgten. Breschnew wandte sich schnaubend an die eigene Delegation: „Das ist mir nicht gesagt worden, mir hat man gesagt, nach dem Gespräch gäbe es eine Ruhepause. Ich gehe nicht vor die Presse! Was soll ich da überhaupt sagen?!“ Außenminister Gromyko und der für die Pressearbeit zuständige, bei den westlichen Journalisten berüchtigte Leiter der Propagandaabteilung des Zentralkomitees Samjatin versuchten ihn zu beruhigen, letzterer hatte auch schon ein zu verlesendes Papier in der Hand.

Das Ganze machte auf erschreckende Weise deutlich, wie Breschnew damals bereits manipuliert wurde: eine Marionette in den Händen der Parteioberen, im außenpolitischen Feld durch Gromyko verkörpert.

Bei einem Essen in der Villa Hammerschmidt, Gastgeber war der Bundespräsident, kam Carstens auf Nord-Ostpreußen zu sprechen: Er erhalte viele Briefe von Menschen, die aus Königsberg und dem nördlichen Ostpreußen stammten und gerne ihre alte Heimat besuchen würden, denen jedoch die Einreise verweigert werde – ob sich da nicht etwas machen ließe. Es handele sich wirklich nicht um „Revanchismus“, sondern um ein rein humanes Bedürfnis. „Wieso?“ fragte Breschnew, an Gromyko gewandt. „Warum dürfen die nicht ins Kaliningrader Gebiet reisen?“ Wieder antwortete Gromyko mit einem einzigen Wort: „Sperrgebiet!“ – „Ja dann...“, sagte Breschnew und wechselte abrupt das Thema, ohne den Bundespräsidenten einer weiteren Antwort zu würdigen.

Dies verdeutlichte für mich wiederum die Macht der Militärs, über die ich mich kurz vorher mit einem Kollegen vom sowjetischen Außenministerium unterhalten hatte. Die Frage war ja im Westen immer wieder Diskussionsgegenstand: Wie ist die Rolle des Militärs einzuschätzen? Jener Kollege antwortete überzeugend: Das Militär sei unpolitisch, aber im eigenen Verantwortungsbereich selbstbewusst und mächtig. Wenn Ustinow – der damalige Verteidigungsminister – im Politbüro erkläre, er brauche Budgetmittel in einer bestimmten Höhe, um die Sicherheit der Sowjetunion zu garantieren, werde ihm niemand widersprechen.

Nach Beendigung des Besuchs flog Breschnew direkt nach Moskau, Gromyko hingegen machte einen Zwischenstopp in Ost-Berlin, um nur ja weder dort, noch auch sonst irgendwo in der Welt den Eindruck entstehen zu lassen, die sowjetischen Interessen an der DDR würden

Außenminister Gromyko in Bonn, hier beim Empfang durch Bundespräsident Prof. Carstens; rechts Bundesaußenminister Genscher, links hinter dem Bundespräsidenten Botschafter Meyer-Landrut und Protokollchef Graf Finkenstein.

Gromyko bei der Rückkehr nach Moskau auf dem Flughafen Wnukowo. Er war erstaunt, dass ich bereits in Moskau war und ihn empfing. Er selbst hatte noch einen Zwischenhalt in Ost-Berlin eingelegt, während ich von Bonn aus direkt nach Moskau geflogen war.

denen an der Bundesrepublik Deutschland nach- bzw. untergeordnet. Dies ermöglichte mir, den Außenminister in Moskau zu begrüßen, da ich bereits am Vortag wieder auf meinem Posten eingetroffen war.

In Moskau war es damals die Übung, dass jedes Mitglied des Politbüros, wenn es ins Ausland reiste, von einem anderen Mitglied dieses höchsten Führungsgremiums der Sowjetunion bei der Abreise „abgewunken" und bei der Wiederkehr begrüßt wurde. Es verstand sich, dass die Botschafter der besuchten Länder, bei Abwesenheit auch deren Vertreter, ebenfalls zu beiden Gelegenheiten am Flughafen erschienen.

So ergab es sich, dass kurz nach meinem Eintreffen, im üblichen Konvoi von zwei überdimensionierten SIL-Limousinen, das für Landwirtschaft zuständige Politbüromitglied Michail Sergejewitsch Gorbatschow erschien. Da das Flugzeug von Gromyko eine halbe Stunde Verspätung hatte, konnte ich in relativer Ausführlichkeit die Bekanntschaft dieses Herrn machen, was mir in späteren Jahren natürlich zugute kam. Gorbatschow beeindruckte schon bei diesem Gespräch durch waches Interesse an Deutschland, an unserer Politik, ohne es sich so einfach zu machen, mit „Prawda"-Kommentaren gegenzuhalten, wie wir es von unseren offiziellen Gesprächspartnern gewohnt waren.

Mitglieder des Politbüros

Erläuternd ist anzumerken, dass wir als Botschafter in Moskau keineswegs einen normalen Zugang zu den Mitgliedern des Politbüros hatten, unsere Ansprechpartner waren die jeweils zuständigen Vizeaußenminister und Abteilungsleiter des Außenministeriums, und nur in Ausnahmefällen, wenn es eine besondere Botschaft zu überbringen oder entgegenzunehmen galt, der Außenminister selbst. Das einzige Politbüromitglied neben dem Außenminister, dem man nach Eintreffen einen Antrittsbesuch machen durfte, war der Ministerpräsident.

Um diesem Missstand abzuhelfen, d. h., auch den Mitgliedern des engsten Führungskreises unsere Politik ohne den Filter des Moskauer Außenministeriums oder der außenpolitischen Abteilung des Zentralkomitees respektive des KGB (Komitee für Staatssicherheit) präsentieren zu können, nutzte ich zwei, mir zu beschreiten mögliche Wege.

Der eine bestand im Ausnutzen der Anwesenheit hochgestellter Persönlichkeiten wie zum Beispiel der Ministerpräsidenten von Nordrhein-Westfalen oder Baden-Württemberg, deren Länder jeweils durch Partnerschaftsverträge mit der russischen Republik verbunden waren.

Ministerpräsident dieser RSFSR war Solomenzew, stellvertretendes Politbüromitglied und also Politbürokandidat.

Durch die Eigenschaft als Gastgeber legitimiert, kam er auch in unser Haus zum Essen, als Lothar Späth, damals Ministerpräsident von Baden-Württemberg, im Frühjahr 1983 der Russischen Republik einen offiziellen Besuch abstattete. Die damals geknüpfte Bekanntschaft führte zu einer Reihe von Begegnungen, zuletzt noch 1987, als Solomenzew Vorsitzender der Parteikontrollkommission war, eine sehr einflussreiche Position in der Sowjetunion. Menschliches, allzu Menschliches blieb nicht aus; so klagte er einmal darüber, dass die sowjetischen Schrotpatronen nichts taugten, was insbesondere bei der Entenjagd ein Ärgernis sei... Ich besorgte das gewünschte Kaliber aus Deutschland.

Ein Besucher allerdings zog es vor, seine Gespräche ohne den Botschafter zu führen. Das war Egon Bahr.

Der andere Weg bestand darin, dass ich bei Reisen, die ich in die einzelnen Republiken oder Gebiete unternahm, deren Parteichefs gleichzeitig Politbüromitglieder oder -kandidaten waren, das Außen-

Egon Bahr zu Besuch in Moskau, Sommer 1983 – wie stets seine Gespräche allein, ohne den Botschafter führend. Dessen Blick bei einem Drink auf unserer Terrasse ist vielsagend.

ministerium bat, mir auch bei diesen Herren Termine zu machen. Das war durchaus unüblich, denn normalerweise wurden die Botschafter nur den untergeordneten Regierungschefs und regionalen Parlamentspräsidenten vorgeführt, wo man eine Vorlesung über die „Errungenschaften" der jeweiligen Gebietskörperschaft entgegennehmen durfte.

Insistierendes Bohren führte dann doch dazu, dass das Vorhaben gelang.

Der erste dieser Herren, dem ich meine Aufwartung machte, war der Leningrader Parteichef Romanow, ein Mann, der sich eines höchst zweifelhaften Rufes erfreute. Er sollte bei einem Gelage, man sprach von der Hochzeit der Tochter, Zarenporzellan aus einem staatlichen Museum für die Festtafel ausgeliehen haben, welches aus „Spaß an der Freud" zu fortgeschrittener Stunde zu erheblichen Teilen, wie es in Russland gern geübte Tradition wollte, in Scherben verwandelt worden war.

Er empfing mich im Smolny, jenem Mädcheninternat, in dem Lenin seinerzeit das Hauptquartier der Bolschewiken aufgeschlagen und von wo aus er die Revolution kommandiert hatte. Bis zum Ende der kommunistischen Herrschaft in Russland beherbergte dieses, mit einem gewissen revolutionären „Heiligenschein" versehene Gebäude die Parteizentrale von Stadt und Gebiet Leningrad, danach residierten dort die Oberbürgermeister und Gouverneure der Stadt.

Romanow, dem dieser Besuch offensichtlich unangenehm war, empfing mich mürrisch, um mir dann die Tagesordnung zu verkünden: Zunächst werde er mir, nach einigen allgemeinen politischen Ausführungen, etwas über Lage und Entwicklung Leningrads erzählen, danach könne ich, falls ich dazu Fragen hätte, diese stellen, und dann werde man mir die Wohnung zeigen, in der Lenin während der Revolution gelebt hatte. Also verlas er einen etwa halbstündigen „Sermon", dessen erster Teil ohne allen Zweifel von den Kollegen des sowjetischen Außenministeriums zugeliefert worden war: Die deutsche Politik sei kriegstreiberisch und gefährlich, insbesondere der damals aktuelle Beschluss über die Aufstellung von Mittelstreckenraketen in Deutschland als Gegenmaßnahme zu den SS-20-Dislozierungen in der Sowjetunion, jenen Flugkörpern, die auf deutsche Städte gerichtet waren. Die Aufstellung der Pershing II, auch wenn erst nach vierjähriger Karenzzeit, stelle eine Bedrohung der Sowjetunion dar. Ich warf ein, dieser Beschluss sehe ja nur für den Fall, dass es nicht zum Abbau der sowjetischen SS-20 komme, eine Nachrüstung auf westlicher Seite vor, und ich hoffte sehr, dass die nunmehr ins Auge gefassten Verhandlungen von Sowjets und Amerikanern alsbald zu einem positiven Ergebnis führen würden.

„Solche Verhandlungen gibt es nicht und wird es nicht geben!", lautete die Antwort. Nun hatte ich am Morgen den Nachrichten der Deutschen Welle entnommen, dass die Sowjetunion sich endlich dazu bereit erklärt hatte, über die in Frage stehenden Mittelstreckenraketen in Genf Gespräche mit den Amerikanern aufzunehmen, und ich antwortete etwas kess: „Wollen wir wetten?"

Er fuhr auf: „Mit Ihnen wette ich nicht", und setzte dann seine Philippika fort. Der „Waldspaziergang" von Vizeverteidigungsminister Paul Nitze und seinem russischen Partner Juli Kwitsinski leitete dann tatsächlich die russisch-amerikanischen Verhandlungen zum Abbau der Mittelstreckenraketen ein.

In dem Leningrad betreffenden Teil von Romanows Rede, die von errreichten Quadratmeterzahlen im Wohnungsbau bis zur Versorgung der Bevölkerung mit Lebensmitteln reichte, kam der bemerkenswerte Satz: „Hier gibt es alles zu kaufen: Butter, Eier, Kartoffeln, Zwiebeln…", kurze Pause, dann: „Nein, Zwiebeln nicht, aber die wird es auch bald geben…"

Als er am Ende seines Sprechzettels angekommen war, befahl er: „Übersetzung!" Ich sagte, ich bedürfe einer solchen nicht, ich hätte ihm durchaus folgen können. „Mir hat man aber gesagt, es gäbe eine Übersetzung." Er hatte sich offenbar darauf eingerichtet, dass er eine halbe Stunde vortrug, dann eine gleich lange Übersetzung folgte und damit der auf eine Stunde terminierte Besuch erledigt sei, d. h., das Entfallen der Übersetzung brachte ihn aus seinem Konzept. So blieb ihm denn nichts weiter übrig, als mich aufzufordern, eventuelle Fragen zu stellen.

Ich sagte, seine Ausführungen seien erschöpfend gewesen, ich hätte insofern auch keine Fragen, wolle jedoch einiges von dem, was er gesagt habe, kommentieren. So sprach ich von den meines Erachtens vorhandenen Möglichkeiten, die Wirtschaftsbeziehungen des Leningrader Gebiets mit Deutschland zu intensivieren, besonders mit der Partnerstadt Hamburg, und erläuterte dann unsere Ost- und Sicherheitspolitik und dass hier von Bedrohung und dergleichen nicht die Rede sein könne.

Schließlich gab es noch ein ganz ordentliches Gespräch, ehe ich aufbrach, Lenins Gemächer zu besichtigen, in denen die Bilder, die ihn mit seinen damaligen Kampfgenossen zeigten, immer noch retuschierte schwarze Flecken aufwiesen, unter denen, auf den ursprünglichen

Fotos, Trotzki, Bucharin und andere von Stalin später umgebrachte Mitstreiter abgebildet gewesen waren.

Ich habe diesen Besuch in Leningrad so ausführlich geschildert, weil er, wie ich glaube, ein treffendes Licht auf die mich stark erschütternde Provinzialität und komplexbeladene Haltung der damaligen Führungsschicht wirft.

Ein weiterer Besuch – im Sommer 1982, kurz vor der so genannten innenpolitischen „Wende“ in Deutschland – galt der Hauptstadt der Ukraine, Kiew. Auch hier hatte ich bei der Anmeldung der Reise im Außenministerium – welches Wert darauf legte, dass die Botschafter die Republiken besuchten – zur Vorbedingung gemacht, dass ich den regionalen Parteichef, in diesem Fall das Politbüromitglied Schtscherbizki sehen könne. Tatsächlich wurde auch dieser Termin organisiert. Aus dem Gespräch erinnere ich mich an zwei Details.

Zunächst jedoch muss ich erwähnen, dass dieser Mann, nach Statur und Auftreten, seinem Kollegen aus Leningrad weit überlegen war. Einem Fehler des Protokolls war es zu verdanken, dass ich in einen relativ kleinen Raum geführt wurde, der keineswegs für das Gespräch geplant war, sondern wo sich Schtscherbizki mit seinen zwei Beratern augenscheinlich auf das Treffen vorbereitete, gemütlich eine Zigarette rauchend. „Dies war ja eigentlich nicht vorgesehen“, sagte er nach der Begrüßung, „aber setzen Sie sich doch, vielleicht ist es ganz gut, sich in einem informellen Rahmen erst etwas näher kennenzulernen.“ Da ich die Vorliebe der sowjetischen Führungsschicht für die Jagd kannte, lenkte ich das Gespräch auf dieses Thema, und erst nach etwa einer Viertelstunde begaben wir uns dann in einen großen benachbarten Saal, der durch einen riesigen Tisch in der Mitte geteilt war, an dem wir einander gegenüber Platz nahmen.

Sein erstes Thema war der ukrainische Nationalismus. Er sei sich dessen bewusst, dass dieser im Westen unterstellt und hochgespielt werde. Ich solle mich davon nicht täuschen lassen. Einen solchen gäbe es in der Ukraine nicht!

Die Kraft dieses Phänomens, das entscheidend zum Auseinanderbrechen der Sowjetunion beigetragen hat, hat er selbst nicht mehr miterleben können. Diesen Nationalismus jedoch total in Abrede zu stellen, war allerdings schon damals, trotz aller Oberflächen-Assimilation, ungerechtfertigte Schönfärberei, wobei ich nicht sicher bin, ob er wider besseres Wissen redete oder möglicherweise sogar glaubte, was er sagte.

Die zweite Bemerkung bezog sich auf Deutschland und den antizipierten Regierungswechsel: Wie werde die Politik einer CDU-geführten Bundesregierung gegenüber der Sowjetunion sein? Bisher habe sich, trotz aller Differenzen, ein Vertrauensverhältnis der sowjetischen Führung zur SPD entwickelt, und die CDU habe ja doch die Ostpolitik heftig kritisiert. Ich habe ihm darauf erwidert, dass auch die CDU eine Politik der friedlichen Zusammenarbeit mit der Sowjetunion wolle und zweifellos verfolgen werde, sich an die geschlossenen Verträge haltend.

Immerhin fand ich dieses Interesse an den innenpolitischen Entwicklungen bei uns bemerkenswert; offenbar waren sie im Politbüro erörtert worden.

Als Bundeskanzler Helmut Kohl dann der Sowjetunion seinen nächsten Besuch abstattete, empfahl ich einen Besuch in Kiew, der auch erfolgte. Als Gastgeber trat formell der Ministerpräsident der Ukraine auf, die substanziellen Gespräche jedoch fanden mit Schtscherbizki statt. Er hatte bis dahin kein westliches Land besucht und steckte nach wie vor voller Vorurteile. Dennoch war das Gespräch lebhaft und inhaltsreich. Beide Partner waren voneinander beeindruckt. Was wollte man mehr?

Kiew, mit seinen schönen Kastanienalleen, mit dem majestätischen Dnjepr, machte einen westlicheren, urbaneren Eindruck als Moskau. Diese Stadt war die Wiege der Orthodoxie, und ihr Charakter ist mitgeprägt durch das Höhlenkloster, in dessen äußerem Bezirk auch das Nationalmuseum untergebracht ist. Dort kann der phantastische Skythenschatz besichtigt werden, an dessen Bergung auch ein Archäologen-Team aus Göttingen unter Leitung von Frau Professor Rolle, die viel zur Erforschung der Skythen beigetragen hat, beteiligt war. Aus mir zur Verfügung gestellten Mitteln habe ich dem Museum zwei elektrisch beleuchtete Lupen geschenkt, die zur besseren Präsentation der außerordentlich filigranen Goldschmiedearbeiten der Skythen beitrugen. Als ich 1992 das Museum erneut besuchte, waren die Lupen verschwunden. Man erinnerte sich aber noch daran, dass es sie dort gegeben hatte…

Ein weiteres Erlebnis in Kiew ist für mich mit einem dortigen Friedhof verbunden. Ich war vom Deutschen Sportbund gebeten worden, im Namen des damaligen Präsidenten des Nationalen Olympischen Komitees Willi Daume einen Kranz am Grabe eines ukrainischen Fechters niederzulegen. Dieser war bei einem schrecklichen Unfall während der vorhergegangenen Weltmeisterschaft in Rom durch einen deutschen Fechter, dessen Klinge die Maske seines Gegners durchbohrt hatte, tödlich verletzt worden. Das Protokoll des ukrainischen Außenministeriums unternahm größte Anstrengungen, die Verwirklichung unseres Anliegens zu erschweren. Als es schließlich dennoch gelang, wurde uns der Hintergrund klar: Der junge Sportler war ein Leutnant der sowjetischen Armee gewesen und daher auf einem Armeefriedhof beigesetzt worden. Als wir einige Wochen nach dem Unfall dorthin kamen, waren schon zahlreiche Reihen frischer Gräber dazu gekommen, durch die wir eilig hindurchgeführt wurden: Gefallene im Afghanistan-Krieg. Diese Opfer hatte man uns nicht zeigen wollen.

Ein dritter Besuch in der damaligen Provinz der Sowjetunion, den ich erwähnen möchte, galt Baku, der Hauptstadt von Aserbaidschan. Dort war mein Hauptgesprächspartner Gaidar (heute Haidar) Alijew. Ehemals Geheimdienstchef und nun 1. Sekretär der Kommunistischen Partei Aserbaidschans, hatte sich Alijew offenkundig eng an Breschnew angeschlossen, denn die Stadt war voll von Breschnew-Porträts und -Aussprüchen auf Spruchbändern.

Alijew, der später in Moskau tätig war, dann eine Zeit lang in der Versenkung verschwand, machte erneut im unabhängigen Aserbaidschan Karriere, wo er 1993 sogar Staatschef wurde.

Als Einstieg für das Gespräch wählte ich die Erwähnung zweier meiner Großonkel (Brüder meines Großvaters), welche bei der schwedischen Firma Nobel, die in Baku ihr Zentrum der Ölförderung am Kaspischen Meer hatte, gearbeitet hatten und offenbar recht wohlhabend geworden waren. Vor dem Ersten Weltkrieg muss in Baku eine Atmosphäre wie in den sechziger Jahren in Saudi-Arabien geherrscht haben: Aufbruch-Stimmung. Jedenfalls pflegte meine Mutter zu erzählen, dass die Brüder ihres Vaters stets zu Weihnachten nach Reval zu den Eltern gekommen waren und an sämtliche Nichten und Neffen Goldmünzen verteilt hatten. Nach der Revolution emigrierte ein Teil der Familie nach Schweden, ein zweiter Teil ist in der Sowjetunion verschollen.

Nach dieser Eröffnung löste sich das anfängliche Misstrauen auf der aserbaidschanischen Seite des Tisches schnell auf: Ich wurde als einer der Ihren begrüßt. Alsbald wollte man mir nun die noch erhalten gebliebene Villa der Familie Nobel zeigen, und auch die politische Diskussion verlief jetzt relativ locker und angenehm und nicht so kontrovers, wie sonst mit sowjetischen Funktionären üblich.

Nach kurzen Begegnungen in Moskau 1987/88 traf ich Alijew später als „Regionalfürsten" der aserbaidschanischen Exklave Nachidschewan, zusammen mit dem später von ihm entmachteten Präsidenten Eltschibej, im Frühjahr 1993 in Ankara wieder. Dorthin begleitete ich Bundespräsident Richard von Weizsäcker anlässlich der Beerdigung des türkischen Präsidenten Özal. Diese Begegnung mit Alijew, einem Mann, der mir als glühender Vertreter des kommunistischen Hegemonialsystems in Erinnerung war und nun fröhlich auf der nationalistischen Welle aserbaidschanischer Eigenstaatlichkeit schwamm, mutete mich doch recht merkwürdig an.

In Baku besuchte ich natürlich auch die Rennbahn und ließ mir die lokale Pferderasse – praktisch Ponies – vorstellen. Viel mehr beeindruckte mich allerdings ein für den sowjetischen Spion und gebürtigen Deutschen Richard Sorge errichtetes Denkmal. Er war als Korrespondent der „Frankfurter Zeitung" während des Krieges in Tokio gewesen und hatte sich durch ein Verhältnis zur Frau des damaligen deutschen Botschafters Zugang zu höchst geheimen Informationen, bis hin zum geplanten Angriff Hitlers auf Russland im Jahre 1941 verschaffen können, die er nach Moskau lieferte. Gegen Ende des Krieges war er dann auffällig geworden und von den Japanern zum Tode verurteilt und hingerichtet worden. Ich erinnerte mich beim Anblick dieses Denkmals – ein etwa anderthalb bis zwei Meter hohes und ca. fünf Meter langes Kupferband, in das als Porträt die Züge Sorges eingeschnitten und daneben Einschusslöcher von Gewehrkugeln eingegraben waren, seine Erschießung symbolisierend – daran, wie viel noch während meines Tokio-Aufenthalts Anfang der sechziger Jahre von Sorge geredet worden war. Journalisten-Kollegen erzählten, dass sie fast täglich mit ihm an der Bar des Imperial-Hotels zusammengesessen hatten, das von Frank Lloyd Wright in den zwanziger Jahren erbaut worden war. Die Ziegelkonstruktion der alten Bar ist im jetzigen Neubau noch erhalten. Dort habe er allabendlich viel getrunken, sich jedoch offenbar nie eine Blöße gegeben. Aber auch bei manch einer älteren Dame der Tokioter deutschen Kolonie bewirkte die Erwähnung Richard Sorges ein verräterisches Glänzen in den Augen, offensichtlich war er ein „homme à femmes" gewesen.

In jenen Jahren wurde er postum, wie ich dann eines Tages der „Prawda" entnahm, als „Aufklärer" gewürdigt und mit einem hohen sowjetischen Orden geehrt.

Von Baku aus besuchte ich auch die von Chemie-Industrie beherrschte, nahe gelegene Küstenstadt Sumgait, die gegen Ende der achtziger Jahre während des aserbaidschanisch-armenischen Krieges um Berg-Karabach wegen der fürchterlichen Massaker an Armeniern, die dort stattgefunden hatten, eine unrühmliche Berühmtheit erlangte.

Damals war natürlich alles noch ruhig. In einem kleinen Museum am Meer begegnete ich Bildern des mir in Moskau gut bekannten Malers Tair Salachow, der eine große Rolle im Künstlerverband spielte, ebenso wie solchen von Togrul Narimanbekow, der einen recht interessanten, heftigen, folkloristisch bestimmten Stil entwickelt hatte, weswegen ihn die westliche Kritik später in die Nähe der in Deutschland damals populären „Neuen Wilden“ rückte.

Gestütsreise: Pferde und „Pferdeleute“

Eine Reise ganz anderer Art unternahm ich mit Hanfried Haring, später Generalsekretär und Vorstand der Deutschen Reiterlichen Vereinigung, deren Vizepräsident ich – ebenfalls Jahre später – werden und sechzehn Jahre lang bleiben sollte.

Wir machten eine mit Hilfe des sowjetischen Landwirtschaftsministeriums vorbereitete Reise durch eine Anzahl der bedeutendsten Gestüte des Landes. Zunächst flogen wir in den Nordkaukasus nach Pjatigorsk, jene Stadt am Fuße des Elbrus, die in der Zarenzeit Ausgangspunkt der langwierigen Eroberungskämpfe gegen die kaukasischen Bergvölker gewesen war. Auch der Dichter Michail Lermontow, der größte russische Romantiker, hatte hier als Verbannter Militärdienst geleistet und war schließlich 1841 im Duell gefallen. Sein Haus zu besichtigen, berührte mich tief.

In der Nähe von Pjatigorsk gab es für uns „Pferdeleute“ reizvolle Ziele. Wir besichtigten eines der bedeutendsten Vollblutgestüte, dessen Rennpferde nicht nur in der Sowjetunion erfolgreich waren, und in Naltschik auch Pferde der lokalen Rasse, der Kabardiner. Naltschik übrigens war der östlichste Punkt, den deutsche Truppen im Zweiten Weltkrieg besetzt hatten. Dieser Vorstoß am Nordrand des Kaukasus entlang hat damals auch zur Hissung der deutschen Fahne auf dem Elbrus, dem höchsten Berg des Kaukasus, geführt: „Höhepunkt“ der faschistischen Hybris.

Etwas ganz Besonderes allerdings war das Arabergestüt „Tersk“, das seit einigen Jahren eine führende Rolle in der Araberzucht der Welt spielte. Aus dieser Zucht ging nicht nur „Pesnjar“ hervor, der erste Hengst, der für eine Million Dollar in die USA verkauft wurde, sondern auch viele andere Zuchthengste und Stuten, die nach Deutschland, Holland und anderswohin verkauft wurden.

Dies war ein Gestüt, welches in der Zarenzeit von einem der Grafen Scheremetjew gegründet worden war, in dessen, sonst Ausländern

Der Araberhengst „Assuan", den Chruschtschow Anfang der sechziger Jahre von Nasser als „Gegengeschenk" für den von den Sowjets gebauten Assuan-Staudamm in Ägypten erhalten hatte.

Ein goldener Achaltekkiner auf dem Gestüt von Tersk bei Pjatigorsk.

ungern gezeigtem Haus wir auch eingeladen waren. Normalerweise wurde einem nämlich in allen Gestüten auf entsprechende Fragen gesagt, die Einrichtung existiere seit den zwanziger Jahren, als eine Verordnung über die Gestüte in der Sowjetunion erlassen worden war – was mit der tatsächlichen geschichtlichen Entwicklung der einzelnen Einrichtungen keineswegs übereinstimmte.

Das Gestütsleiter-Ehepaar Ponomarjow führte uns das Gestüt vor, mit seiner herrlichen Stutenherde und den ausgewählten Hengsten – einer schöner als der andere. Besonders in Erinnerung ist freilich „Assuan" geblieben, der 25-jährige Hengst, den der ägyptische Diktator Nasser einst Chruschtschow zum Geschenk machte, nachdem die Sowjetunion den Bau des Assuan-Staudamms übernommen hatte. Dessen Errichtung war zuvor von den USA und der Weltbank, wegen der voraussehbaren Umweltschäden sowie der nicht zu erwartenden Rentabilität, abgelehnt worden. Für Chruschtschow allerdings bot sich auf diese Weise die Möglichkeit eines Einstiegs der Sowjetunion in die Mitgestaltung der Geschicke in der Dritten Welt.

„Assuan" war, fünfundzwanzigjährig, für ein Pferdeleben ein Greis, die Stuten liebten ihn trotzdem. Da er aus eigener Kraft die Stuten nicht mehr bespringen konnte, hatten ihm die Gestütsleute ein Gestell gebaut, auf das er sich abstützen und so noch für eine zahlreiche Nachkommenschaft sorgen konnte.

Nach den Araberhengsten wurde ein „goldener" Achaltekkiner vorgezeigt. Das war Tradition in Tersk. Zwar ist die Achaltekkiner-Rasse im Westen fast unbekannt – auch ich sah dort erstmals einen „goldenen" Vertreter dieser Rasse –, allerdings ist die Faszination, die von diesen Pferden ausgeht, einzigartig. Erwähnt sind sie seit der Antike als „die goldenen Pferde des Orients", und neben den schönen Proportionen, den klugen Augen und der ständigen Aufmerksamkeit zeichnen sie sich eben durch einen metallischen Glanz im Fell aus, der bei den Falben zu diesem unverwechselbaren Gold-Ton führt. Ich habe Jahre später Achaltekkiner-Pferde besitzen dürfen. Der erste war ein Hengst „Peikam" („Kampfwagen"), um den mich viele beneideten und den ich geliebt habe wie keines meiner Pferde vor- oder nachher. Der russisch-kirgisische Autor Tschingis Aitmatow hat in seinem Roman „Abschied von Gülsary" dem Achaltekkiner ein eindrucksvolles Denkmal gesetzt.

Doch zurück zu den „Arabern". Diese Pferde sind ja weder für den Sport noch die Freizeitreiterei sehr geeignet, da sie relativ klein sind, mit kurzen Bewegungen begabt, und nicht besonders hoch springen können. Doch wegen ihrer Schönheit, ihrer Ausdauer und ihres Charakters hat sich in der ganzen Welt eine Gemeinde von Araber-Freunden gebildet, die auch bereit sind, die erwähnten Summen für diese Tiere auszugeben. Außerdem haben sie wohl allen Pferderassen der Welt zur Blutveredelung gedient.

Die Zuchtleiterin Frau Ponomarjowa – eine exzellente Kennerin aller Blutlinien –, die ich auf eine Stute ihrer Zucht ansprach, welche ein Freund von mir nach Deutschland gebracht hatte, wusste sofort genau Bescheid, einschließlich einer Empfehlung, welcher Araberhengst in Deutschland am geeignetsten sei, mit dieser Stute Nachwuchs zu zeugen. Und tatsächlich ist ein Fohlen aus dieser Nachzucht später Europachampion geworden. Es war eine Freude, mit diesen passionierten „Pferdeleuten" zusammenzutreffen.

Hanfried Haring und ich hatten uns vorgenommen, auch bei dieser Reise möglichst das ein oder andere Pferd selbst auszuprobieren. Gestütsleiter Ponomarjow war einverstanden, und so machten wir einen schönen Ausflug zu Pferde in diesem Gebiet der Ausläufer des Kaukasus, grünen Hügeln mit der Kulisse schneebedeckter Berge und immer wieder den Blick auf die Stutenherden von Tersk, die wir praktisch umkreisten.

Wir konnten es uns freilich nicht nehmen lassen, an einer geeigneten Stelle, durch ein Augenzwinkern uns verständigend, die Pferde zum Renngalopp aufzufordern, was sie willig annahmen und wodurch unser armer Gestütsleiter fast in eine Ohnmacht getrieben wurde, fürchtete er doch, dass nun die Pferde durchgegangen seien und nur Schreckliches die Folge sein könnte. Als wir dann, längst wieder gesittet reitend, die Hecke des Vorführplatzes inmitten des Gestütsgeländes anritten und übersprangen, blieb unserem Gastgeber vollends „die Spucke weg". Doch alles löste sich am Ende in einem befreienden Gelächter auf.

Weiter ging es nach Rostow am Don in Südrussland. Dort besuchten wir das „Gestüt der Ersten Reiterarmee" und das Trakehner-Gestüt. Schon bei der Annäherung an diese Gestüte sahen wir vom Auto aus die riesigen Stutenherden, ein hinreißender Eindruck in dieser Landschaft der Sonnenblumen, des Weizens und der endlosen Weiden. Auch hier wieder Hengste, allerdings unterschiedlicher Rassen, die zur Veredelung der Zucht der Don-Pferde gebraucht werden, welche urspünglich aus der Kreuzung von Vollblut und örtlichen Rassen entstanden sind.

Zum Essen wurden wir in ein typisches, aus Holz gebautes Verwalterhaus gebeten, wie es sie früher auf allen Gütern gegeben hatte. Auf der Veranda war ein großer Esstisch überreich gedeckt, mit zahlreichen köstlichen kalten Vorspeisen und Wodkaflaschen in der Mitte. Der Farbanstrich der Bodenplanken war noch feucht und klebrig: Der hohe Besuch aus dem Ausland war sorgfältig vorbereitet worden! Nun gab es natürlich ein ausgiebiges Gelage mit Trinksprüchen und Reden. Die anfangs steife Atmosphäre lockerte sich merklich auf, bis sich auch die grimmigen Mienen unserer Moskauer „Aufpasser" aus dem Landwirtschaftsministerium aufzuhellen begannen.

Natürlich waren wir auf das Trakehner-Gestüt „Kirow" besonders gespannt. Als Ostpreußen 1945 von der Roten Armee erobert wurde, sind ja in großen Trecks zahlreiche Trakehner nach abenteuerlichen und oft lebensgefährlichen Fluchtwegen, teils übers Haff und auf Eisschollen treibend, nach Westdeutschland gekommen. Hier ist dann eine sehr erfolgreiche Trakehner-Zucht entstanden, deren Ausläufer bis in die USA und nach Mexiko reichen. Berühmt wurde z. B. der herrliche Schimmel „Abdullah", Olympiapferd des Amerikaners Conrad Homfeld, dem ich 1985 im Namen des Bundespräsidenten als Sieger des Nationenpreises in Aachen gratulieren konnte.

Parallel hierzu entwickelte sich in Südrussland, eben im „Kirow-Gestüt" bei Rostow am Don, eine Trakehner-Zucht aus Blutlinien dorthin verbrachter, in Ostpreußen eroberter Tiere. Vor dem Gestüt steht die Bronzeplastik von „Pepel", dem dort gezogenen Trakehnerhengst, mit dem Elena Petuschkowa bei der Olympiade in München 1972 die Goldmedaille in der Mannschafts-Dressur und in der Einzelwertung auch noch die Silbermedaille gewonnen hatte.

Auch hier war der Empfang zunächst eher frostig, und es bedurfte erst einiger fachlich auch von den Gastgebern anerkannter Gespräche, bis das Eis gebrochen war. Beim obligatorischen Ausritt wurde mir ein Hengst angeboten, den der Gestütsleiter als Kandidat für die nächsten Olympischen Spiele bezeichnete. Leider kam es nicht dazu, diese Vorhersage zu verifizieren: Die nächsten Olympischen Spiele fanden 1984 in Los Angeles statt. Und diese wurden von den Russen – als Revanche für den Boykott der Moskauer Spiele 1980 durch die USA und andere westliche Länder wegen des sowjetischen Einmarschs in Afghanistan – ihrerseits boykottiert.

Vor unserer Abreise aus Rostow besuchten wir noch die Rennbahn, wo uns eine Reihe schöner Halbblutpferde aus der regionalen Zucht, so auch der Budjonny-Rasse vorgestellt wurden. Dies war uns besonders willkommen, weil es uns nicht möglich gewesen war, das nach dem legendären Reitermarschall benannte Gestüt, wo diese Rasse zentral gezüchtet wird, auch noch zu besuchen. Ich habe viele Jahre später einen bildschönen Budjonny-Hengst mein Eigen genannt, der sich als ausgesprochenes Dressurtalent entpuppte.

Zum Abschluss lud uns Rennbahn-Direktor Ponomarjow, ein Bruder des Gestütsleiters aus Tersk, zu einer Rundfahrt auf einer Troika ein. Zum Programm einer Reihe von Rennbahnen in der Sowjetunion gehörte das Troika-Rennen durchaus dazu, wobei es gelegentlich zu spektakulären Stürzen kommt.

Ich hatte zwar schon öfters Troika-Fahrten mitgemacht, meist im Schlitten und bei gebremster Fahrt: Das Mittelpferd – meist ein Orlow-Traber – läuft im Trab, die Außenpferde, nach links und rechts ausgebunden, galoppieren. Doch nun ging es im Renntempo davon, wobei ich gestehen muss, dass mir etwas mulmig zumute wurde. Der Wagen schleuderte durch die Kurven, sodass man glaubte, er müsse nun sogleich umkippen, und der Fahrtwind war im wahren Sinne des Wortes atemberaubend.

Neues Lebensgefühl in Moskau

Hatten die westlichen und weitgehend auch die östlichen Diplomaten in den fünfziger Jahren in totaler Isolation gelebt und waren in den sechziger und siebziger Jahren nur allmählich Kontakte mit Personen zugelassen worden, die eine dienstlich-berufliche Verbindung mit dem jeweiligen Land hatten, so änderte dieses sich in den achtziger Jahren doch grundlegend.

Zwar standen immer noch Milizionäre vor den Häusern, in denen Ausländer untergebracht waren, zwar wurde noch immer ziemlich genau kontrolliert, wer von ihren Landsleuten bei westlichen Botschaften aus- und einging, man wies aber die Besucher nicht mehr ab. Wenn also ein beliebiger Russe oder Sowjetbürger sich von der Tatsache, dass er kontrolliert wurde, nicht abschrecken ließ, dann konnte er ohne viel weiteres unser Haus betreten. Ab und an wurde zwar vom Besucher eine Einladung gefordert, was bei Einzelbesuchern dann dadurch umgangen wurde, dass ich vor die Tür ging und dem Wachhabenden sagte, ich erwartete einen Besuch – auch das ermöglichte den Zugang. Andererseits geschah es aber immer noch, dass einzelne Besucher nach Verlassen des Hauses festgehalten, ihre Personaldaten festgestellt und sie an einem der folgenden Tage zum Verhör vorgeladen wurden.

Gerechtfertigt wurde diese Bewachung mit der Verantwortung für den Schutz der Diplomaten, doch tatsächlich ist kaum eine deutsche Botschafterresidenz so wenig gesichert gewesen wie unser Haus in Moskau. Bei meinem Vorgänger, Botschafter Hans-Georg Wieck, war, wie man mir erzählte, tatsächlich einmal ein Mann ein- und bis ins Badezimmer im ersten Stock vorgedrungen; er war vermutlich nicht ganz Herr seiner Sinne, doch gerade solche Personen können ja Gefahren darstellen.

Die sich nunmehr neu auftuenden Kontaktmöglichkeiten wurden weidlich genutzt. Sie wirkten ja auch umgekehrt, d. h., wenn man einen Sowjetbürger besuchte, hatte auch dieser in der Regel keine Verhöre oder andere Konsequenzen zu befürchten, wie das noch vor einigen Jahren üblich gewesen war.

Wenn ich es richtig sehe, müssen es die Olympischen Spiele 1980 in Moskau gewesen sein, welche die bestehenden Kontaktsperren erheblich ins Wanken gebracht haben. Zwar war die Konfrontation damals keineswegs überwunden: Die Amerikaner erklärten die Nichtteilnahme an diesen Olympischen Spielen und forderten Solidarität des Westens, nachdem die Sowjets am Jahresende 1979 in Afghanistan einmarschiert waren. In jener Zeit war ich noch in Bonn und ärgerte mich

Moskauer Straßenszene, Frühsommer 1980.

maßlos, als Maggy Thatcher für die britische Regierung spontan und lauthals erklärte, Großbritannien werde sich selbstverständlich dem Olympia-Boykott anschließen, und wir uns Vorwürfe gefallen lassen mussten, weil wir erklärten, dass wir erst mit den Sportverbänden reden müssten... So erschienen in der amerikanischen Presse Überschriften wie „Maggy our only friend" – doch am Ende nahm eine starke britische Mannschaft teil mit dem überragenden Läufer Sebastian Coe (es fehlten lediglich die Reiter und Segler), und nur die Deutschen und die Japaner boykottierten neben den Amerikanern die Moskauer Spiele komplett.

Dem waren heftige Auseinandersetzungen zwischen Politik und Sportverbänden vorausgegangen, in denen Hans-Dietrich Genscher als Außenminister und FDP-Chef eine große Rolle spielte, und natürlich die beiden Verbandsvorsitzenden Willy Weyer vom Deutschen Sportbund und Willi Daume vom Nationalen Olympischen Komitee. Für viele aktive Sportler war dies eine schlimme Sache, waren sie doch gerade in der Hochform ihres Lebens, die bis zu den nächsten Olympischen Spielen 1984 in Los Angeles – wo die Russen, wie erwähnt, mit einem Gegenboykott antworteten – in einer Reihe von Fällen nicht zu konservieren war.

Als die offizielle Teilnahme Großbritanniens (mit den erwähnten Ausnahmen) verkündet wurde und Genscher voller Wut auf Lord Carrington losging, weil wir damals fast eine Regierungskrise wegen der Frage der Teilnahme oder Nichtteilnahme an den Moskauer Spielen hatten und die britische Nichtteilnahme unser stärkster Trumpf in der innenpolitischen Diskussion war, sagte sein britischer Kollege in etwa: „Hans-Dietrich, wir haben doch unabhängige Sportverbände." So wurden die britischen Mittelstreckler zu Helden der Moskauer Olympiade, und unsere Sportler blieben „auf der Strecke".

Besonders kritisch über den Boykott äußerten sich unsere Mitglieder des Internationalen Olympischen Komitees Willi Daume und Berthold Beitz, Vorstandsvorsitzender von Krupp, der für die Ausrichtung der Segelwettbewerbe in meinem heimatlichen Reval/Tallinn einschließlich Renovierungsarbeiten in der Altstadt nicht unbeträchtliche Mittel zur Verfügung gestellt hatte. Seine Philosophie war – ähnlich der meinen – die der Ansteckungskraft des Bazillus der Freiheit: so viele Kontakte wie möglich in die UdSSR hineintragen, dann würde der Wind der Geschichte die ideologisch-politischen Verkrustungen schließlich fortwehen. Außerdem würde die Welt auf Estland schauen und dieses würde damit aus dem Schatten Moskaus heraustreten können.

Eine fast schon amüsante Nebenwirkung des amerikanischen und westdeutschen Boykotts war das Rennen um die Spitze der Medaillenwertung zwischen der Sowjetunion und der DDR, was zu allerlei unfairen Tricks der sowjetischen Kampfrichter und Organisatoren führte. Ein merkwürdiges Schauspiel für westliche Beobachter.

Trotz Lockerung der Kontrollen gegenüber den eigenen Bürgern, die natürlich auch, und wahrscheinlich entscheidend, von dem wachsenden Selbstbewusstsein der Bevölkerung veranlasst war, gab es natürlich nach wie vor ständige Einschränkungen und Probleme für die in Moskau lebenden Ausländer. Nicht nur, dass das Verbot, unangemeldet einen Umkreis von 40 km zu überschreiten, weiter bestand; es gab auch jede Menge unverständlicher und törichter Schikanen, die zum Teil auf Trägheit, zum Teil auf Neid gegenüber den besser gestellten westlichen Ausländern zurückzuführen waren.

Erneut ein Beispiel aus meinem Sport: Zweimal jährlich gab es seit den siebziger Jahren in der Nähe von Moskau, auf dem Gelände eines großen Traber-Zucht-Betriebes, eine so genannte Devisen-Auktion, bei der Pferde der verschiedenen in der Sowjetunion gezüchteten Rassen zum Verkauf an Ausländer angeboten wurden. Tatsächlich gab es eine kleine Gruppe von Pferdehändlern aus Italien, aus Deutschland, aus Kanada, die sich beteiligten. Hervorragende Sportpferde wie das Springpferd „Prinz“ oder die Dressurpferde „Biotop“ und später „Rusty“ kamen aus der Sowjetunion oder den Nachfolgestaaten nach Deutschland.

Da es also für Ausländer möglich war, ein Pferd in Moskau zu erwerben, begann ich mich zu interessieren. Ich fuhr – nach entsprechender Anmeldung, denn das Gestüt lag knapp jenseits der 40-km-Zone und noch dazu in einem Sperrgebiet – nach Uspenskoje, wo mir eine Reihe von Pferden präsentiert wurde, die man dort einige Wochen vor der eigentlichen Auktion zusammengeführt hatte. Ich verliebte mich alsbald in einen Rapphengst mit vier weißen Beinen, was im Übrigen in Deutschland als schlechtes Zeichen gilt, in Russland aber besonders geschätzt wird. Von seiner Herkunft war es ein Achaltekkiner aus Mittelasien, genauer aus Turkmenien, aus dem Steppengebiet nördlich der persischen Grenze. Ein bildschönes Tier. Ich hatte diese Rasse ja schon in Tersk kennengelernt. Schon manch ein Pferdefreund aus dem Westen ist bei Besuchen in Russland von diesen „goldenen Pferden“ fasziniert worden. Tatsächlich wurden sie, wie bereits erwähnt, schon in der klassischen griechischen Literatur als die „goldenen Pferde des Orients“ verherrlicht. Der berühmte „Bukephalos“ von Alexander dem Großen soll ein Achaltekkiner gewesen sein. Gesagt wird, dass auch einer oder gar zwei der Urväter des englischen Vollbluts, d. h. der Pferde, die in der ganzen Welt den Turf, die Rennbahnen bevölkern, Achaltekkiner waren.

Diese Pferde sind im Gegensatz zu den quadratischen Arabern so genannte Rechteckpferde, d. h., sie haben einen langen, in der Bewegung schwingenden Rücken, sodass sie bequem zu reiten sind und besonders schöne Gänge haben. Nach dem Zweiten Weltkrieg ist nur ein Achaltekkiner, ebenfalls ein Rappe, „Absent", berühmt geworden: Unter seinem Reiter Sergej Filatow wurde er Olympiasieger in der Dressur in Rom 1960 und war auch bei den beiden folgenden Olympischen Spielen noch in den Medaillen-Rängen.

Also: Den Achaltekkiner wollte ich haben. Ich handelte mit den Vertretern der entsprechenden staatlichen Außenhandelsorganisation einen Preis aus, weil ich mich nicht als Botschafter von den Pferdehändlern auf der Auktion treiben und möglicherweise schikanieren lassen wollte, und hatte einige Tage später einen unterschriftsreifen Vertrag auf dem Schreibtisch. Nun musste ich ja das Tier in Moskau irgendwo unterstellen können. Also ging ich zu meinen alten Bekannten bei der Moskauer Rennbahn, und die waren natürlich froh, dass ich zu ihnen gekommen war, und hilfreich. Bei den Hunderten von Pferden, die sie da stehen hatten, bräuchte ich auch nichts zu bezahlen, es sei eine Ehre für sie, wenn der deutsche Botschafter sein Pferd bei uns... usw. Nur: Ich müsste vom Außenministerium ein Papier, eine Genehmigung haben. Das sei halt bei Ausländern unumgänglich, sonst bekäme man Ärger. Und nun begann ein Hick-Hack mit dem UPDK, der Service-Organisation des Außenministeriums für die in Moskau ständig sich aufhaltenden Ausländer – unbeschreiblich.

Das Ende vom Lied war, dass man mir Unterhaltskosten für das Pferd aufbrummen wollte, für die ich ein Pferd im teuersten Stall in einer westlichen Kapitale hätte unterstellen können, wobei die doch recht primitiven Bedingungen und schließlich das Angebot des Hippodrom-Direktors, mich gratis aufzunehmen, mich bockbeinig werden ließen. Ich gab also den Vertrag zurück, und mein schöner Achaltekkiner-Hengst ging zu einem Mehrfachen des von mir ausgehandelten Preises – er war das Spitzenpferd der Auktion – zunächst nach Deutschland und dann nach Amerika. Ein schwacher Trost: Ich hatte offenbar kein schlechtes Auge gehabt, als ich gerade dieses Pferd auswählte.

Doch nun zu den Kontakten und Begegnungen jener Tage, die zu aufrichtigen Freundschaften geführt haben.

Bis zu jener Zeit war unser Bild von der Sowjetunion doch im Großen und Ganzen geprägt gewesen von der Vorstellung, in den ersten Jahren nach der Revolution und dem Bürgerkrieg in Russland seien Adel und Intelligenz entweder umgebracht oder vertrieben worden; die gegenwärtige Gesellschaft werde geprägt von zwar sicher nicht unintelligenten, doch ausschließlich kommunistisch-bolschewistisch geprägten Menschen, hochgekommen aufgrund angeborener Talente oder politischer Protektion und im Grunde, durch entsprechende Propaganda beeinflusst, ausländerfeindlich, untermischt mit Minderwertigkeitskomplexen.

Zu unserer Verblüffung lernten wir Menschen hoher Kultur kennen, keineswegs allein auf ihre künstlerische oder berufliche Spezialisierung beschränkt, mit denen man reden, mit denen man feiern und mit denen man leiden und lachen konnte.

Einer der ersten Abende, bei dem ich eine solche Erfahrung machte, fand in der Wohnung meines Freundes und damaligen Leiters des Kulturreferats der Botschaft, Herrmann Gründel, statt. Er war gleichfalls schon in den sechziger Jahren, damals als junger Legationssekretär, mit seiner bildschönen Frau in Moskau gewesen, liebte Russland und kannte – er war einige Jahre vor mir nach Moskau gekommen – eine Menge Leute der kulturellen Szene. Später war er dann Botschafter in Dänemark.

An jenem Abend hatte er Juri Ljubimow, den Gründer und Direktor des Avantgarde-Theaters „Taganka", den Schriftsteller Juri Trifonow und dessen ebenfalls als Schriftstellerin erfolgreiche Frau Olga Miroschnitschenko sowie den Komponisten Edison Denissow um seinen Tisch versammelt. Ljubimow hatte gerade mit musikalischer Unterstützung von Denissow die dramatisierte Fassung von Trifonows Roman „Das Haus an der Moskwa" herausgebracht. Natürlich nach langen Kämpfen mit der Zensur, die ihm in späteren Jahren zwei fertige Inszenierungen verbot. Mit allen drei Männern verband mich in der Folgezeit eine enge Freundschaft; leider ist Juri Trifonow viel zu früh gestorben. Mit seiner Witwe blieb die Verbindung erhalten.

Natürlich wurde die Aufführung dann alsbald besucht. Sie war tatsächlich in der Form wie im Inhalt – der zwar die Stalin-Zeit kritisch unter die Lupe nahm, jedoch auch viele kritische Anspielungen auf die

Mit (v. l.) dem Regisseur und Schauspieler Igor Kwascha, dem Komponisten Edison Denissow und dem Maler Boris Birger in dessen Atelier.

gegenwärtigen politischen Strukturen enthielt – ein Ereignis. Nicht umsonst war sie stets ausverkauft. In der Pause besuchten wir Ljubimow in seinem Kabinett, in dem sich Dutzende von Theater- und Filmleuten, aber auch sonst so manch einer, der nicht nur Rang und Namen, sondern eben auch ein gewisses Kunstverständis hatte, mit Sprüchen und Komplimenten, oft nur mit der Unterschrift auf der gekalkten Wand verewigt hatten.

Inzwischen hat Ljubimow, nachdem er mehrere Jahre im Ausland verbrachte, ausgebürgert wurde und 1989 erstmals wieder zurückkehren durfte, sein Theater nach einem fürchterlichen juristischen Hick-Hack zurückerhalten, wodurch auch eine wichtige Tradition des Moskauer Theaterlebens wieder aufleben konnte, war er doch der Einzige, der die Tradition der russischen Bühnen-Avantgarde aus den zwanziger und frühen dreißiger Jahren fortgeführt hat.

Edison Denissow, der moderne Musik schrieb, wurde im Laufe der Jahre so etwas wie mein musikalischer Ratgeber und Lehrer, diskutierten wir doch häufig nach Konzerten die jeweilige Interpretation. Wie sich später herausstellte, gehörte er auch zum engen Freundeskreis des

Malers Boris Birger, mit dem ich bis zu seinem Tode verbunden war. Denissow, der enge Beziehungen nach Frankreich unterhielt, geriet in einen Autounfall in Paris und hat sich von diesem nicht erholen können. Er starb Mitte der neunziger Jahre.

Birger war in der Zeit des „Tauwetters" zunächst hochgelobt, dann aus dem Künstlerverband ausgestoßen und schließlich wieder aufgenommen worden, allerdings wurden seine Bilder weder von den zuständigen staatlichen Organisationen angekauft, noch durfte er ausstellen. Dabei ist er ein durchaus gegenständlicher, an der Klassik ausgerichteter Maler, keineswegs an der russischen Avantgarde der Kandinsky, Chagall oder Malewitsch orientiert. Sein „Verbrechen" war, dass seine Bilder des sozialistisch-realistischen Optimismus entbehrten, weshalb sie als „formalistisch" verdammt wurden. Wunderbare Stücke, auf denen ungemein schön gemaltes Licht in ein leeres Zimmer fällt – durch ein Fenster, eine halbgeöffnete Tür. Das war zu viel: Verdammung. Er hat dann viel an deutsche Diplomaten verkauft, auch Ausländer, mich inklusive, porträtiert.

In seinem winzigen Atelier in einer Moskauer Vorstadt, auf dem Dachboden einer Mietskaserne, versammelte er Künstler und Schriftsteller. Gruppenporträts, u. a. mit Narrenkappen, um die anti-konventionelle Haltung der Porträtierten zu unterstreichen, zeigen den Regisseur Igor Kwascha, selbst ein fabelhafter Schauspieler, Bulat Okudschawa, der mit seinen systemkritischen Liedern und Versen zum ersten weltberühmten Barden aus der Sowjetunion wurde, den bereits erwähnten Komponisten Edison Denissow und eine Reihe von anderen Freunden dieses Kreises. Boris Birger kochte Kartoffeln auf einem winzigen Elektrokocher, bereitete köstliche Heringe und andere Speisen, man saß zusammen, diskutierte seine Bilder, sprach über neue Theater-Produktionen und immer wieder über die eingefressenen stalinistischen Strukturen, die trotz gewisser Lockerungen das Leben kreativer Künstler zu ersticken versuchten.

Denissow ebenso wie sein Kollege, der deutschstämmige Komponist Alfred Schnittke, haben in jenen Jahren eine Reihe von Auftrags-Kompositionen für den Westdeutschen und den Norddeutschen Rundfunk geschaffen, wurden ständig zu Aufführungen ihrer Werke nach Deutschland eingeladen, erhielten aber ebenso wenig wie Boris Birger – der unter anderen mit Heinrich Böll, dem späteren Intendanten des WDR Fritz Pleitgen und der Herausgeberin der „Zeit" Marion Gräfin Dönhoff verbunden war – eine Ausreisegenehmigung. Ich habe mich häufig für sie bei den offiziellen Stellen eingesetzt, ohne Erfolg. Die letzte Demarche unternahm ich bei Kulturminister Demitschew, mit dem ich eine ganz gute Diskussionsgrundlage etabliert hatte, noch kurz vor meiner Abreise im Herbst 1983. Nach einem längeren Gespräch zum Abschluss meines damaligen Moskauer Aufenthalts, das in einer lockeren, ja herzlichen Atmosphäre im Kreise einiger Mitarbeiter auf beiden Seiten verlief, bat ich noch um ein kurzes Vier-Augen-Gespräch mit dem Minister. Ich übergab ihm die drei Namen: Schnittke, Denissow und Birger mit der Bitte, genehmigen zu wollen, dass sie Einladungen nach Deutschland annehmen dürften. Er versprach Prüfung, doch es dauerte bis zur Zeit der Perestroika, ehe die Betreffenden endlich reisen durften. Birger und Schnittke sind dann in Deutschland geblieben.

Was mich besonders betroffen machte, war die Tatsache. dass ich beim zuständigen Komponisten-Verband – um die Ausreisegenehmigung für die beiden Komponisten zu erleichtern – eine Einladung zu einer schönen Deutschland-Tournee für vier Mitglieder des Verbandes angeboten hatte, die auch angenommen worden war, jedoch keinerlei Folgen in der besagten Angelegenheit produzierte. Angenehm war jedoch, dass der Verband – und dies war sicher auch als Konzession der deutschen Seite gegenüber gemeint – als Sprecher der Gruppe Rodion Schtschedrin ausgewählt hatte. Mit ihm und seiner Frau Maja Plissetskaja, der Primaballerina Assoluta des Bolschoi-Ballets, waren wir gut bekannt. Maja hatte die Hauptrolle im Ballet „Carmen“ getanzt, das Rodion Schtschedrin in einer Bearbeitung der Musik von Bizet geschrieben und das der kubanische Choreograph Alonso für das Bolschoi-Theater inszeniert hatte. Nach der Premiere, Anfang der sechziger Jahre, soll die Kulturministerin Frau Furzewa über die hocherotische Darstellung der Carmen von Maja Plissetskaja empört gesagt haben: „Sie hat aus unserer Carmen eine Hure gemacht.“

Ich erinnere mich an einen unvergesslichen Abend, den Abschiedsabend für Hermann Gründel. Maja Plissetskaja, die nach der Vorstellung kam, hatte für meine tanzbegeisterte Tochter ihre Ballettschuhe mitgebracht und signiert, mit denen sie an diesem Abend getanzt hatte. Bella Achmadulina, gefeierte Dichterin, rezitierte ein von ihr verfasstes Gedicht auf Deutschland, Nikolai Petrow setzte sich an den Flügel und spielte hinreißend Weber; Rodion Schtschedrin, selbst ein ausgezeichneter Pianist, spielte eine neue Komposition. Ljubimow schimpfte auf das Regime, was einigen der Anwesenden unangenehm wurde, die dies vermutlich in ihren vier Wänden genau so taten, jedoch in der deutschen Botschaft, nicht zuletzt wegen der natürlich dort unterstell-

Maja Plissetskaja, Primaballerina des Bolschoi-Balletts, und ihr Mann, der Komponist Rodion Schtschedrin, mit dem finnischen Botschafter Hallamaa in der Botschafterresidenz.

Blick auf das traditionsreiche Moskauer Bolschoi-Theater.

ten Abhöranlagen schlicht Angst bekamen. Dennoch, es wurde gegessen, getrunken und gelacht: ein neues Lebensgefühl für Moskau entstand. Wir hatten dann noch vielfach größere und kleinere Feste im Hause, unter anderem mit einer Gruppe von Zigeunern, die ihre Tänze vorführten, sangen und im Keller, wo sie einen Raum zum Umziehen zugewiesen bekamen, sämtliche dort befindlichen Kühltruhen leer machten.

Eine der bedeutendsten Gestalten des Moskauer Kulturlebens war zweifelsohne Swjatoslaw Richter, der Pianist deutscher Abstammung, dessen Mutter in Deutschland lebte und der deshalb viele Jahre lang dort nicht auftreten durfte. Er organisierte jeden Herbst ein inzwischen fest etabliertes Musikfestival im Puschkin-Museum für westliche Kunst in Moskau, das er jeweils einem Komponisten widmete. Karten für diese Veranstaltungen zu bekommen war praktisch unmöglich. Insofern war es erst anlässlich des zweiten, Mozart gewidmeten Festivals, dass auch ich Zugang erhielt. Dazu verhalf die Einladung von Swjatoslaw Richter an Justus Frantz und Christoph Eschenbach, die einen Abend mit Mozart-Kompositionen zu vier Händen und an zwei Flügeln bestritten. Dies taten sie mit großer Meisterschaft, zur Begeisterung des Publikums und nachfolgenden Hymnen der Kritiker.

Ich hatte aus diesem Anlass Richter, seine Frau, die Gesangspädagogin Nina Dorleak, die beiden deutschen Musiker und russische Freunde wie den Pianisten Nikolai Petrow, den Komponisten Edison Denissow und einige andere eingeladen. Natürlich auch die Direktorin des Puschkinmuseums, Frau Antonowa, die in den folgenden Jahren auch in den deutschen Medien ausführlich wahrgenommen wurde, hatte sie doch jahrelang geleugnet, dass in ihrem Museum der Schliemann-Schatz und andere Kriegsbeute untergebracht worden war, zahlreiche dieser Kunstschätze hatte sie selbst nach der Besetzung Berlins im Mai 1945 in der Uniform eines KGB-Offiziers einpacken lassen. Sie ist ohne jeden Zweifel eine hochgebildete Dame, stand aber offenbar unter starkem politischem Druck. Das Essen verlief in großer Harmonie und Leichtigkeit, obwohl Richter jede Art von gesellschaftlichen Ereignissen hasste, wie er mir später erzählte, und sich offenbar hatte überwinden müssen, ins Haus des deutschen Botschafters zu kommen. Die gemeinsame Freundschaft mit dem ebenfalls inzwischen verstorbenen Johannes Wasmuth, dem Direktor des Rolandsecker Künstlerbahnhofs und einer Musikagentur in Bonn – Richter spielte jedes Jahr im Bahnhof –, hat uns dann einander näher gebracht. Mit Justus Frantz verbindet uns seit jener Zeit enge Freundschaft.

Neben dem Taganka-Theater von Ljubimow und ungeachtet der hervorragenden klassischen Inszenierungen in den großen Theatern der Stadt, wie dem Künstler-, dem Maly- oder dem Wachtangow-Theater, fand ich das TJUS (Theater für jugendliche Zuschauer) besonders attraktiv. Direktorin ist bis heute Henriette Janowskaja, der wir auch helfen konnten, an Theaterfestspielen in Deutschland teilzunehmen. Unvergesslich ihre Inszenierung von Bulgakows „Hundeherz", dessen Roman „Meister und Margarita" Ljubimow dramatisiert und auf die Bühne gebracht hat. Diese äußerst ironischen, regimekritischen Werke Bulgakows waren bis vor kurzem verboten gewesen.

Der Mann von Frau Janowskaja, Kama Ginkas, durfte damals nicht inszenieren, was ihn nicht davon abhielt, hinreißende Studio-Abende zu veranstalten, wie etwa, als Ein-Personen-Stück geboten, die Präsentation der Briefe Puschkins an den damaligen Innenminister von Benkendorff, gegen seine Verbannung ankämpfend. In späteren Jahren hat Ginkas mit seinen minimalistischen Inszenierungen weltweite Aufmerksamkeit und Anerkennung gewonnen.

Eine beachtliche Rolle im damaligen Moskau spielte eine Madame Djuna, die ich durch den bekannten ARD-Korrespondenten Gerd Ruge, mit dem wir bereits 1957 gemeinsam in Moskau gewesen waren, kennen lernte. Sie war als Wunderheilerin bekannt, stammte aus dem Kuban-Gebiet, war in einer inzwischen nicht mehr aktuellen Ehe mit einem Georgier verheiratet und über den späteren sowjetischen Außenminister Eduard Schewardnadse, seinerzeit Parteichef in Georgien, an Breschnew vermittelt worden, nachdem sie einer Enkelin von Schewardnadse in kritischer Situation hatte helfen können. Bei Breschnew scheint sie zwar weniger bewirkt zu haben, dennoch gaben sich bei ihr die Prominenten der Nomenklatura die Klinke in die Hand.

Ich muss gestehen, auch ich war von dieser Frau aus assyrischer Familie beeindruckt (es gibt in Russland noch etwa 25.000 Assyrer). Sie besaß ein faszinierendes orientalisches Aussehen, zugleich eine völlig hinterwäldlerisch-naive Primitivität in Bezug auf Bildung und Kultur, war aber mit einer unglaublich schnellen Auffassungsgabe und Lernfähigkeit begabt. In kurzer Zeit hatte sie sich unter Anleitung von Ärzten, die sich für ihre zweifellos vorhandene außerordentliche Begabung und Ausstrahlung interessierten, eine Fülle medizinischer Fachtermini angeeignet und überstand zahlreiche recht unangenehme, kritisch angelegte Tests in verschiedenen Krankenhäusern, auch solche des KGB, mit Bravour, wurde als Mitarbeiterin in die Akademie der Wissenschaften aufgenommen und zum Gegenstand wissenschaftlicher

Mit der Sängerin Janna Bitschewskaja, ihrem Mann und Hagen Graf Lambsdorff als neuem Kulturattaché.

Abhandlungen gemacht. Immerhin war damals der dialektische Materialismus noch anerkanntes Dogma, und Erscheinungen, die nicht ohne weiteres wissenschaftlicher Erklärung zugänglich waren, galten als äußerst suspekt. Natürlich hat sie nicht allen Hilfesuchenden, meist von der Schulmedizin aufgegebenen Menschen, helfen können. Doch in einer Reihe von Fällen hat sie zweifellos Erfolg gehabt.

Sie ist eine reiche Frau geworden, hat eine Schule eröffnet, in der sie sich anschickte, ihre Methode weiterzugeben, was vermutlich nur in engen Grenzen möglich ist, weil sie nach meinem Eindruck physisch wie psychisch eine Ausnahmerscheinung war. So etwas lässt sich nicht weitergeben. Leider hat sie sich danach von unterschiedlichen Scharlatanen zu allen möglichen Aktivitäten verführen lassen und dadurch verzettelt und unnötig billig gemacht. Zu Anfang der achtziger Jahre aber war sie recht oft bei uns zu Gast und immer eine große Attraktion.

Eine andere Beziehung, die durch Gerd Ruge entstand, war die zu der Folklore-Sängerin Janna Bitschewskaja, welche durch Vermittlung Ruges für die ARD in Köln mit großem Erfolg eine Sendung produziert hatte. Dafür hatte sie in Russland alte Volkslieder gesammelt und trug diese in einer leicht verjazzten, modernen, höchst attraktiven Form vor. Auch sie war öfters Gast im Hause und trat auch erfolgreich in einem Konzert vor Diplomaten und russischen Gästen auf, das wir organisierten – gewissermaßen als Auftakt einer erneuten Deutschland-Tournee.

Einen ziemlich anderen Eindruck hinterließ ein Empfang, zu dem ich Maxim Schostakowitsch, Dirigent und Sohn des berühmten Komponisten, am Vorabend einer Deutschland-Konzerttournee mit dem Radio-Symphonieorchester eingeladen hatte. Nur ein paar Tage später seilte sich der Dirigent in Nürnberg von seiner Truppe ab und bat um Asyl. In Moskau hieß es danach, das Orchester habe das Gastspiel in Deutschland mit „maximalen" Verlusten beendet – auf den Vornamen des Musikers anspielend. Mir wollte in Moskau niemand glauben, dass die Botschaft in der Sache nicht die Finger im Spiel hatte. Tatsächlich haben wir von Maxim Schostakowitschs Absicht keine Ahnung gehabt.

Ein anderes kulturelles Feld war das der Malerei. Natürlich interessierten wir uns vornehmlich für das, was jenseits der „Rahmification" des langweiligen sozialistischen Realismus entstand, obgleich wir auch, nicht ohne gelegentliches Schaudern, Ateliers der Protagonisten dieser Stilrichtung besucht haben. Allen voran des bekannten Stalin-Porträtisten Dimitri Nalbanjan, der uns anbot, Porträts von uns anzufertigen, wenn wir nur dafür sorgen könnten, dass er eine Ausstellung in Deutschland bekäme.

Ein anderer Vertreter dieser Stilrichtung war der junge Alexander Schilow, mit einem unerträglichen soz-realistischen Kitsch. Vermutlich war es ein Fehler, weder Bilder dieser Herren zu kaufen, noch sich mit ihnen näher einzulassen – beginnt doch das Nostalgie-Interesse an dieser Malerei heute schon den Kunstmarkt im Westen zu kitzeln. Dem Maler Schilow hat im Übrigen Mitte der neunziger Jahre die Stadt Moskau ein eigenes Museum eingerichtet, das sich großen Zuspruchs erfreut; Geschmack ist halt auch eine Frage von Bildung und dem Vorhandensein von unterschiedlichem Vergleichsmaterial.

Nein – was uns interessierte, war etwas anderes. Einer, den wir aus bereits bestehenden Kontakten der Botschaft, zusammen mit Boris Birger sozusagen übernahmen, war der leider inzwischen ebenfalls verstorbene Wadim Sidur, der durch Vermittlung hauptsächlich deutscher Freunde, insbesondere des Professors Karl Eimermacher aus Bochum, Skulpturen in Kassel und Konstanz platzieren konnte, während er in der Sowjetunion als Unperson galt. Nicht alles, was er machte, konnte mich überzeugen, da war viel Artifizielles, Westlich-sein-Wollendes dabei, aber er war, neben seiner Bildhauerei, ein begnadeter Zeichner. Ich bin froh und dankbar, eine Reihe seiner Blätter zu besitzen.

Künstler, die mir dann nach und nach auffielen: Die mir freundschaftlich verbundenen Oleg Wukolow, Dimitri Schilinski, Nikolai Andronow, Igor Obrosow, Togrul Narimanbekow, Andrej Wolkow malten allesamt mehr oder weniger gegenständlich, gingen jedoch weit über den Rahmen dessen hinaus, was man damals noch verlangte, nämlich die strikte inhaltliche Einhaltung der Linie des sozialistischen Realismus. Auch der Sekretär des Künstlerverbandes Tair Salachow, zuständig für die Auslandsbeziehungen, war zweifellos in seinem malerischen Werk ein eigenständiger Künstler, der es verstand, sozialistischen Realismus in einer Weise zu interpretieren, der man künstlerischen Anspruch nicht absprechen konnte.

Ganz anders beurteile ich den in Deutschland nicht unbekannten Ilja Glasunow, einen Opportunisten beträchtlichen Kalibers. Ich hatte ihn schon in den sechziger Jahren kennen gelernt. Er war damals gewissermaßen als exotische Erscheinung in der Welt bekannt geworden, hatte er doch anlässlich der Moskauer Filmfestspiele Gina Lollobrigida porträtiert. Danach kamen Aufträge des Königs von Thailand und anderer. Auch Frau Allardt, die Frau meines Vorgängers aus der damaligen Zeit, hat er in einem süßlichen Gemälde mit Federboa festgehalten. Als dieses Treiben den Parteioberen zu westlich orientiert wurde, reiste Glasunow schnurstracks nach Vietnam und zeichnete von Amerikanern verursachte Kriegsgreuel, um mit der Ausbeute eine Ausstellung in Moskau zu bestreiten und sich so zu rehabilitieren. Dann folgten russisch-nationale Historienbilder ziemlich chauvinistischen Charakters, zum Teil als Mischformen von Malerei und Collage, und wieder hatte er das Interesse der Kritik, insbesondere des Westens auf seiner Seite, so dass selbst die Herrschaften von Sotheby's bei ihrer großen Auktion moderner Russen 1989 Ilja Glasunow in ihre Auswahl einbezogen.

In den achtziger Jahren wandten sich auch erstmals ernsthafte deutsche Sammler, so Professor Peter Ludwig und seine Frau Irene aus Aachen sowie Henri Nannen aus Emden, der Moskauer Szene zu. Ich hatte die Freude, beide mit einigen unserer Freunde bekannt machen, andererseits auch neue Künstlerbekanntschaften über die Sammler knüpfen zu können. Freilich haben wir uns auch um die Vertreter der abstrakten und ganz moderner Kunst gekümmert, die Steinberg und Bruskin, Maxim Kantor, der später eine besondere Beziehung zu Außenminister Genscher entwickelte, Purygin und Kabakow, um einige der bekanntesten Namen zu nennen, die heute mehrheitlich im Ausland leben und arbeiten. Doch die Beziehungen zu der erstgenannten Gruppe waren enger, tiefer, persönlicher.

Henri Nannen schreibt im Katalog „Die Meisterwerke der Sammlung Henri Nannen", der 1990 zur Eröffnung der von ihm gestifteten Kunsthalle in Emden erschien, dass er, den „sozialistischen Realismus" ablehnend, an russische Gegenwartskunst nie gedacht oder für sie Interesse empfunden habe. Und weiter:

„Bis ich eines Tages bei einem Besuch in der Residenz des deutschen Botschafters Andreas Meyer-Landrut ein Bild sah, das mich faszinierte. ... Als ich dem Botschafter mein Erstaunen ausdrückte, sah der mich ein wenig verwundert an und fragte, ob ich denn nicht wisse, dass die Wiege der modernen europäischen Malerei in der Sowjetunion gestanden habe.

Natürlich wusste ich das. Die Namen der künstlerischen Avantgarde wie Kandinsky, der junge Chagall, Malewitsch, Tatlin, Rodschenko, die Popowa und Begriffe wie Futurismus, Suprematismus usw. waren dem Kunsthistoriker, der sein Studium 1938 hatte abbrechen müssen, wohl bekannt. Aber war das nicht alles von Stalin in die Keller des Russischen Museums, in die Depots des Puschkin-Museums und wer weiß wohin verbannt worden? Hatte nicht Chrustschow gesagt, so etwas sei nicht mit dem Pinsel, sondern wohl mit dem Eselsschwanz gemalt? Und hatte nicht Breschnew eine Ausstellung junger Künstler auf offenem Feld durch Bulldozer niederwalzen lassen?

Botschafter Andreas Meyer-Landrut belehrte mich eines besseren: ‚Und glauben Sie denn, dass deshalb auch die Kreativität der Menschen in den Untergrund gegangen ist?' Er gab mir Namen und Adressen, und ich zog vierzehn Tage durch die Ateliers junger Künstler, die sich ihre innere Freiheit bewahrt hatten, wenngleich man sie aus den Künstlerverbänden ausgeschlossen, ihnen Leinwand und Farben vorenthalten hatte, die sie dann von befreundeten ‚offiziellen' Kollegen dennoch erhielten, so dass sie wenigstens malen, wenn auch nicht ausstellen konnten. Ein ‚Malverbot', wie bei den Nazis gegen Emil Nolde, hat es in der Sowjetunion übrigens nie gegeben.

Mein Plan stand fest: Ich wollte im Westen die erste Ausstellung dieser verfemten Maler machen, und – was Wunder – ausgerechnet die Leiterin des Verkaufssalons des Moskauer Künstlerverbandes Marina Bakulewa half mir dabei. Schließlich hatten wir 157 Bilder zusammengestellt, nicht allesamt politisch aufsässige, aber doch vielfach systemkritische Bilder, und in jedem Fall gute, unverlogene Malerei."

Bei der Ausstellung der von Peter Ludwig erworbenen Bilder in Köln waren wir dabei. Die deutsche Kunstkritik ging zwar auf Distanz, meines Erachtens ungerechtfertigt. Ein Teil dieser Bilder hängt heute

Mit der Schauspielerin Senta Berger auf einem Empfang anlässlich der Moskauer Filmfestspiele.

im Ludwig-Museum in Aachen, einige sind nach Russland zurückgekommen, in das von Ludwig gestiftete Museum im Marmorpalais in Sankt Petersburg. Die Versuche des Ehepaars Ludwig, ein Museum für moderne Kunst in Moskau zu stiften, schlugen dagegen fehl. Die einzige Bedingung, dass in der Bezeichnung des Museums der Name Ludwig als Stifter vorkommen müsse, stieß auf unüberwindliche Ablehnung.

Als nunmehr schon traditionelles internationales Kulturereignis fanden 1983 wieder Moskauer Filmfestspiele statt, diesmal mit den Schauspielern Senta Berger und Hardy Krüger.

Pasternak-Diskussion, postum

Eines Tages wurden wir von Bella Achmadulina und ihrem Mann, Boris Messerer – ebenfalls ein von mir geschätzter Maler und Bühnenbildner –, nach Peredelkino, der Künstlerkolonie außerhalb von Moskau eingeladen, wo die beiden ein bescheidenes Holzhaus hatten. Es war Winter. Wir machten einen Spaziergang durch den malerischen

Mit dem Dichter Andrej Wosnessenski, seiner Frau Sofia Boguslawskaja, Frau Bauermeister aus Berlin und Freundin.

Ort, wurden auf Häuser bekannter Künstler hingewiesen, unter anderem auf das der Witwe von Fernand Léger, und landeten schließlich im Haus von Boris Pasternak, das seit seinem Tod als eine Art Museum erhalten geblieben war, gepflegt von seinem Sohn, der in einem kleinen Häuschen auf dem gleichen Grundstück lebte. Da hing die flache Schirmmütze am Nagel, die man von vielen Fotos kannte, der allerdings ziemlich auseinander gegangene Flügel des Pianisten Neuhaus, der im Leben von Pasternak eine bedeutende Rolle gespielt hat, stand da, seine Bücher.

Die Information, die mir mitgegeben werden sollte, war allerdings eine traurige. Das Haus Pasternaks gehörte dem Schriftstellerverband. Stalin hatte es ihm seinerzeit – dem Diktator hatte wohl ein Gedicht des Meisters gefallen – zum Eigentum angeboten, Pasternak hatte dies jedoch abgelehnt, es genüge ihm, wenn er nur in Ruhe dort wohnen könne.

Nunmehr, so erfuhr ich, habe der Schriftstellerverband entschieden, das Haus einem Kinderbuchautor zu übereignen. Das Mobiliar werde entfernt werden, der Sohn habe das Grundstück zu verlassen und der neue Mieter werde alsbald einziehen. Was tun? Für alle russischen Intellektuellen halbwegs eigenständigen Denkens sei Pasternak eine Kultfigur; für jeden mittelmäßigen Künstler würden Museen geschaffen, und hier nun dieses!

Ich meldete mich alsbald beim Ersten Stellvertretenden Kulturminister Barabasch an und erzählte ihm vom Wochenendbesuch in Peredelkino. Ich verwies auf die große Publizität, die Pasternak als Nobelpreisträger und Autor des „Doktor Schiwago" im Westen besitze, und ich wolle nur anmerken: Wenn der erste Arbeiter bei diesem Hause anrücke, um es auszuräumen, dann würde ich davon Kenntnis erhalten und innerhalb kürzester Zeit würden die Moskauer Korrespondenten der gesamten Weltpresse, einschließlich Fotografen und Fernsehen, dortselbst eintreffen und dieses unwürdige und schandbare Tun der Weltöffentlichkeit preisgeben. Ich könne mir nicht vorstellen, dass dies im Interesse der sowjetischen Führung sei.

Mein Gesprächspartner wiegelte ab, nein nein, ihm sei von solchen Plänen nichts bekannt. Allerdings sei der Schriftstellerverband in seinen Entscheidungen autonom, aber er glaube nicht…

Kurzum: Bis zum Herbst 1983, dem Zeitpunkt meiner Abreise aus Moskau, geschah nichts in Peredelkino. Wenige Wochen danach allerdings wurden in einer Nacht-und-Nebel-Aktion die gesamten privaten Gegenstände Pasternaks auf die Straße geworfen und das Haus und Grundstück einer „neuen Verwendung zugeführt". Viele unserer Freunde – seien es Schriftsteller wie Andrej Wosnessenski und seine Frau Sofia Boguslawskaja, seien es andere Künstler und Intellektuelle – haben sich für den Erhalt des Hauses eingesetzt. Es hat alles nicht genützt. Erst nach dem Untergang der Sowjetunion ist aus dem Haus wieder eine Pasternak-Gedenkstätte gemacht worden.

Wirtschaftsbeziehungen

Einen wichigen Teil der Gesamtbeziehungen bildeten die wirtschaftlichen Kontakte. Der Umsatz, der im Handel mit der Sowjetunion erzielt wurde, machte zwar nur etwa zwei Prozent unseres Gesamtaußenhandels aus, doch für manche Branchen war er weit überproportional groß und insofern partiell auch für unsere Volkswirtschaft bedeutend.

Ich habe bereits von dem Röhrenembargo gegen die Sowjetunion in den sechziger Jahren berichtet, als es um eine Öl-Pipeline in Ost-West-Richtung ging. Anfang der achtziger Jahre wurden unsere Röhrenhersteller mit einem neuen Embargo geschockt. Jetzt wollten die USA eine Gas-Pipeline nach Westen verhindern. Diesmal allerdings ließ sich die Bundesregierung nicht unter Druck setzen. Sie argumentierte unter anderem mit den großen amerikanischen Weizenlieferungen, die, genauer betrachtet, ebenfalls eine strategische Bedeutung hatten, vom amerikanischen Präsidenten aber explizit aus dem Embargo-Dekret ausgenommen worden waren. Ohnehin ist ja die Frage, ob diese Maßnahmen sehr sinnvoll waren, umstritten. Schon Chruschtschow hatte in seiner unnachahmlichen Weise gehöhnt, auch Hosenknöpfe hätten strategische Bedeutung, denn der Soldat ohne Hosenknöpfe müsse seine Hose halten und könne deshalb nicht schießen…

Diese Situation eröffnete der deutschen Exportindustrie, insbesondere den Maschinenbauern, eine günstige Ausgangslage auf dem russischen Markt, obgleich neben dem speziellen Embargo bis in die neunziger Jahre zusätzlich die so genannte Cocom-Liste bestand, eine von den westlichen Industriestaaten abgestimmte Exportbeschränkung, bezogen auf militärisch relevante Güter – zu denen auch Computer zählten, was für die Hersteller moderner Maschinen natürlich große Probleme mit sich brachte.

Hauptkontaktstelle für die deutsche Industrie bildeten die mehrfach im Jahr stattfindenden spezialisierten Messen und Ausstellungen. Als eine der bekanntesten ist die große alljährliche Pelzmesse in Leningrad/St. Petersburg, die „Puschtschina", als Einkaufsmesse im Westen zu einem festen Begriff geworden, doch die meisten Ausstellungen waren um Maschinen aller Art gruppiert. Ich besuchte regelmäßig die deutschen Aussteller, informierte mich über Probleme und Erfolge und arrangierte mit Unterstützung unseres Wirtschaftsministeriums jeweils einen Empfang, bei dem die Aussteller außerhalb der Messestände Gelegenheit hatten, mit ihren sowjetischen Partnern ins Gespräch zu kommen. Diese Empfänge waren für das Haus immer recht anstrengend, weil die Gäste nicht immer ihre Grenzen in Bezug auf Alkohol und Aufenthaltsdauer einhielten.

Auch auf den Messerundgängen gab es manche bemerkenswerte Information, die für die Gesamtpolitik relevant war. So besuchte ich beispielsweise einen bekannten deutschen Nähmaschinen-Hersteller, dessen Maschinen tatsächlich Unglaubliches leisteten, aber, wie sich herausstellte, erheblich teurer waren als die einige Stände weiter ausgestellten, wohl mehr oder weniger gleichwertigen japanischen Konkurrenzprodukte. Auf meine ungläubige Frage an den deutschen Hersteller, ob sich unter diesen Umständen der Aufwand einer Teilnahme an der Messe lohne, bekam ich eine erstaunliche Antwort. Die Firma habe seit vorrevolutionären Zeiten Nähmaschinen nach Russland geliefert, immer wenn ein Modell ausgedient hatte, kam das nächste dran. Und so sei es auch heute. Die Arbeiterinnen könnten mit den Maschinen umgehen, die jeweilige Innovation werde schnell adaptiert, während man mit den japanischen Produkten und ihren meist schwer verständlichen Gebrauchsanweisungen beim besten Willen nicht zurechtkomme.

Eine andere Erkenntnisfrucht bezog sich auf die Cocom-Embargoliste. Da sagte mir der Hersteller einer großen und komplizierten Werkzeugmaschine, diese habe er nur zum Vorzeigen mitgebracht, sie stehe auf der Cocom-Liste. Die andere dort sei etwas moderner, die könne und werde er hierlassen. Diese Maschine stehe nämlich nicht unter Exportverbot – warum, wisse er auch nicht...

Einmal im Jahr traf sich abwechselnd in Moskau und in Bonn die gemischte deutsch-sowjetische Wirtschaftskommission. Sie wurde auf deutscher Seite vom Bundeswirtschaftsminister, damals Graf Lambsdorff, auf sowjetischer Seite von dem für den Außenhandel zuständigen Stellvertretenden Ministerpräsidenten geleitet. Dies war zunächst der spätere Ministerpräsident Tichonow, dann Herr Kostandow, mit dem ich auch außerhalb der Kommissionssitzungen eine gute Beziehung entwickeln konnte. Daneben nahmen auf deutscher Seite Vertreter der Wirtschaft, an erster Stelle Otto Wolff von Amerongen, Vorsitzender des Ostausschusses des Bundesverbandes der deutschen Industrie, Bankenvertreter wie Münchmeyer und Christians und Repräsentanten der führenden Firmen im Russlandhandel teil.

Diese Treffen gaben nicht nur Gelegenheit zur Diskussion von Grundsatzfragen des Wirtschaftsaustausches, sondern boten den Teilnehmern auch die Möglichkeit für zahlreiche Einzelgespräche. Für mich waren Vorbereitung und Teilnahme von großer Wichtigkeit und auch großem Gewinn, ließen sich dabei doch auch für die Botschaft wertvolle Kontakte knüpfen, die dann in der täglichen Arbeit ihren Niederschlag fanden.

Viele deutsche Wirtschaftsrepräsentanten kamen außerhalb der Kommisionssitzungen nach Moskau, um ihre Firmeninteressen zu fördern. Ich denke da an Ruhrgas-Chef Klaus Liesen, an Berthold Beitz von Krupp, Herrn und Frau Grundig, an Hilmar Kopper von der Deutschen Bank, seinen Nachfolger Georg Krupp, Herrn Röller von der Dresdner Bank sowie zahlreiche andere, die dann zum Mittagessen, häufig mit ihren sowjetischen Partnern, bei uns im Hause waren.

Die Handels- und Wirtschaftsbeziehungen nahmen einen guten Aufschwung. Deutschland war der größte europäische Außenhandelspartner außerhalb des so genannten Rates für gegenseitige Wirtschaftshilfe (RGW, eine Art Ost-EWG), in dem wiederum die DDR größter Partner der Sowjetunion war.

Vortasten auf dem politischen Parkett

Gelegenheiten zum besseren Kennenlernen der führenden Politiker des Landes bildeten – außer den offiziellen Besuchen von Kanzler und Außenminister – Besuche namhafter Politiker wie der bereits erwähnten Ministerpräsidenten von Nordrhein-Westfalen und Baden-Württemberg, aber auch von Repräsentanten der Opposition wie dem ehemaligen Justizminister, dem SPD-Vorsitzenden Hans-Jochen Vogel oder dem ehemaligen Minister für wirtschaftliche Zusammenarbeit Erhard Eppler.

Letzterer kam noch zu Breschnews Lebzeiten, kurz bevor Helmut Schmidt als Bundeskanzler zurücktreten musste. Diesem Vorgang war bekanntlich eine heftige Auseinandersetzung innerhalb der SPD vorausgegangen, wie in der Politik der Nachrüstung zu verfahren sei. Das Volk war gespalten, viele SPD-Anhänger verweigerten Helmut Schmidt die Gefolgschaft. Willy Brandt trat auf einer Massenkundgebung im Bonner Hofgarten gegen die Nachrüstungspolitik auf, Heinrich Böll und andere Intellektuelle demonstrierten mit Sitzstreiks vor amerikanischen Kasernen.

In dieser Situation erschien Erhard Eppler auf Einladung der KPdSU in Moskau und verkündete bei mir im Hause, Helmut Schmidt müsse abtreten, an seiner Stelle sollten entweder Johannes Rau oder vielleicht Hans-Jochen Vogel das Amt des Bundeskanzlers übernehmen. Als braver Beamter meldete ich dies meinem Minister, weil ich es für eine schlimme Illoyalität hielt, solche Vorstellungen nicht nur völlig unbekannten Gesprächspartnern aus Deutschland gegenüber zu verkünden, sondern ich musste davon ausgehen, dass der Besucher solches auch den sowjetischen Gesprächspartnern gegenüber geäußert hatte.

Es kam, wie es kommen musste: Der „Spiegel“ bekam Wind von der Sache und brachte eine den Sachverhalt auch noch entstellende Meldung, Herr Eppler äußerte sich in einem Leserbrief empört über meine „Indiskretion“, Herr Genscher bat mich zum Gespräch nach Bonn, Herr Wischnewski als Kanzleramtsminister wünschte mich im

Mit Bundespräsident Karl Carstens und Außenminister Hans-Dietrich Genscher am Katafalk von Leonid Breschnew im Säulensaal des Gewerkschaftshauses, 14. November 1982.

„Working funeral" – Treffen von Außenminister Genscher mit seinem US-Kollegen George Shultz anlässlich der Trauerfeierlichkeiten für Breschnew.

Bundeskanzleramt zu sprechen und Ministerpräsident Rau lud in die Staatskanzlei nach Düsseldorf...

Freilich verlief die ganze Angelegenheit im Sande. Nicht ein SPD-Politiker, sondern Helmut Kohl löste Kanzler Schmidt auf seinem Posten ab, um diesen dann sechzehn Jahre lang nicht wieder freizugeben. Kohl setzte, allen Anstrengungen der östlichen Gegenspieler und der deutschen Linken zum Trotz, den NATO-Doppelbeschluss durch. Es kam nicht etwa zu konfrontativen Maßnahmen, wie uns immer wieder gedroht worden war, doch gerieten die deutsch-sowjetischen Beziehungen in eine schwierige Phase. Ich hatte Minister Genscher geraten, unbedingt das Gespräch mit seinem sowjetischen Kollegen zu suchen, um den Gesprächsfaden nicht abreißen zu lassen.

Tatsächlich gelang es, ein Treffen in Wien zu arrangieren und danach noch ein Gespräch in Stockholm. Freilich ergebnislos, aber wenigstens blieb man „on speaking terms".

Das Ende der Gerontokratie

Anders als in den christlichen Kirchen des Westens, oder gar im Islam, erfolgt in der orthodoxen Kirche – und diese Tradition hatte sich auch in der Zeit der kommunistischen Herrschaft erhalten – der Abschied von den Verstorbenen gewissermaßen verzögert, die Trennung wird hinausgeschoben. Der Tote wird im offenen Sarg aufgebahrt, im Falle entsprechender Prominenz erfolgt ein Defilee des Abschiednehmens, bei dem die Angehörigen, aufgereiht neben dem Sarg, die Kondolenz entgegennehmen.

Die höchsten sowjetischen Würdenträger wurden im Säulensaal des Hauses der Gewerkschaften, einem früheren Konzert- und Ballhaus in der Innenstadt, aufgebahrt. Hier geschah auch die Katastrophe im März 1953, als Zehntausende sich in der engen Straße vor dem Eingang drängten, um von Stalin Abschied zu nehmen. Da es in der Nacht gefroren hatte, war das Pflaster vereist und die ganze Menschenmenge geriet auf der abschüssigen Gasse ins Rutschen, stürzte übereinander; Hunderte starben in einer fürchterlichen Panik. In einem sehr eindrucksvollen Film über die Stalinzeit mit dem Titel „Der Filmvorführer" hat der Regisseur Kontschalowski diese Szene nachgestellt.

Am 10. November 1982 verstarb Leonid Breschnew. Er war schon seit Jahren tabletten- und alkoholabhängig und nur zu kurzzeitigen öffentlichen Auftritten fähig gewesen, hatte erhebliche Sprachschwierigkeiten und konnte nach dem Besuch einer Flugzeugfabrik in Taschkent im Frühjahr 1982 den rechten Arm nicht mehr heben. Bei diesem Besuch war er von einem zusammenbrechenden Holzgerüst, auf dem zahlreiche Arbeiter standen, verletzt worden, wobei das Schüsselbein brach. Eine Operation, die zur Erhaltung der Beweglichkeit des Arms notwendig gewesen wäre, lehnten die Ärzte wegen der Herzschwäche des Patienten ab.

Die Trauerfeierlichkeiten sahen die beschriebene Aufbahrung im Säulensaal mit Defilee, die Beisetzung zwischen Leninmausoleum und der Kremlmauer auf dem Roten Platz und einen anschließenden Empfang für die ausländischen Ehrengäste im Georgssaal des Kremlpalastes vor. Einige Repräsentanten wichtiger Partnerstaaten wurden in der zweiten Tageshälfte vom neuen, am Vortage gewählten Generalsekretär zum Gespräch empfangen. Zahlreiche ausländische Gäste nutzten derartige Beerdigungen und Trauerfeiern zu Begegnungen mit ihren Kollegen aus anderen Ländern. Wir Diplomaten nannten diese Ereignisse deshalb – in Anlehnung an das amerikanische „working lunch" – „working funeral". Die Bundesrepublik Deutschland war durch Bundespräsident Prof. Karl Carstens vertreten, den ich durch die ganze Prozedur begleitete. Auch wir hatten ein Gespräch mit Andropow, dem Nachfolger von Breschnew, das allerdings recht formelhaft und oberflächlich verlief. Außerdem gab es Gespräche mit dem pakistanischen Präsidenten Zia ul Haq, dem polnischen Parteichef Gierek und dem amerikanischen Außenminister George Shultz. Leiter der amerikanischen Delegation war der damalige Vizepräsident George H. Bush. Vollzählig war die Riege der kommunistisch orientierten Staatsführer vertreten, von Erich Honecker bis Fidel Castro.

Der neue Generalsekretär Juri Andropow war durch das Zentralkomitee der Partei auf Vorschlag des obersten Entscheidungsgremiums des Landes, des Politbüros, gewählt worden. Er war, sozusagen im Hauptberuf, Chef des Geheimdienstes KGB, jener neben dem Parteiapparat relativ unabhängig agierenden weitverzweigten Behörde, die bis in die Gegenwart, heute als FSB figurierend, eine Staatsstruktur von großem Gewicht darstellt. Nicht von ungefähr entstammt auch der heutige russische Präsident Wladimir Wladimirowitsch Putin dieser Organisation.

So auch in den achtziger Jahren. Wir hatten in der Botschaft seit langem die Erfahrung gemacht, dass KGB-Angehörige, obschon sie sich freiwillig ungern als solche zu erkennen gaben, häufig interessantere Gesprächspartner waren, unabhängiger dachten und argumentierten als die Apparatschiks der Behörden, die ihre Argumentation nahtlos der „Prawda“ , d. h. der offiziellen Parteipropaganda anpassten.

Zwar hatte Andropow, damals als Botschafter der Sowjetunion in Budapest, eine schlimme Rolle bei der Niederschlagung des Ungarn-Aufstandes 1956 gespielt, doch galt er jetzt bei vielen Intellektuellen unseres Bekanntenkreises als Hoffnungsträger. Er war gebildet, liebte angeblich amerikanischen Jazz und sprach, im Gegensatz zu seinen Vorgängern, ein kultiviertes Russisch.

Ihm war keine lange Regierungszeit vergönnt. An einer Niereninsuffizienz leidend, musste er immer wieder an ein Dialysegerät angeschlossen werden, seine zaghaften Versuche, den Breschnewschen Schlendrian, der später als „Periode des Stillstands“ bezeichnet wurde, zu beenden und etwas mehr Disziplin und Ordnung einzuführen, blieben in den Ansätzen stecken.

Als Bundeskanzler Kohl zu einem Arbeitsbesuch nach Moskau kam, wurde ich, als der Kanzler schon vom Flughafen Köln-Bonn abgeflogen war, eilig ins Außenministerium bestellt, wo man mir mitteilte, dass Herr Andropow den Bundeskanzler leider nicht, wie vorgesehen, gleich nach der Ankunft empfangen könne, er sei „erkältet“, werde

13. März 1985: Begegnung von Bundeskanzler Kohl mit dem DDR-Staatsratsvorsitzenden Honecker in Moskau, am Rande der Beisetzungsfeierlichkeiten für Konstantin Tschernenko. Ein Jahr zuvor hatte man sich bereits im Umkreis der Andropow-Beisetzung getroffen.

aber aller Voraussicht nach am folgenden Tag das Gespräch führen können. So ist es dann auch geschehen. Wieder standen Fragen der Rüstung und Abrüstung, der gegenseitigen Bedrohung, und Beteuerungen der eigenen Friedfertigkeit im Zentrum des Gesprächs.

Am 9. Februar 1984 verstarb Andropow, ohne tiefere Spuren in der sowjetischen politischen oder gesellschaftlichen Landschaft hinterlassen zu haben.

Bei der Beerdigung: „Same procedure as last year"! Diesmal kam Bundeskanzler Kohl mit dem damaligen Kanzleramtsminister Wolfgang Schäuble und dem damaligen Regierungssprecher und Chef des Bundespresseamts Peter Boenisch. Ich begleitete den Kanzler bereits in neuer Eigenschaft von Bonn aus, wo ich im Herbst 1983 meinen Dienst als Staatssekretär des Auswärtigen Amts angetreten hatte. Höhepunkt dieses „working funeral" war ein Gespräch des Kanzlers mit Erich Honecker, bei dem es um die weitere Entwicklung der immer noch eisigen innerdeutschen Beziehungen ging.

Tschernenko, der wiederum als konservativ eingestufte Nachfolger von Andropow, regierte fast genau ein Jahr. Er starb Anfang März 1985 – und wieder „same procedure as every year"…

Erneut reiste ich mit Bundeskanzler Kohl nach Moskau. Diesmal kam es nach der Beerdigung zu einem recht ausführlichen Gespräch zwischen dem Kanzler und dem neuen Generalsekretär Michail Sergejewitsch Gorbatschow, der das Gespräch mit der Frage eröffnete: „Wohin driftet die Bundesrepublik?" Es folgte wiederum ein Austausch über Rüstungskontrollfragen, während dessen Gorbatschow eine absolut konservative, uns gegenüber negative Position vertrat. Von eventuellen Plänen für Reformen im Lande, die ja letztendlich zu einem Umbruch in ganz Ost- und Mitteleuropa führen sollten, kein Wort und keine Andeutung.

Dieser Eindruck war dann wohl auch entscheidend für ein Interview, welches Helmut Kohl nach einer gewissen Weile dem Nachrichtenmagazin „Newsweek" gab, worin er sich nicht nur über die Frau von Gorbatschow, Raissa, lustig machte, von der in der Presse bekannt geworden war, dass sie in London in teuren Geschäften großzügig eingekauft hatte, sondern auch über Gorbatschow selber, wobei er sich bis zu der Entgleisung verstieg, den neuen Generalsekretär mit Goebbels zu vergleichen.

Ich habe mich damals mit dem außenpolitischen Berater von Kohl, Horst Teltschik, bemüht, eine Weisung an unseren Botschafter in Moskau, meinen Nachfolger Jörg Kastl zu entwerfen, die ihn veranlassen sollte, im Außenministerium zu demarchieren, um die Situation zu entschärfen, allerdings ging das Telegramm in einer derart verwässerten Form heraus, dass damit nichts geheilt wurde. Die Beleidigung, wie auch der neue Außenminister Schewardnadse alsbald unserem Minister Genscher gegenüber erklärte, saß tief.

Bundeskanzler Kohl hat im Nachhinein das Interview als einen Fehler bezeichnet, doch zunächst bedurfte es noch erheblicher Anstrengungen, um das Klima zu verbessern. Ein wichtiger Schritt vorwärts gelang erst mit der Rede von Genscher im Februar 1987 vor dem „World Economic Forum" in Davos, wo sich Jahr für Jahr Spitzenpolitiker und einflussreiche Manager der Wirtschaft auf Initiative von Prof. Schwab treffen und von wo durchaus Impulse ausgegangen sind, die politische Folgen hatten.

Genscher hatte in seiner Rede gesagt, auf die Ankündigungen Gorbatschows eingehend, dass die Sowjetunion eine konstruktive Rolle in der Welt spielen wolle: „Lassen Sie uns Gorbatschow beim Wort nehmen!" Das hieß, wir sollten nicht von vornherein Unglaubwürdigkeit unterstellen. Dies war ein wichtiges Signal in Richtung Moskau. Es blieb nicht unbeachtet.

Erste Begegnungen zwischen den Außenministern begannen, zusammen mit einem zunehmend konstruktiven Dialog der beiden Großmächte, insbesondere im Rüstungskontrollbereich, das politische Klima in der Welt, aber auch zwischen Moskau und Bonn langsam zu entspannen.

Wie schon erwähnt, war meine Moskauer Botschafterzeit im Herbst 1983 zu Ende gegangen. Außenminister Gromyko gab für mich ein Abschiedsessen im Gästehaus des Ministeriums, in dem schon Adenauer bei seinem Besuch im September 1955 die Aufnahme der Beziehungen verhandelt hatte. Dieses Haus war von dem berühmten deutschen Architekten Schechtel Anfang des 20. Jahrhunderts für den russischen Zuckerkönig und bekannten Impressionisten-Sammler Morosow gebaut worden. An vielen deutsch-russischen Ministerkonsultationen habe ich dort teilgenommen.

Eine solche Einladung war keineswegs selbstverständlich, ich fühlte mich geehrt und geschmeichelt, und als Gromyko dann noch mitteilte, dass ich in der Sowjetunion auch künftig stets willkommen sei, auch um einen Urlaub zu verbringen, traute ich meinen Ohren nicht. Waren doch die ständigen Auseinandersetzungen gerade mit dem Außenministerium meiner Auffassung nach ein Grund, eher drei Kreuze nach meiner Abberufung zu machen!

Staatssekretär des Auswärtigen Amts

Kollegialsystem und Hierarchie

Das Auswärtige Amt in der Konfiguration von 1867, als Behörde des Norddeutschen Bundes ins Leben gerufen, hat sich trotz einiger Reformen bis in unsere Tage nicht wesentlich geändert, was Arbeitsabläufe und Selbstverständnis anbetrifft. Freilich nahm die Anzahl der Beamten erheblich zu, aber auch die Anzahl der Staaten, mit denen wir zu tun hatten. Daneben wurden zu meiner Zeit etwa 35 Prozent aller bei uns produzierten Waren im Ausland abgesetzt, und der Prozess der europäischen Einigung sowie die aus unserer Randlage gegenüber dem Warschauer Pakt sich ergebende Teilhabe am Großmächte-Verhältnis, einschließlich des im Atomzeitalter kardinalen Rüstungskontroll- und Abrüstungsprozesses, erforderten ebenso unsere Aufmerksamkeit wie die Spannungs- und Konfliktzonen des Nahen Ostens und Asiens. Das schlimme Thema Afghanistan habe ich bereits erwähnt.

Am 1. November 1984 wurde ich in der Nachfolge meines Freundes und Landsmanns Bernd von Staden zum Staatssekretär des Auswärtigen Amts ernannt.

Die Freundschaft mit Staden, obschon er zehn Jahre älter ist als ich, war schon eine Neuauflage in zweiter Generation. Unsere Väter hatten an der Universität in Dorpat/Tartu zusammen studiert und waren im gleichen studentischen Corps, der Livionia, gewesen. Staden stammte aus altem livländischen Adel, mein Vater, in Dorpat geboren, aus dem städtischen Bürgertum. Der Großvater war Direktor der Dorpater Bank, das Gebäude steht heute noch; im obersten Stockwerk war die großelterliche Wohnung. Im Freiheitskampf der baltischen Völker 1918-20 waren Baron Richard von Staden und mein Vater Bruno Meyer zusammen im Baltenregiment, einer Freiwilligen-Einheit, die Seite an Seite mit Esten und Finnen gegen die Bolschewiken kämpfte. Der in Dorpat 1920 geschlossene Friedensvertrag spielt in der Frage der Grenzziehung bis heute eine wichtige Rolle im Verhältnis zwischen Estland und Russland.

Anlässlich des Wechsels im Amt hielt Bundesaußenminister Hans-Dietrich Genscher eine Ansprache, aus der ich die folgenden Passagen zitieren möchte:

Verabschiedung von Staatsekretär Bernd v. Staden und Amtseinführung von StS. Meyer-Landrut; v. l. Staatsminister Jürgen W. Möllemann, Bundesaußenminister Hans-Dietrich Genscher, Frau Wendelgard v. Staden, Bernd v. Staden, Andreas Meyer-Landrut, Staatssekretär Lautenschlager.

„Ein solcher Wechsel im höchsten Amt, das einem Beamten dieses Hauses übertragen werden kann, ist alles andere als ein Routinevorgang. Er betrifft jeden, der dem Auswärtigen Amt angehört, gleich, ob er in der Zentrale oder im Ausland Dienst tut. Und ich möchte hinzufügen:

Es ist ein Wechsel, der auch mich selbst berührt. Dem Staatssekretär des Auswärtigen Amts ist die Verantwortung für die innere Führung dieses Hauses anvertraut. Gleichzeitig ist er maßgeblicher Berater und Mitarbeiter des Ministers in allen, die konzeptionelle Gestaltung und die tägliche Durchführung der Außenpolitik betreffenden Fragen."

Nach einer Laudatio auf Bernd von Staden fuhr Genscher fort:
„Als Nachfolger im Amt des Staatssekretärs begrüße ich Herrn Dr. Andreas Meyer-Landrut. Wir alle freuen uns auf die Zusammenarbeit mit Ihnen. Sie treten Ihr Amt an in einer Periode großer außenpolitischer Anspannung und vielfältiger Herausforderungen: Wir stehen in

den für unser Land so bedeutsamen Fragen der Sicherheitspolitik, des West-Ost-Verhältnisses und der Europapolitik vor Aufgaben, die unsere ganze Kraft erfordern.

Als geteiltes Volk wissen wir, dass Spannungen in Europa in besonderem Maße für die Menschen in beiden Teilen Deutschlands spürbar werden. Wir wollen gerade auch durch unsere Arbeit das Bewusstsein dafür stärken, dass es Ziel unserer Politik ist und bleibt, auf eine europäische Friedensordnung hinzuwirken, in der die Menschen in West und Ost ohne Furcht vor Drohung und Gewalt zusammenleben und arbeiten können.

Weltweit sind wir aufgerufen, unseren Beitrag zu leisten zur Lösung der Nord-Süd-Probleme, zur Entwicklung der Dritten Welt in Stabilität und Unabhängigkeit, zum Aufbau einer Weltordnung partnerschaftlicher Zusammenarbeit. In dieser Situation ist der Auswärtige Dienst mehr denn je gefordert.

Neben den vielen wichtigen politischen Aufgaben, die Sie in Ihrer neuen Funktion erwarten, lieber Herr Meyer-Landrut, wird die Wahrnehmung der unmittelbaren Belange des Auswärtigen Dienstes zu Ihren vornehmsten Pflichten gehören.

Die vielfältigen Erfahrungen, die Sie in Ihrer bisherigen Laufbahn, in leitenden Funktionen in der Zentrale und in den letzten Jahren als Botschafter in Moskau, erworben haben, werden Ihnen als Staatssekretär des Auswärtigen Amtes zugute kommen.

Ich möchte Sie bitten, auch in Ihrer neuen Aufgabe der ebenso standfeste wie kritische Beoachter zu sein, als der Sie sich in der Vergangenheit erwiesen haben. Sie wissen, dass das gute, auch persönliche Vertrauensverhältnis, das sich zwischen uns im Laufe der Jahre entwickelt hat, auch auf Ihrer ausgeprägten Fähigkeit zum Widerspruch gründet.

Mit Ihnen wird die Kontinuität, die wir politisch wie menschlich in unserem Haus brauchen, zugleich noch in einer weiteren bemerkenswerten Weise deutlich: Sie sind, wie Ihr Vorgänger im Amt, Balte. Schlüsse auf künftige Staatssekretäre sollten an diese Feststellung allerdings nicht geknüpft werden!“

Diese Bemerkung kam nicht von ungefähr. Bereits nach dem Ersten Weltkrieg, als die erste Emigrationswelle von Baltendeutschen sich nach Deutschland ergoss, war im Auswärtigen Amt in Berlin der Spruch zu hören gewesen: „Allen Balten zum Trotz sich erhalten“; auf der anderen Seite klang die Darstellung der eigenen Rolle im Verhältnis zu Deutschland so: „Was wäre Goethe ohne Lenzen, was Bismarck ohne Keyserlingk? – Sie wurden beide Exzellenzen, weil es nicht ohne Balten ging.“

Auch in meiner Zeit stammten eine ganze Reihe von Kollegen aus dem Baltikum, die unser Land an vielen Plätzen dieser Erde erfolgreich vertreten haben.

Neben oder unter dem Minister gab es zwei Staatssekretäre und zwei parlamentarische Staatsminister aus dem politischen Raum, einer vertrat den Minister im Parlament und übernahm Vertretungsaufgaben in der Dritten Welt, der andere vertrat den Minister in den europäischen Institutionen. Mein Kollege als beamteter Staatssekretär war Hans Werner Lautenschlager – später mein Freund Jürgen Ruhfus –, dem die Handelspolitische Abteilung, die Kulturabteilung und die Rechts- und Konsularabteilung unterstanden, während ich für die beiden politischen Abteilungen – Ost-West und Dritte Welt – , für die Rüstungskontroll- und Abrüstungsabteilung, das Protokoll und die Verwaltungs- und Personalabteilung verantwortlich war. Formell war ich Vertreter von Hans-Dietrich Genscher. Dies schlug sich in seiner Vertretung im Kabinett – sofern er bei Kabinettssitzungen verhindert war, was bei seiner höchst aktiven Reisetätigkeit nicht gerade selten geschah – sowie in der Staatssekretärsrunde jeden Montag im Bundeskanzleramt nieder, wo die am Mittwoch wöchentlich stattfindende Kabinettssitzung vorbereitet wurde.

Organisatorisch begann der Arbeitsablauf des Staatssekretärs nach der morgendlichen Lektüre der Zeitungen und der nachts eingegangenen Telegramme mit dem Vorsitz in der so genannten Direktorenbesprechung, an der die Abteilungsleiter sowie die Leiter des Planungsstabs und der so genannten Leitungsreferate (Ministerbüro, Staatssekretärsbüro, Parlamentsreferat, Pressereferat) teilnahmen. Der Minister und die Staatsminister konnten an dieser Runde teilnehmen, waren dazu aber nicht gehalten. Einige der Staatsminister meiner Jahre als Mitglied und Vorsitzender der Direktorenbesprechung nahmen regelmäßig teil, was ihnen einen hervorragenden Überblick über die gesamte Breite der Tätigkeit des Amtes eröffnete, andere hatten dies nicht nötig.

Hier wurden alle aktuellen Fragen, die im Verlauf der letzten 24 Stunden aus aller Welt auf uns zugekommen waren, besprochen und weitgehend entschieden, gegebenenfalls hatten die Staatssekretäre eine Entscheidung des Ministers herbeizuführen.

Regiert wurde aber, wie es schon in Preußen hieß, schriftlich, d. h. die Referate erstellten Vorlagen, die über Unterabteilungsleiter, Abteilungsleiter und jeweiligen Staatssekretär an den Minister zur Entscheidung oder auch nur zur Kenntnisnahme gingen. Ein langer hierarchischer Weg, der aber auch seine Vorteile hatte: Die Vorgesetzten wussten genau, was in ihren Abteilungen vorging und trugen ihren Teil der Verantwortung. Freilich ließ ich häufig, wenn mir eine Vorlage nicht recht verständlich oder einsichtig war, nicht nur den Abteilungsleiter, sondern auch den Referenten kommen, um die notwendige Klarheit zu gewinnen – auch gegenüber dem Minister. Daneben bestanden stets auch Tendenzen, den Dienstweg abzukürzen, indem zum Beispiel Leiter des Ministerbüros Weisungen im Namen des Ministers direkt bei den Referaten anhängig machten, was verständlicherweise weder bei den Staatssekretären noch bei den Abteilungsleitern Freude aufkommen ließ.

Zu den wichtigen Personalfragen, Besetzung von größeren und großen Botschaften, Abteilungen und Unterabteilungen des Amtes, trafen wir uns – die beiden beamteten Staatssekretäre, der Leiter der Personalabteilung und der Minister – meistens zu einer Mittagsrunde. So manches Kollegenschicksal wurde hier entschieden.

Häufig beklagten die Kollegen, dass sie als „Wasserträger" im großen Apparat des Amtes gegenüber den im so genannten Ministerbau tätigen Kollegen der Leitungsreferate die schlechteren Bedingungen im Hin- blick auf ihr Fortkommen hatten, oder dass die Staatssekretäre ihre Crewkameraden bevorzugten.

Dem ersten Argument begegnete ich stets mit dem Hinweis aufs eigene Schicksal, weil ich tatsächlich nur während der Attaché-Ausbildung für ein paar Monate Praktikant im Pressereferat gewesen war, insgesamt jedoch schon die „Ochsentour" absolviert hatte; aber auch damit, dass die Personalabteilung „in der Furcht des Herren" natürlich stets besonders begabte Kollegen in die Leitungsreferate entsandte. Dem zweiten konnten Jürgen Ruhfus und ich nur entgegenhalten, dass wir aus der gleichen Crew waren und damit der angebliche Missstand schon um 50 Prozent verringert wurde. Nur in zwei Fällen sind in meiner Zeit Kollegen aus meiner Crew und auf meine Empfehlung hin in die höheren Ebenen aufgestiegen. Beide haben ihre Sache gut gemacht.

In der grundsätzlich guten und harmonischen Zusammenarbeit mit dem stets Hochleistungen fordernden Minister gab es auch mal Sand im Getriebe. Ein Beispiel: In einem geharnischten Fernschreiben aus Neu Delhi, wo er sich gerade zu Konsultationen aufhielt, wurde ich wegen einer Vorentscheidung im Hause und der damit verbundenen Vorlage an den Bundeskanzler mit der Frage konfrontiert, wer eigentlich in seiner Abwesenheit das Auswärtige Amt leite. Ich drahtete zurück: Da ich offenbar das Vertrauen des Herrn Ministers nicht mehr genieße, bäte ich um eine andere Verwendung. Dies hatte ihn dann doch alarmiert, und wir klärten das entstandene Problem am Telefon. Ein zweites Aneinandergeraten löste sich dann leichter.

Zum sechzigsten Geburtstag von Genscher hielt ich folgende Ansprache:

„Es steht mir nicht an, eine Laudatio auf den Außenminister Hans-Dietrich Genscher zu halten – das ist Sache der Politik, letztlich der Geschichte. Es steht mir erst recht nicht zu, heute den Politiker zu würdigen – dies werden in Kürze Berufenere tun. Ich möchte aber wohl ein paar Worte über den Amtschef sagen, der seit nunmehr 13 Jahren unser Haus, die 7000 Mitarbeiter des Auswärtigen Dienstes leitet und mit fester Hand regiert.

Das Ergebnis ist offensichtlich: Wir haben einen effektiven, einen in jeder Beziehung guten Auswärtigen Dienst, um den uns manche beneiden. Ausgerichtet an Ihrer Maxime, dass saubere Außenpolitik niemandem Rätsel aufgeben darf, trägt dieser Dienst Ihre Handschrift, Herr Minister: Genauigkeit, intellektuelle Schärfe, Redlichkeit haben Sie dem Dienst als Anspruch stets vorgelebt. Akribische Prüfung der Aktenlage, der Vorgänge, im Sinne des Vorhergegangenen, ebenso wie sauberes an den nationalen Zielen ausgerichtetes Urteil.

Der außenpolitischen Maxime entspricht Ihre Direktive, dass gute Diplomatie glaubwürdig, verlässlich und berechenbar sein muss, d. h. niemals mit zweierlei Maß zu messen, oder gar mit gespaltener Zunge zu reden.

Oft haben wir uns geärgert, wenn unter großem Zeitdruck ein Papier produziert, dann aber nicht oder erst viel später verwendet wurde: Prärogative des Politikers, der den Zeitpunkt der Aktion bestimmt – hier hat sich der Beamte zu beugen.

Unermündliche Arbeitskraft, wenig Schlaf, absoluter Vorrang der Pflichterfüllung vor Privatleben, Erholung oder auch nur gelegentlichem Ausspannen. Auch dies ein Anspruch, dem nicht jedermann gerecht zu werden vermag oder den zu erfüllen nicht jedermann als gerechtfertigt verstehen kann. Dieser Zug Ihrer Handschrift hat ebenfalls prägend gewirkt – ich glaube nicht, dass es irgendein Ministerium, irgendeine Dienststelle in unserem Lande gibt, wo so viel gearbeitet wird wie bei uns und in einer Reihe unserer Außenvertretungen.

Sie wissen, dass dieses Leistungsniveau nicht unbegrenzt haltbar ist, ohne dass dem Dienst auch im Blick auf seine besonderen Belastungen angemessene Rahmenbedingungen geschaffen werden. Dies wird nicht überall in Regierung, Verwaltung und Politik so gesehen. Für Ihren Einsatz für die Belange unseres Dienstes gilt Ihnen unser Dank, aber auch die Bitte, in diesem Einsatz nicht nachzulassen.

Es hat nur wenige Minister gegeben, die ihr Ressort, die Akten und Vorgänge so detailliert beherrscht und die Mitarbeiter mit ihren Stärken und Schwächen so gut gekannt haben wie Sie. So sind Dienst und Haus Ihr Auswärtiges Amt geworden. Wir dienen in ihm und unter Ihnen gern; dies, so scheint mir, ist die größte Anerkennung, die wir Ihnen in dieser Stunde zollen können."

Reisen mit dem Bundeskanzler

In der politischen Arbeit jener Jahre spielte der Rüstungskontrollprozess, begleitet von einer zunehmenden Kooperationsbereitschaft der Sowjetunion im internationalen Rahmen, insbesondere den Vereinten Nationen, sowie der Erwärmung der Beziehungen zwischen Moskau und Washington die entscheidende Rolle, wozu Michail Gorbatschow, aber auch in zunehmendem Maße Ronald Reagan beitrugen. Das deutsche Urteil über die Entwicklungen in Russland wurde in den Vereinigten Staaten ernst genommen.

Im März 1985 begleitete ich Bundeskanzler Helmut Kohl nach Washington. Die Beziehungen zu Bonn waren gespannt, nachdem Kohl sich zustimmend in der Frage der Lieferung von Leopard-Panzern an Saudi-Arabien ausgesprochen hatte. Dieses Thema hatte Kohl zwar schon von der Regierung Helmut Schmidt geerbt, es war aber ungelöst. Amerikanische Zeitungen publizierten zu unserer Ankunft ganzseitige Anzeigen mit der Überschrift „German tanks to kill Jewish children again". Das Thema beherrschte die Gespräche im Weißen Haus und auf dem Capitol, wie auch mit Repräsentanten jüdischer Organisationen. Das Pikante an der Angelegenheit war, dass die Saudis erklärt hatten, bei Nichtlieferung des „Leo II" werde das amerikanische Konkurrenzmodell „Andrews" gekauft werden. Gegen dessen Lieferung bestanden in den USA keine Bedenken, und lediglich im Fahrstuhl zum im Obergeschoss befindlichen Speisesaal im Weißen Haus äußerte Präsident Reagan gegenüber dem Kanzler, dass er Verständnis für dessen Position habe, dass es sich hier weniger um politische als um wirtschaftliche Konkurrenzfragen handle, aber leider könne er dies öffentlich nicht sagen. So gerieten die großen weltpolitischen Fragen bei diesem Besuch eher in den Hintergrund.

Mittagessen im Weißen Haus, März 1985; v. l. Außenminister George Shultz, Finanzminister und später Außenminister James Baker, Sowjetunion-Beauftragter im Sicherheitsrat (später mein Botschafterkollege in Moskau) Jack Mattlock, Präsident Ronald Reagan, Vizepräsident George H. Bush (von hinten), Leiter der Abteilung für Außen- und Sicherheitspolitik im Kanzleramt Horst Teltschik, Meyer-Landrut, Botschafter Hermes, Bundeskanzler Helmut Kohl.

Monate später haben wir dann noch einmal den Versuch gemacht, „die Kuh vom Eis zu holen", indem die Staatssekretäre Rühl vom Verteidigungsministerium, von Würzen vom Wirtschaftsministerium, Kanzlerberater Teltschik und ich nach Saudi-Arabien reisten, wo Gespräche mit dem Verteidigungsminister sowie dem Außenminister und ranghohen Militärs stattfanden. Wir versuchten einerseits von der „hardware" her Material anzubieten, welches eher als Verteidigungswaffen denn als Angriffswaffen zu qualifizieren war, zum anderen versuchten wir auf der politischen Schiene, die Saudis zu einer Erklärung der Nichtanwendung der Systeme gegenüber Israel zu bewegen. Beides gelang nicht.

Erst in späteren Jahren sind vergleichbare Waffensysteme, wie sie damals angeboten wurden, nach Saudi-Arabien verkauft worden, aller-

Mit Bundespräsident von Weizsäcker nach gemeinsam abgelegter Prüfung für das Deutsche Sportabzeichen im Juli 1986 – eine Übung, die wir auch in den Folgejahren, als ich sein Amtschef war, fortgesetzt haben.

dings war ich dann schon nicht mehr im Auswärtigen Amt tätig, das die Exportkontrolle für Rüstungsgüter auszuüben hatte. Unschöne Nebenerscheinungen wie Korruptionsvorwürfe in beträchtlichem Umfang haben diese Lieferungen zu einem öffentlichen Ärgernis werden lassen.

Sehr viel weniger spektakulär und viel angenehmer gestaltete sich ein Besuch von Bundeskanzler Kohl in Ungarn, bei dem ich ihn – wie auch noch auf mehreren anderen Reisen – als Vertreter des Auswärtigen Amts begleitete. Hier war schon im Nach-Kadar-Ungarn eine bemerkenswerte Entwicklung in Richtung auf Überwindung des rigiden kommunistischen Systems zu spüren und zu sehen. Den Ungarn ging es erheblich besser als den übrigen Bewohnern des Ostblocks, insofern war auch die Atmosphäre des Besuchs relativ locker.

Bei einem Ausflug in die Puszta gab es die traditionellen Vorführungen der Czikos' mit ihren Pferden und eine Kutschfahrt durch diesen hinreißend schönen Naturpark mit vielen seltenen Tieren, die man in Europa nur dort zu sehen bekommt. Neben den Kutschen wurde angeboten, den Ausflug auch reitend zu begleiten, worauf der Kanzler und andere Mitglieder der Reisegesellschaft natürlich sofort auf mich verwiesen. Also tat ich wie gewünscht, trat an das Pferd heran, um mich draufzuschwingen und stellte im letzten Moment fest, dass der Sattel nicht durch einen Bauchgurt befestigt war, sondern lose auflag. Natürlich hätte es ein schönes Gelächter gegeben, wenn der Staatssekretär, Präsidiumsmitglied der Deutschen Reiterlichen Vereinigung, den Fuß in den Steigbügel getan und sogleich mitsamt Sattel rückwärts auf den Hintern gefallen wäre. So wies ich den Czikos, der mir sein Pferd zur Verfügung stellte, an, den Sattel auf der anderen Seite festzuhalten, schwang mich aufs Pferd und ritt, immer darauf achtend, dass der Sattel in der richtigen Balance blieb, neben den beiden Planwagen her. Ein allzu großes Vergnügen war das nicht, weil ich natürlich mit einer normalen langen Hose und Schuhen angetan war, wodurch man sich gelegentlich die Haut an den Beinen einklemmt und sich auch sonst nicht so ganz auf dem Pferd „zu Hause" fühlt.

Das Wölkchen

Im Mai 1986 erhielt ich den Besuch von Boris Jelzin. Er war damals Parteichef von Moskau und stellvertretendes Mitglied des Politbüros. In dieser Eigenschaft besuchte er als Emissär der Kommunistischen Partei der Sowjetunion den Parteitag der DKP in Deutschland. Dabei wurde nunmehr auch ein Besuch in Bonn eingeplant, in dessen Verlauf ein Treffen im Auswärtigen Amt mit Bundesaußenminster Hans-Dietrich Genscher vorgesehen war.

Weniger als vier Wochen vorher hatte sich die Reaktorkatastrophe von Tschernobyl ereignet, und wir alle standen unter dem Schock dieses Geschehens.

Genscher musste dann kurzfristig einen Termin in den USA wahrnehmen, so dass es an mir war, Herrn Jelzin zu empfangen.

Eine große Anzahl von Fotografen und Fernsehkameras hatte sich in der Eingangshalle des Ministerbaus unseres Amtes versammelt, wo ich den Gast begrüßte. Anschließend gingen wir in mein Arbeitszimmer. Jelzin hatte noch nicht richtig Platz genommen, da begann auch schon eine Philippika über Pershing-Raketen und kriegstreiberische westdeutsche Politik.

Ich ließ ihn ausreden und begann dann mit einer förmlichen Begrüßung des Gastes im Namen des leider abwesenden Ministers. Als eine Art Tagesordnung für unser Gespräch schlug ich vor, über die Möglichkeiten der Entwicklung der Wirtschaftsbeziehungen zwischen unseren Ländern mit Schwerpunkt Moskau zu sprechen, sowie über das tragische Unglück im Kernkraftwerk in der Nähe von Kiew, dessen Einschätzung durch die sowjetische Führung und eventuelle Folgen, schließlich – soweit gewünscht – über Fragen der Abrüstung und Rüstungskontrolle.

Meinem Gast fiel sichtbar der Unterkiefer herunter. Mit einer solchen Reaktion hatte er, der durch die DKP-Genossen noch zusätzlich zum „normalen“ Antagonismus gegen die Bundesregierung aufgehetzt worden war, offensichtlich nicht gerechnet.

Als erstes kam er auf Tschernobyl zu sprechen. Die westliche Propaganda versuche aus dieser Angelegenheit eine antisowjetische Kampagne zu schüren. Jenes „Wölkchen“, das über Skandinavien nach Norden abgezogen sei, werde zum gegen die Sowjetunion gerichteten Popanz aufgeblasen, usw. usf.

Im Einzelnen dieses Gespräch weiter zu beschreiben, lohnt sich nicht; es wurde dann auch einigermaßen friedlich und harmonisch zu Ende geführt.

Was jedoch wiederum eines Elements der Groteske nicht entbehrt, ist die Tatsache, dass ich im April 1996, am zehnten Jahrestag von Tschernobyl, die russischen Fernsehnachrichten einschaltete – und siehe da, ein Präsident Jelzin mit Tränen in den Augen gedenkt des tragischen Unglücks von damals, spricht den Hinterbliebenen der Opfer sein Beileid aus, äußert sein Entsetzen über das, was geschehen war: ein „Wölkchen“.

Zweite Amtszeit in Moskau

Am 10. Oktober 1986 wurde Gerold von Braunmühl von deutschen Terroristen beim Verlassen einer Taxe vor seinem Hause ermordet. Für uns alle ein fürchterlicher Schock. Als „politischer Direktor" war er mir direkt unterstellt, ein hochbegabter Diplomat, der als Kandidat für den Botschafterposten in Moskau und im weiteren der Position des Staatssekretärs galt. Wir haben uns natürlich gefragt, wieso die so genannte „Rote Armee Fraktion" es gerade auf ihn abgesehen hatte. Vermutlich war das auf politische Veröffentlichungen aus seiner Feder zurückzuführen, die auf die Chancen eines Ausgleichs der Lebensbedingungen zwischen „Erster" und „Dritter" Welt verwiesen, was der Weltsicht der Mörder zuwiderlief, die, auf Mao gestützt, den Kampf der Welt-Dörfer gegen die Welt-Städte propagagierten und anzuheizen versuchten. Auch war Braunmühl als „politischer Direktor" im Kreis der gleichrangigen europäischen Kollegen Vertreter Deutschlands und damit Sprecher unserer Politik im EG-Rahmen. So war letztlich auch das grausame Treiben dieser Mörderbande ein Ausfluss des Kampfes der Systeme und damit des Kalten Krieges, dessen Ende dann auch ihrem mörderischen Tun ein Ende setzte. Zwar ist dieser Mord bis heute unaufgeklärt geblieben, allerdings wurde kurze Zeit darauf ein Depot der Terroristen ausgehoben, in dem sich auch Listen von Personen befanden, auf die sie es abgesehen hatten. Da auch mein Name darin auftauchte, habe ich anschließend längere Zeit mit Polizeischutz leben müssen – ein wenig erstrebenswerter Zustand.

Nach wie vor waren die Beziehungen zur Sowjetunion nicht die besten. Mein Nachfolger in Moskau, Jörg Kastl, erreichte das Ruhestandsalter. Der Moskauer Posten musste neu besetzt werden, Braunmühl stand nicht mehr zur Verfügung, insofern kam es nicht ganz unerwartet, dass sich die Augen wieder auf mich richteten. Und so packten wir unsere Siebensachen und fuhren erneut gen Moskau.

Wieder hatte es dort einen Schub des Wandels gegeben. Gorbatschow hatte seinen alten Freund und „Nachbarn" Schewardnadse als Außenminister nach Moskau geholt. Beide waren aus den regionalen kommunistischen Jugendverbänden hervorgegangen, denen sie dann auch vorstanden, der eine nördlich vom Kaukasus, der andere im südlichen Transkaukasus in Georgien.

Beginn der zweiten Amtszeit als Botschafter in Moskau: Übergabe des Beglaubigungsschreibens an den Vorsitzenden des Präsidiums des Obersten Sowjets, Andrej A. Gromyko, am 2. Juni 1987.

Der langjährige Vorgänger von Schewardnadse, Andrej Andrejewitsch Gromyko, wurde auf den Posten des Vorsitzenden des Präsidiums des Obersten Sowjets abgeschoben, der laut sowjetischer Verfassung die Funktion eines Staatsoberhaupts auszuüben hatte. Insofern war er es auch, dem ich mein neues Beglaubigungsschreiben zu übergeben hatte.

Gromyko empfing mich liebenswürdig. Was mich erstaunte war, dass sich eine größere Anzahl von Journalisten und Fernsehkameras im Vorsaal der Präsidiums-Räume im Kreml versammelt hatte. Dorthin hatte Gromyko die Übergabe-Zeremonie verlegt, eine Angelegenheit, die normalerweise ein paar Minuten in Anspruch nahm und, zusammen mit dem anschließenden Gespräch und Gruppenfoto, in einer halben Stunde erledigt war. Nicht so hier. Gromyko nutzte die Chance zu einer längeren Rede über die deutsch-sowjetischen Beziehungen, die zwar orthodox im Stil, aber entgegenkommend im Inhalt und insofern nicht uninteressant war.

In Deutschland war meine erneute Versetzung nach Moskau mit Epitheta wie „Sühneprinz“, bezogen auf das Kohl-Interview, und Ähnlichem kommentiert worden, weil die Beziehungen nach wie vor schwierig waren. Die Order nach Moskau war ziemlich rasch gekommen, aus folgendem Grund:

Einem vorgesehenen Besuch von Bundeskanzler Kohl sollte ein Staatsbesuch von Bundespräsident Richard von Weizsäcker vorgeschaltet werden, um durch diese eher förmliche Visite das Eis zu brechen. Und davor hatte der neue Botschafter an Ort und Stelle zu sein. Der Staatsbesuch fand im Juli 1987 statt.

Bemerkenswert waren in diesem Zusammenhang die Einlassungen der sowjetischen Politiker zu den Diskussionbeiträgen des Bundespräsidenten zur deutschen Frage, zu einer eventuellen Vereinigung der beiden deutschen Staaten. Gorbatschow, erstmalig von sowjetischer Seite, wies derartige Vorstellungen nicht rundheraus als revanchistisch zurück, sondern zog sich auf historische Entwicklungen von „hundert Jahren" zurück. Eine entsprechende Passage der Rede des Bundespräsidenten zur deutschen Einheit auf dem üblichen Festbankett im Facettensaal des Kreml, auf Einladung von Staatspräsident Gromyko, wurde in der Veröffentlichung der Rede in der sowjetischen Presse des folgenden Tages einfach unterschlagen.

Ich protestierte umgehend gegen diese Zensurmaßnahme gegenüber einem immerhin auf gute Beziehungen ausgerichteten Nachbarstaat in einem Umfeld, das für sich in Anspruch nehme, sich international zivilisierter Umgangsformen zu befleißigen usw. Eine Korrektur wollten die entsprechenden Organe des Gastlandes nicht nachschieben, dadurch hätte das zu vermeidende, als politisch inkorrekt empfundene Thema eine erhöhte Aufmerksamkeit erfahren, außerdem war der gekürzte Text vermutlich von Gromyko zur Veröffentlichung freigegeben worden und damit von höchster Stelle abgesegnet. Also musste ein Kompromiss her. Die Kollegen auf der sowjetischen Seite verfielen auf einen geschickten Ausweg: In der vielgelesenen Wochenend-Beilage der Regierungszeitung „Iswestija" wurde der Redetext in voller Länge noch einmal veröffentlicht, so wurden, wie es im Russischen so schön heißt, „die Wölfe satt und die Schafe blieben leben".

Ich habe stets versucht, das eindrucksvolle und so attraktive russische kulturelle Potenzial politisch nutzbar zu machen. So auch bei diesem Staatsbesuch. Richard von Weizsäcker schrieb später dazu:

„Unser Botschafter Meyer-Landrut veranstalte ein Gespräch mit Dichtern, Filmemachern und vor allem mit leitenden Redakteuren sowjetischer Medien. Zu den Teilnehmern zählten Jewtuschenko, Aitmatow, Valentin Rasputin und Elem Klimow. Es war faszinierend mitzuerleben, mit wieviel Leidenschaft, Verantwortungsgefühl, Scharf-

Der Bundespräsident beim Gang über den Roten Platz, begleitet von seinem Pressesprecher Friedbert Pflüger.

Staatsbesuch von Bundespräsident v. Weizsäcker im Juli 1987: Gespräch mit Generalsekretär Gorbatschow und Außenminister Schewardnadse, als Gorbatschow die Bemerkung über eine mögliche Vereinigung der beiden deutschen Staaten „in hundert Jahren“ machte.

sinn und Mut diese geistige Elite darum rang, aus neuen, noch kleinen Freiheitschancen eine große moralische und politische Bewegung erwachsen zu lassen."*

Später wurden Begegnungen mit Vertretern der „geistigen Elite" zu einem festen Programmpunkt bei Staatsbesuchen des deutschen Bundespräsidenten: „Geistergespräche" nannten das die Kollegen im Bundespräsidialamt.

Im weiteren Verlauf führte der Staatsbesuch, wie schon erwähnt, nach Akademgorodok, dem „Akademiestädtchen" bei Nowosibirsk in Westsibirien, und nach St. Petersburg, damals noch Leningrad. Dort hielt Herr von Weizsäcker beim Abendessen des Bürgermeisters eine hervorragende, höchst eindrucksvolle, persönlich geprägte Rede. Er selbst hatte während des Krieges als Soldat vor Leningrad gelegen. Man darf nicht vergessen, welches Elend und welches Leid die 900-Tage-Belagerung der Stadt über deren Bevölkerung hat hereinbrechen lassen, mit Hunderttausenden von Opfern durch Hunger und Krankheiten. Am Piskarewski-Friedhof mit den Massengräbern der Belagerungsopfer legten wir einen Kranz nieder. Dass nun einer, der an der Belagerung auf der Seite des Feindes beteiligt gewesen war, noch dazu als höchster Repräsentant der Bundesrepublik Deutschland, öffentlich zu diesem Thema vor den Opfern respektive deren offiziellen Vertretern und Nachkommen sprach, war natürlich nicht einfach, doch löste der Bundespräsident diese Aufgabe mit großer Einfühlungsgabe und Würde, ohne die häufig von deutscher Seite bei ähnlichen Anlässen zu hörende Larmoyanz.

Neues Denken – Altes Denken

Als ein Element des von Gorbatschow verkündeten „neuen Denkens" auf dem Weg zu einem „Sozialismus mit menschlichem Antlitz" registrierten wir die Bereitschaft sowjetischer Presseorgane und elektronischer Medien – die nach wie vor unter staatlicher oder besser: parteilicher Kontrolle standen –, ausgewählten ausländischen Repräsentanten Raum für Interviews zu bieten, bei denen man Gelegenheit hatte, Standpunkte der Regierung und auch Kritik zur Politik des Gastlandes zur Sprache zu bringen.

* Richard von Weizsäcker: Vier Zeiten. Erinnerungen. Berlin 1997, S. 344

Ich wurde gleich mehrfach zu solchen Interviews gebeten. Was immerhin ermöglichte, dass wir unsere Sicht der Dinge einem breiten sowjetischen Publikum ohne den Filter der Zensur und ohne propagandistische Entstellungen darlegen konnten. Den Anfang machte der stellvertretende Chefredakteur der „Prawda", Jewgeni Grigorjew, der viele Jahre lang in Bonn das Zentralorgan der KPdSU vertreten hatte, gefolgt von der Gewerkschaftszeitung „Trud" und anderen. Mit Grigorjew habe ich fast fünfzehn Jahre später erneut ein langes Interview für eine neue, demokratische russische Zeitung gemacht, in dem er mich über Eindrücke und Erlebnisse meiner verschiedenen Moskauer Aufenthalte befragte.

Ein weiteres Feld der Aufweichung oder Erwärmung im diktatorialen Ein-Parteien-Staat war die Zulassung parteiloser oder der so genannten „Volksfront" zugehöriger Kandidaten zu den Wahlen zum Obersten Sowjet. Mit dieser Gruppe kam beispielsweise der Physiker und Menschenrechtler Sacharow ins Parlament, aber auch eine Reihe von Dissidenten aus den einzelnen Republiken, unter ihnen Lennart Meri aus Estland, ein Schriftsteller und Filmautor, der später Außenminister und dann über zwei Legislaturperioden Präsident des kleinen Landes an der Ostsee war.

Eines Tages erschien durch Vermittlung der politischen Abteilung der Botschaft, wo die Parlamentskontakte gepflegt wurden, eben dieser Lennart Meri bei uns im Hause. Er war nicht wenig erstaunt, einen Landsmann als deutschen Botschafter vorzufinden, hinzu kam, dass in dessen Arbeitszimmer eingerahmt die Fotokopie der Europakarte vom 17. September 1939 hing, auf der die endgültige Teilung Europas, mit dickem Rotstift, von Memel bis hinunter zum Schwarzen Meer eingetragen war, abgezeichnet von Stalin und Ribbentrop. Diese Linie verwies auch Estland in die sowjetische Einflusssphäre und damit alsbald in den Status einer Sowjetrepublik. Die Karte hing bei mir als Memento, eine Fotokopie des Originals, das im Archiv des Auswärtigen Amts aufbewahrt wird.

Später, schon in Bonn, empfing ich als Chef des Bundespräsidialamtes den Außenminister Meri anlässlich der Zeremonie zur Wiederaufnahme der diplomatischen Beziehungen mit Estland und beriet ihn dann wiederholt in verschiedenen politischen Fragen. Auch gelang es mir, den Präsidenten des Bundesverfassungsgerichts, den späteren Bundespräsidenten Roman Herzog zu bewegen, die Esten bei der Schaffung einer neuen Verfassung zu beraten. Andere Kollegen wie Bernd von Staden, der fließend estnisch spricht, aber auch der frühere Leiter unserer Personal- und Verwaltungsabteilung Horst Röding halfen beim Aufbau und der Organisation der neuen Staatsstrukturen. Henning von Wistinghausen, ebenfalls aus baltischer Familie, war unser erster Botschafter im neuen Estland, in Riga nahm Hagen Graf Lambsdorff, mein Kulturattaché an der Moskauer Botschaft zu Anfang der achtziger Jahre, diese Aufgabe wahr, auch er aus baltischem Adel.

Mein Rat an die Esten ging trotz der zweifellos richtigen und natürlichen Reorientierung der Wirtschaft auf Nord- und Westeuropa, was auch glänzend gelungen ist, dahin, ein auskömmliches Verhältnis mit Russland zu suchen. Dies allerdings erwies sich als überaus schwierig. Da war zum einen das Problem der großen russischen Minderheiten in Estland und Lettland – in Estland gab es vor dem Kriege 8% Russen, jetzt waren es über 30%, in Lettland lagen die Dinge ähnlich, oder eher noch komplizierter, macht doch der Prozentsatz russischer Einwohner dort über 40% der Bevölkerung aus, was nicht ganz grundlos als Gefahr für die eigene Volkssubstanz gesehen wurde. Zum anderen war die Erinnerung an die sowjetische Repression natürlich noch frisch im Gedächtnis. Der mit der Befreiung von der sowjetischen Herrschaft aufschäumende Nationalismus machte die Probleme nicht leichter. Lennart Meri sagte mir einmal im Gespräch, als ich auf den Weg der Überwindung antagonistischer Nationalismen in der europäischen

Mit dem estnischen Präsidenten Lennart Meri.

Bewegung nach dem Zweiten Weltkrieg zu sprechen kam: „Vergessen Sie nicht, dass wir wie Schneewittchen 50 Jahre lang im Schlaf gelegen haben; bis zum Erreichen westeuropäischer Denkweisen braucht es noch ziemlich viel Zeit.“ Meri selbst, im gleichen Jahr wie ich geboren, allerdings ich in Estland, er in Berlin, wo sein Vater als estnischer Diplomat tätig gewesen war, hatte mit seiner Familie schlimme sowjetische Repression, Verschickung nach Sibirien erlitten und tat sich auch persönlich schwer, das estnisch-russische Verhältnis zu objektivieren. Da dieses Schicksal in der oder jener, direkter oder indirekter Form den wohl größten Teil estnischer Familien betroffen hat, ist die Tiefe der Dimension, ein gedeihliches Verhältnis mit dem russischen Nachbarn, dem erklärten Nachfolgestaat der Sowjetunion, nicht nur äußerlich zustande zu bringen, verständlich. Nichtsdestoweniger war mein ständiger Rat, ein solches auskömmliches Verhältnis politisch anzustreben und insbesondere die Generation der zwar russischsprachigen, aber in Estland geborenen und Russland entfremdeten Jugend möglichst zu integrieren und nicht vor den Kopf zu stoßen, zu Parias zu machen.

Ein ganz anderes Feld interessanter Begegnungen ergab sich aus der Mitgliedschaft der Orthodoxen Kirche in der Ökumene. So führte auch die Evangelische Kirche Deutschlands Besuchsreisen in die Sowjetunion durch und empfing Gegendelegationen in Deutschland.

Inzwischen ist das Engagement der Orthodoxie in der ökumenischen Bewegung stark abgekühlt. Nach dem Wegfall der staatlichen Repression und der Instrumentalisierung der Kirche in der „Friedensbewegung“ ist das Selbstbewusstsein der orthodoxen Kirchen sowohl in Russland als auch in Armenien und besonders ausgeprägt in Georgien, erheblich gestärkt worden und die Tendenz, sich als allein seligmachend zu verstehen, gewachsen. Als Staatskirche hat die Orthodoxie in Russland selbst ziemlich intolerante Gesetze in Bezug auf andere Religionsgemeinschaften durchgesetzt, die die Arbeit katholischer und auch evangelischer Geistlicher im Lande erheblich beeinträchtigen.

Ein Besuch einer deutschen Delegation mit bedeutenden Kirchenführern unter D. Held und ebenfalls einem heimatlichen Aspekt ist mir besonders in Erinnerung geblieben. Zwar fanden die Gespräche in Räumlichkeiten der Orthodoxen Kirche statt, doch lud die deutsche Delegation die orthodoxen Kirchenfürsten nach entsprechender Absprache zu einem ökumenischen Gottesdienst in die deutsche Botschaft ein, an dem auch ich teilgenommen habe. Anschließend fuhren wir gemeinsam zu einem Essen in meinem Hause.

Einer der russischen Gäste, der „Wladyka“ oder Metropolit von Leningrad Alexy, stammte, wie ich wusste, aus meiner Heimatstadt Reval/Tallinn. Ich sprach ihn darauf an und wir tauschten ein paar Sätze auf estnisch miteinander aus. Kurze Zeit später war ich in Berlin, wo ich meine alte Kinderfrau Tamara besuchte, die bis zur Umsiedlung bei uns im Hause gewesen war und der ich mein Russisch verdanke. Meine Geschwister und ich wuchsen dreisprachig auf: Muttersprache Deutsch, Landessprache Estnisch und – weil mein Vater meinte, das kleine Estland werde nie ohne Russland und enge Beziehungen zu Russland überleben können – Russisch. Dazu verhalf uns meine liebe Tamara, die nach der ersten Okkupation Estlands durch sowjetische Truppen in der Zeit der dann folgenden Besetzung durch die deutsche Wehrmacht 1943/44 mit der so genannten Nachumsiedlung nach Berlin gekommen war. Tamara erzählte, dass Alexy der Sohn des Popen an einer der orthodoxen Kirchen in Reval sei (in der Orthodoxie sind nur die Mitglieder des höheren Klerus dem Zölibat unterworfen) und häufig mit mir im Hof neben der Kirche gespielt habe, während sie die Messe besuchte. Er entstammte einer deutschen, im Russentum aufgegangenen Familie namens Rüdiger (auf russisch Ridiger). Tamara Wladimirowna Hesse selbst ist später viele Jahre lang Kirchenälteste in Berlin gewesen, in welcher Eigenschaft sie den dann zum Patriarchen gewählten Alexy in den neunziger Jahren mit dem traditionellen „Salz und Brot“ bei dessen offiziellem Deutschlandbesuch am Eingang zur orthodoxen Kirche empfangen hat. Ich bin bei dieser Gelegenheit, zu der ich eigens nach Berlin flog, aber auch noch aus anderen Anlässen in den neunziger Jahren mit dem Patriarchen zusammengetroffen, und obschon er recht gut deutsch spricht, zog er es stets vor, mich auf estnisch anzusprechen.

Die ungeheuren und unmenschlichen Drangsalierungen, denen die religiösen Gemeinschaften in der Zeit des „Roten Terrors“, aber auch in der poststalinistischen Periode ausgesetzt waren, hatten Tausende von Opfern und Märtyrern zur Folge. Ich habe Geistliche getroffen, die Jahrzehnte in Lagern schmachten mussten und andere, die sehr gelassen sich mit diesem Regime arrangiert hatten, viele als Mitarbeiter des KGB, was uns ja auch aus der DDR nicht fremd ist. Das Mitbringen von Bibeln war ein Muss bei entsprechenden Besuchen und wurde dankbar aufgenommen. Auch hatten wir in der Botschaft immer einen Vorrat von deutschen Bibeln und Gesangbüchern parat für die Landsleute, die zu uns kamen, um Ausreiseanträge zu stellen oder sich nach Ausreisemöglichkeiten zu erkundigen – in den deutschen Siedlungen in Sibirien und in Kasachstan ein wichtiges Element zur Erhaltung der deutschen Sprache und Kultur.

In der postkommunistischen Zeit hat die Orthodoxie zwar ihren Staatskirchenstatus wieder erlangt, den Weg zu den Menschen aber nur sehr partiell gefunden. Die Messe in altkirchenslawischer Sprache, das auf äußerliches Gepränge und nicht auf Seelsorge abgestellte geistliche Leben, der weit verbreitete Aberglaube lassen der Religion nur eine Nische im Leben der Menschen, die in gelegentlichem Bekreuzigen und dem Einflechten von „Gott sei Dank" und „Um Gottes Willen" im täglichen Gesprächsumgang ihren wesentlichen Ausdruck findet. Die wenigen Kirchenbesucher sind nach wie vor in der Mehrzahl alte Frauen. Da ein Taufregister zu führen im Kommunismus verboten war, wissen die meisten Menschen gar nicht, ob sie getauft wurden. Dies erfolgte nämlich, wenn überhaupt, durch die Großmütter, die sich vor Repressionen wie dem für solche Fälle angedrohten Ausschluss aus der Partei oder beruflicher Zurücksetzungen nicht fürchteten, allerdings selbst den Eltern der Getauften gegenüber die Taufe oft verschwiegen, um keine familiären Kontroversen oder Probleme für die Eltern aufkommen zu lassen.

Ein Besucher, der mit dem Baltikum überhaupt nichts, aber mit Frankreich um so mehr zu tun hatte, war der bekannte Publizist und Schriftsteller Peter Scholl-Latour. Ihn interessierten in erster Linie potenzielle Unterschiede im Verhältnis und der Einstellung der Russen gegenüber Frankreich und Deutschland. In einem Reisebericht mit dem Titel „Tiefer Blick in die Seele des Nachbarn. Die historische Verflechtung zwischen Frankreich, Deutschland und Russland" schrieb er danach:

„In der Residenz des deutschen Botschafters Meyer-Landrut, der seinen Posten in Moskau gerade wieder [1987] angetreten hatte, sprachen wir beim Glas Champagner über das widersprüchliche Wechselverhältnis zwischen Deutschen und Russen. Meyer-Landrut als gebürtiger Balte und vorzüglicher Slawist war auf diesem Feld ein Experte. Er bestätigte eine gewachsene Affinität, die auf langer Gewöhnung und unbestreitbarer Komplementarität beruhe. Einerseits hatten die Deutschen – einem russischen Sprichwort zufolge – ‚den Affen erfunden', andererseits habe man sich schon zu Zeiten der Zaren über die Pedanterie des Hauslehrers Karl Karlowitsch mokiert. Man vergesse allzu leicht, so meinte der Botschafter, dass auch gemeinsames Leid verbinden könne; das gelte sogar für die schrecklichen Exzesse des Zweiten Weltkrieges. Die Franzosen hingegen ständen diesem gewaltigen euroasiatischen Raum ziemlich fremd und verständnislos gegenüber. Nur den Deutschen, neben den Amerikanern – aber gewiss nicht den Franzosen würden die Sowjets von heute jene gewaltigen gemeinsamen Wirtschaftsprojekte zutrauen, die Russland aus seiner heillosen Rückständigkeit, aus dem altangestammten Schlendrian heraushelfen könnten."*

Neues Denken, neue Politik

Mit dem Amtsantritt von Michail Gorbatschow und der Übernahme des sowjetischen Außenministeriums durch Eduard Schewardnadse, dem späteren Präsidenten von Georgien, begann tatsächlich eine neue Epoche der Ost-West-Beziehungen. Es hat zahlreiche Erklärungsversuche für diese Entwicklung gegeben. Meine Sicht der Dinge ist so:

Die sowjetische Politik, gestützt auf das ideologische Fundament der Überlegenheit des Systems und das Selbstbewusstsein einer großen Militärmacht – wie sie in Stalins rhetorischer Frage gipfelte: „Wieviele Divisionen hat der Papst?" – war auf Projektion militärischer Stärke mit dem Ziel der Expansion, des Erreichens von Einflusssphären und schließlich der Weltrevolution gerichtet, wobei diese praktisch seit Stalin als eine Situation verstanden wurde, in der die Sowjetunion die Schlüsselrolle spielen sollte: Die Sowjetunion sollte hegemoniale Weltmacht werden.**

Und so wurde in der politischen Diskussion während der Zeit des Kalten Krieges der Frage der militärischen Stärke der jeweiligen politischen Gegner eine immense Bedeutung zugemessen. Nicht nur das nukleare Potenzial, von dem allerdings kaum jemand ernsthaft annahm, dass es zum Einsatz käme, sondern vielmehr auch die konventionelle Rüstung wurde verglichen und abgewogen, ausgekundschaftet und analysiert. Dabei ergaben sich merkwürdige Widersprüche: Sprach einerseits Helmut Schmidt von der Sowjetunion als „Obervolta mit Raketen", damit den industriellen Rückstand Moskaus auf allen übrigen Gebieten betonend, waren andererseits westliche Militärbeobachter eher geneigt, das konventionelle Potenzial des Gegners sehr hoch, wahrscheinlich zu hoch zu bewerten, was wiederum durch den

* Rheinischer Merkur/Christ und Welt, Nr. 41, 7. Oktober 1988

** Vgl. Wjatscheslaw Daschitschew: Moskaus Griff nach der Weltmacht. Hamburg 2002

Wunsch zu erklären war, die eigenen Politiker und Parlamentarier zu Großzügigkeit bei der Bemessung des Rüstungsbudgets zu veranlassen.

Ich erinnere noch genau, wie einmal ein chinesischer Pilot mit einem russischen MIG-Jäger nach Japan geflüchtet war und die Maschine natürlich bis in alle Einzelheiten von amerikanischen Diensten auseinander genommen wurde. Das Ergebnis, welches – jedenfalls teilweise – auch unseren Diensten zur Verfügung gestellt wurde, war keineswegs technologisch überragend oder als den westlichen Konkurrenzprodukten überlegen einzustufen.

Ein anderes Waffensystem, das seit den siebziger Jahren auf sich aufmerksam machte und in der Politik der UdSSR besonders gegenüber Afrika eine zunehmende Rolle spielte, war die Flotte. Das Flottenprogramm jener Zeit wurde konkret von Admiral Gorschkow bestimmt. Der plakativste westliche Kommentar: „Der Bär lernt schwimmen". Diese Flottenpolitik beruhte eindeutig auf dem Prinzip der Machtprojektion: politische Gewinne durch Einschüchterung zu erzielen. Im Grunde das gleiche Prinzip, das – ohne direkten Erfolg allerdings – Chruschtschow während der Kuba-Krise praktiziert hatte. Die Transportschiffe mit den Raketen an Bord mussten damals zwar wieder umdrehen, was die äußerst gefährliche Situation einer direkten Bedrohung amerikanischer Städte durch sowjetische Raketen entschärfte, aber der vom Kreml im Gegenzug erreichte Abbau der Mittelstrecken-Raketen der Amerikaner in der Türkei war zweifellos ein sicherheitspolitischer Gewinn für Moskau.

Zunehmend aber stellte sich heraus, dass mit dieser Art militärischer Machtprojektion die Welt nicht zu gewinnen war. Der Abstand der Sowjetunion und ihrer Satelliten im Vergleich zum Westen: Lebensstandard, die gesamte Zivilwirtschaft, Computertechnologie und damit auch militärische Balance – dieser Vergleich fiel in krasser Form zu Ungunsten der Sowjets aus. Isolation und total durchgeplante Kommando-Wirtschaft erwiesen sich zunehmend als Hemmschuhe im Konkurrenzkampf mit dem Westen. Mao Tse-tung hatte so Unrecht nicht gehabt, als er über die Sowjetunion höhnte: „Ein Koloss auf tönernen Füßen!"

Gorbatschow betrachtet dieses Problem in seinen Memoiren wie folgt:

„Wir haben die Notwendigkeit erkannt, unsere verzerrten Vorstellungen vom Ausland zu revidieren, das uns jahrzehntelang als Feind hingestellt wurde. Nicht nur die Wirtschaft, sondern auch das öffentliche Bewusstsein, die Wissenschaft und Kultur sowie das intellektuelle Potenzial unseres Landes haben darunter gelitten.

Wir haben erkannt, dass in der modernen, von gegenseitiger Abhängigkeit geprägten Welt die Entwicklung einer Gesellschaft, die durch unpassierbare Staatsgrenzen und ideologische Schranken von der weltweiten Entwicklung abgeschirmt ist, nicht möglich ist. Jede Gesellschaft kann sich heutzutage nur im Zusammenwirken mit anderen Gemeinschaften günstig entwickeln, ohne dabei ihre Eigenständigkeit einbüßen zu müssen.

Wir haben erkannt, dass die Sicherheit des eigenen Landes ohne Berücksichtigung der Sicherheitsinteressen anderer Staaten nicht zu gewährleisten ist, dass im Atomzeitalter dauerhafte Sicherheit mit militärischen Mitteln nicht sicher garantiert werden kann. Dies veranlasste uns, eine prinzipiell neue Konzeption globaler Sicherheit zu entwickeln, die alle Aspekte der Beziehungen zwischen Völkern und Staaten, einschließlich ihrer menschlichen Dimensionen, erfasst."*

Dieser Analyse ist nichts hinzuzufügen. Tatsächlich sind insbesondere das Thema Sicherheit und das mit dem Schlagwort „Glasnost" – Offenheit, Aufrichtigkeit, Durchschaubarkeit – umschriebene Gebiet von Gorbatschow mit großer Energie und erfolgreich angegangen worden. Mit seiner zweiten Parole „Perestrojka" – Umbau –, die in erster Linie auf die ökonomischen Verhältnisse im Land abstellte, klappte es weniger gut.

Die Wirtschaft stagnierte, Mangel machte sich breit, es fehlte an Gebrauchsgütern. „Defizit" war das russische Kürzel hierfür. Besonders schlimm wurde es 1990/91, als auch Lebensmittel knapp wurden. Der russische Galgenhumor prägte damals den Witz: Käufer kommt in den Laden – „Wo gibt es Fleisch?" Antwort – „Kein Fleisch gibt es nebenan, hier gibt es keinen Fisch."

Gorbatschow und seine Berater legten eine erstaunlich zögerliche Haltung an den Tag, was Wirtschaftsreformen anging. Dabei hatte es bereits Mitte der achtziger Jahre zahlreiche Vorschläge, Memoranden, Ausarbeitungen gegeben, wie eine Wirtschaftsreform, wie die Transformation von Plan- zu Marktwirtschaft angegangen werden könnte.

Die großen Institute der Akademie der Wissenschaften hatten am Problem der Überwindung des Breschnewschen Systems der Stagnation gearbeitet, so das „Imemo" (Institut für Weltwirtschaft und internationale Politik) mit seinen einflussreichen und höchst gescheiten Direktoren Inosemzew, Jakowlew (später engster Berater von Gor-

* Michail Gorbatschow: Erinnerungen. Berlin 1995, S. 574f.

batschow) und Jewgeni Primakow (später Außen- und Premierminister), das „Institut für die sozialistischen Länder" mit dem Ökonom Professor Oleg Bogomolow und dem bekannten Deutschlandspezialisten Professor Wjatscheslaw Daschitschew, das „Institut für USA und Kanada" mit dem langjährigen Regierungsberater Professor Georgi Arbatow und dem allerdings in erster Linie für Rüstungs- und Abrüstungsfragen zuständigen Professor Andrej Kokoschin (später 1. Stellvertretender Verteidigungsminister und Sekretär des Sicherheitsrats im Kreml unter Jelzin und Duma-Abgeordneter); zu nennen sind in diesem Zusammenhang auch die Professoren Aganbegjan und Schmeljow als hervorragende Ökonomen und Frau Professor Saslawskaja als Soziologin.

Ich kannte sie alle recht gut und pflegte das Gespräch mit ihnen. Bei Besuchen wie dem Staatsbesuch von Weizsäcker und dem dann folgenden Besuch von Bundeskanzler Kohl organisierte ich Frühstücksrunden mit diesen Professoren, um unsere Politiker auf dieses intellektuelle und für die Zukunft bedeutsame Potenzial hinzuweisen.

Die Ökonomen waren bereits in dieser Zeit zu Studienaufenthalten in China gewesen, um den dortigen so erfolgreichen ökonomischen Wandel zu studieren. Sie hatten auch die „besonderen Wirtschaftszonen" besucht und schlugen Ähnliches für die UdSSR vor.

Ein Hauptproblem aber, das eine wenn nicht hundertprozentige, so doch wenigstens Teillösung erst 2002 erfahren sollte, war das des Landbesitzes und der Reform der Landwirtschaft. Es hat auch bis zum Beginn des 21. Jahrhunderts gedauert, ehe Russland wieder, wie vor dem Ersten Weltkrieg, Getreideüberschüsse produzierte. Von den riesigen Getreide-Einfuhren der Breschnew-Zeit aufgrund der katastrophalen Landwirtschaftspolitik habe ich schon berichtet.

Als Hemmschuh wirkte hier eine Mischung von kommunistischer Ideologie und altrussischer Tradition, die – ähnlich wie das deutsche Gemeindeland – für Wald, Wasser und Weiden Gemeinschaftseigentum, den „Mir", vorsah. Hinzu kam die Kolchos- und Sowchos-Mentalität mit dem ebenfalls ideologisch überhöhten Motiv, dass „unser heiliges Land" nicht Gegenstand von schnöder Spekulation werden dürfe. Diese Mentalität war nach Aussagen eines engen Beraters von Gorbatschow so stark, dass im Zentralkomitee dagegen nicht anzukommen war.

Ich glaube dieser Version nur zum Teil. Am Rande einer Podiumsdiskussion mit Gorbatschow in Bonn – bereits nach dessen Sturz – kam die Rede auf Wirtschaftsreform und Privatisierung und damit auch auf die Privatisierung von Grund und Boden. Woraufhin die anwesende

Frau Raissa Gorbatschowa, Professorin für Marxismus-Leninismus, empört einwarf: „Aber doch nicht unsere heilige Erde!" So, scheint mir, hatte auch Gorbatschow, der sich selbst stets als Kommunist bezeichnete, Vorbehalte gegen eine Landreform. Selbst Jelzin kam mit seinen Versuchen, ein Bodengesetz zu schaffen, gegen die Kommunisten im Parlament nicht durch. Dabei lag gerade hier die Genialität der chinesischen Reformer, die ihre Bauern kannten: mit der Landreform zu beginnen und erst dann allmählich zur Privatisierung der gewerblichen Wirtschaft überzugehen.

Ein die Landwirtschaft ebenfalls berührendes Problem war der Versuch, gegen den sprichwörtlichen russischen Alkoholismus vorzugehen. Die in diese Richtung zielende Kampagne war auf das Politbüro-Mitglied Ligatschow zurückzuführen, der glaubte, durch den eingeschränkten Verkauf und Ausschank von Alkohol (erst nach 14 Uhr) und die Reduzierung der Anbauflächen von Wein sowie die Reduzierung der Planvorgaben für die Herstellung von Wodka und anderen alkoholischen Getränken gegen dieses Volksübel angehen zu können.

Freilich war es ein Volksübel, und zwar bis in die höchsten Führungskreise. Schon Adenauer ließ die nach Moskau mitgereiste Delegation vor den abendlichen Staatsbanketten das Öl von Sardinenbüchsen trinken, weil man dadurch angeblich die Wirkung des Wodkas neutralisieren konnte, was natürlich illusorisch war. Auch erinnere ich mich gut, wie nach den Paraden am 7. November die Gäste der Ehrentribüne – die Crème de la Crème des Sowjetstaates – auf dem regelmäßig stattfindenden Empfang wassergläserweise die klare Flüssigkeit hinunterkippten. Von eigenen Erfahrungen habe ich schon berichtet.

Wie so oft in Russland wurde auch diese Kampagne zu einer Groteske: Georgische Weinbauern legten sich als lebendige Hindernisse vor die Kettenfahrzeuge, die ihre Weingärten plattwalzten, andere, eher auf der kriminellen Seite angesiedelte Leute begannen mit einer florierenden Hinterhof-Brennerei, in deren Folge massenweise Methyl-Vergiftungen auftraten, welche die Menschen erblinden oder gar sterben ließen.

Meine Freunde von der Rennbahn, die enge Beziehungen zur zentralen landwirtschaftlichen Hochschule, der Timirjasew-Akademie, hatten, erzählten, dass aus den Lehrbüchern für die ersten, die allgemeine Landwirtschaft betreffenden Semester das Kapitel „Weinbau" herausgerissen worden war, ehe sie an die Studenten ausgegeben wurden. Also wurde das erste Jahr mit zerfledderten Lehrbüchern gearbeitet. Ein jahrhundertealter Kulturanbau wurde ausgerottet.

Für den deutschen Botschafter ergab sich eine komische Situation, wurde er doch auf den Empfängen im Hause von lauter Freunden flüsternd angegangen, ob er nicht ein Fläschchen übrig hätte. Wir hatten natürlich – und konnten so unsere Popularität enorm steigern. Selbst Vizeminister waren sich dafür nicht zu schade.

Folgerichtig schossen zahlreiche neue Witze ins Kraut, etwa: Ein Autobus fährt, bis zum Überlaufen gefüllt, von einem der Außenbezirke in die Innenstadt, der Busfahrer ruft die nächste Station aus: „Weinhandlung" (die übliche euphemistische Umschreibung für Schnapsläden). Die Türen öffnen sich, die Türen schließen sich, nichts geschieht, der Bus fährt weiter. Nächster Halt: „Ende der Schlange". Die Türen öffnen sich und einer Panik gleich stürzen die Passagiere ins Freie.

Ministerpräsident Tschernomyrdin hat viele Jahre später einmal, als ebenfalls ein Regierungsprogramm gescheitert war, das geflügelte Wort geprägt: „Wir wollten das Beste, am Ende aber kam alles so wie immer…"

Auch die Anti-Alkoholkampagne starb eines natürlichen Todes, wobei die zurückgegangenen Staatseinnahmen aus dem Alkoholverkauf nicht die kleinste Rolle gespielt haben sollen.

Der Rote Platz

Zwei starke Erlebnisse verbanden sich mit dem Roten Platz, genauer gesagt, dem Fortsatz dieses Platzes am Abhang zur Moskwa unterhalb der Basilius-Kathedrale.

Das erste entstand aufgrund einer Idee des Gründers, Organisators und Managers der großen Pferdemesse in Essen, der „Equitana", des viel zu früh verstorbenen Wolf Kröber. Dieser regte an, zur kommenden „Equitana" einen Querschnitt russischer Pferde zu präsentieren, wobei ihm vorschwebte, dass man aus Gründen der Publicity einen Sternritt aus ganz Europa nach Essen organisieren sollte, mit einer dortigen entsprechenden Empfangs-Zeremonie.

Ich war etwas anderer Ansicht und schlug vor, die Präsentation auf zwei typische Pferderassen zu beschränken, die aufgrund der jahrzehntelangen Isolationspolitik der Sowjetunion keiner im Westen mehr kannte, und zwar die bereits beschriebenen Achaltekkiner sowie die russischen Orlow-Traber. Ich wandte mich an den Direktor der Moskauer Rennbahn, Kasbek Dsalajew, der in seinen Erinnerungen mit dem Titel „Auf dem Rücken der Pferde" die Vorgänge so beschreibt:

„Damals pflegte der Botschafter der Bundesrepublik Deutschland, Andreas Meyer-Landrut – ein Reitsportler und richtiger Pferdeliebhaber, der vor allem die Achaltekkiner-Rasse schätzte –, die Moskauer Rennbahn zu besuchen. Dreimal pro Woche ritt er einen Achaltekkiner-Hengst aus unserem Sportstall, den er später kaufte und nach Deutschland mitnahm.

Während eines solchen Besuches hat er im Gespräch vorgeschlagen, dass eine sowjetische Delegation an der bevorstehenden internationalen Pferdemesse ‚Equitana' in der Stadt Essen in der Bundesrepublik Deutschland teilnimmt. Ich hatte von dieser grandiosen Veranstaltung gehört, wo alles, was mit Pferdezucht und Pferdesport verbunden ist, ausgestellt wird, darunter auch wenig bekannte exotische Pferderassen, wie amerikanische Palomino und Quarter-horses, brasilianische ‚Taschenponys' und andere.

Ich nahm das Angebot des Botschafters mit Vergnügen an, mit der Bedingung, dass alle (sehr hohen) Kosten die deutsche Seite übernimmt. Herr Meyer-Landrut lud den Chef der ‚Equitana' nach Moskau ein und alle Fragen wurden erfolgreich gelöst.

Wir beschlossen, auf der ‚Equitana' das zu zeigen, was keiner sonst zeigen konnte, nämlich eine Gruppe von Achaltekkiner-Hengsten mit Reitern in turkmenischer Tracht und festlich geschmücktem Geschirr in orientalischem Stil. Außerdem wurde vorgeschlagen, eine sehr schöne russische Schimmel-Troika der Moskauer Rennbahn vorzuführen.

Das Interessanteste an diesem Unternehmen war die Tatsache, dass wir uns entschlossen haben, die Mannschaft nach Deutschland (über 2500 km) nicht per Autos zu bringen, sondern eine Wanderroute zu wählen, einen ‚Dauerritt' Moskau-Essen zu veranstalten.

Für die Vorbereitung auf dieses Abenteuer hatten wir nur zwei Monate Zeit. Schnell wurden sieben ausgezeichnete Achaltekkiner aus Turkmenien, dem Lugowsker und dem Stawropoler Gestüt geholt, sowie Reiter des Sportstalls unter der Leitung von Wlad Kolosow ausgewählt. Die Pferde sollten nicht nur angeritten werden, sondern auch eine Quadrille mit Begleitung turkmenischer Nationalmusik ausführen, außerdem mussten wir sie auf den langen Weg vorbereiten.

Im Februar, einen Monat vor Eröffnung der ‚Equitana', wurde auf dem Roten Platz in Anwesenheit unserer wie auch deutscher Bildreporter und Fernsehkorrespondenten ein symbolischer feierlicher Start durchgeführt, und sieben Reiter und die Troika machten sich auf

Fototermin auf dem Roten Platz zur Verabschiedung der Achaltekkiner-„Abordnung“ zur Equitana in Essen im März 1989; v. l. Wolf Kröber, Troika, Andreas Meyer-Landrut, dahinter die Achaltekkiner.

den Weg. Wir haben natürlich nicht riskiert, im Winter die ganze Strecke zu reiten. Bis zur deutschen Grenze wurden wir in speziellen Transportern gebracht und von da aus sind wir dann die 400 Kilometer bis Essen tatsächlich geritten. Unterwegs in Städten und Dörfern wurden wir feierlich von den deutschen Bürgern und offiziellen Vertretern empfangen, unser Weg wurde im Fernsehen und in den Zeitungen ausführlich beleuchtet.

Nach einer Woche waren wir erfolgreich in Essen eingetroffen und machten am Eröffnungstag zusammen mit dem Botschafter der Bundesrepublik Deutschland eine Ehrenrunde auf der Troika. Unsere Pferde erfreuten sich eines Rieseninteresses auf der Ausstellung. Mit Einwilligung der Gestütsleiter, der eigentlichen Pferdebesitzer, die die Mannschaft auf der Reise begleiteten, wurden fast alle Achaltekkiner verkauft."

Wie üblich hatte ich noch einige Gefechte mit den „Organen" durchzustehen, weil ich darauf bestand, dass meine Trainer, mit denen ich in Moskau arbeitete, mit nach Essen kommen durften. Da aber Auslandsreisen von der zuständigen Parteiorganisation genehmigt werden mussten, kamen natürlich Probleme auf, da andere Leute eine bessere Position in der Partei hatten und vorgezogen werden sollten. So musste ich schließlich sagen: Entweder meine beiden Freunde fahren mit oder ich blase die ganze Aktion ab, schließlich zahlt die deutsche Seite!

Am Ende erhielt ich die Zustimmung und wir organisierten den Fototermin auf dem Roten Platz. Dort allerdings lief dann auch gleich die Polizei zusammen und forderte eine Genehmigung für unser Tun. Ich redete mich dahin heraus, dass es um Filmaufnahmen gehe und der Regisseur mit der natürlich vorhandenen Genehmigung gleich eintreffen werde, jetzt handle es sich nur um eine Generalprobe. Als wir alle Fotos in der Kiste hatten, packten wir unsere Pferde in die bereitstehenden Transporter und fuhren unbehelligt ab.

Das andere mit dem Roten Platz verbundene Erlebnis war die Landung des deutschen Jungpiloten Rust mit einem einmotorigen Sportflugzeug gleich neben dem Lenin-Mausoleum, nachdem er sämtliche Radarkontrollen, auch den so genannten „Holding"-Raum über dem meistfrequentierten Moskauer Flughafen, passiert hatte und im Landeanflug nur um Zentimeter an O-Busleitungen vorbeigerutscht war. Nun stand er da, neben seinem Flieger, und auf die Frage herbeigeeilter „Organe", was er denn hier wolle und weshalb er gekommen sei, wusste er so recht keine Antwort, bis ihm wohl jemand suggeriert hatte, dass er eine Aktion zur Festigung des Friedens unternehmen wolle oder ähnlichen Unsinn.

Jedenfalls kam er wegen Grenzverletzung ins Gefängnis, der Weltpresse allerdings hatte er ein Festessen beschert und Gorbatschow war

Der neunzehnjährige Rust vor einem Moskauer Gericht, September 1987.
Er wurde zu zwei Jahren Gefängnis verurteilt und im August 1988 vorzeitig entlassen.

28. Mai 1987: Die einmotorige Cessna des deutschen Jungpiloten Matthias Rust kurz vor der Landung auf dem Roten Platz, nur wenige Dutzend Meter von der Kreml-Mauer entfernt.

gezwungen, sämtliche für die Luftsicherheit des Landes verantwortlichen Offiziere an die Luft zu setzen. Wir hatten als Botschaft alle Hände voll zu tun, schließlich musste ich auch noch in der Weihnachtszeit die Eltern dieses Früchtchens zu uns ins Haus einladen. Er ist dann ziemlich bald entlassen worden, aber labil wie er war, auch in Deutschland mit sich und seinem Leben nicht zurechtgekommen.

Moskau ist „in" – Politprominenz gibt sich die Klinke in die Hand

Ein Moskauflieger besonderer Art landete – ebenfalls am Steuer eines Privatflugzeugs sitzend, allerdings einer „Cessna Citation" für neun Passagiere – regelgerecht auf dem Flughafen Scheremetjewo: Franz Josef Strauß.

Dies geschah in den Weihnachtstagen 1987, genauer gesagt am 27. Dezember, und ging gleichfalls nicht ohne Überraschungseffekt ab, denn ich erfuhr von der bevorstehenden Landung erst am Vorabend des Ereignisses, und dies durch eine Pressemitteilung. Freilich konnten wir dann trotz der Feiertage eine Verbindung zur bayerischen Staatskanzlei herstellen und Einzelheiten zur Planung erfahren, doch war auch hier die Vorbereitung fein säuberlich unter Ausschaltung des Auswärtigen Amts erfolgt.

Strauß war in der Sowjetunion kein Unbekannter; seit Jahren diente er der Propaganda, bevorzugt den politischen Karikaturisten, als Inkarnation des „antisowjetischen Kapitalismus". Strauß selbst war freilich bei allem, auch lautstark vorgetragenem Antagonismus am Dialog mit Moskau interessiert, aber er wollte nicht auf eigene Initiative „durch die Hintertür" nach Russland reisen, sondern offiziell eingeladen werden. Da auch die neue sowjetische Führung am Gespräch mit ihm, einem doch sehr einflussreichen Politiker unseres Landes, interessiert war, verfiel man auf die Konstruktion, dass der Vorsitzende des Staatskomitees für Außenwirtschaftsfragen, Wladimir Kamenzew, ihn einladen sollte, um ja nicht den Eindruck entstehen zu lassen, dass man seine Politik neu beurteile oder gar teile. Zur Begrüßung wurde aus Gründen des hohen Ranges des Gastes der Stellvertretende Ministerpräsident A. K. Antonow entsandt. Wieder einmal, wie so oft, ließ das byzantinische Protokoll grüßen. Protokollarische Fragen wurden eben in Moskau erheblich ernster genommen, als dies bei uns der Fall war.

Am Ankunftsabend herrschte Schneesturm, ein fürchterliches Wetter. Als das Flugzeug ausgerollt war und Strauß ausstieg, war er schweißgebadet, glücklicherweise hatte er einen erfahrenen Fluglehrer als Kopiloten dabei, aber die Landung musste äußerst mühsam gewesen sein. Seine Begleiter: Edmund Stoiber, heute sein Nachfolger als Ministerpräsident, Theodor Waigel, später Finanzminister, Gerold Tandler, der dann bald in die Wirtschaft abwanderte, der Chefredakteur des „Bayernkurier" Scharnagl und einer der Strauß-Söhne – auch sie alle etwas weiß um die Nase.

Nach einer kurzen Begrüßung durch Antonow und der Vorstellung des Programms durch die sowjetischen Beamten erklärte ersterer, dass er sich jetzt zurückziehen werde, der Botschafter werde Herrn Strauss zum Hotel begleiten und es sei ja auch recht bald das Gespräch mit Außenminister Schewardnadse vorgesehen. Dies hatten wir während der Wartezeit so mit Antonow abgesprochen.

Einer entsprechenden Geste folgend, wandte sich Strauß ruckartig um, hatte ich doch bescheiden in der zweiten Reihe hinter ihm Platz genommen – so nahm er mich erstmals richtig wahr. Bei der Begrüßung nahm mich die ganze Delegation nicht recht zur Kenntnis, war doch landauf-landab bekannt, dass Strauß nicht nur Herrn Genscher nicht mochte, wie er mir selbst gegenüber später bestätigte, sondern den ganzen Auswärtigen Dienst eigentlich nicht leiden konnte.

Im Auto wandte sich Strauß dann an mich, ziemlich sorgenvoll und ratlos, was er nur machen solle? Beim Programmgespräch im Flughafengebäude sei in Bezug auf die Anwesenheit beim Gespräch mit Gorbatschow am folgenden Tage die Formel 1 + 2 gefallen. Er habe aber den Generalsekretär der CSU, Herrn Tandler, den Vorsitzenden der CSU-Landesgruppe im Deutschen Bundestag, Herrn Waigel, und den Leiter der Bayerischen Staatskanzlei, Staatsminister Stoiber, dabei. Und nun sei guter Rat teuer, denn wenn er einen der drei draußen vor lasse, würde der die beiden anderen umbringen! Ich schlug vor, am Ende des Gesprächs mit Schewardnadse die Frage mit diesem – ohne Delegation – aufzunehmen. Es werde sich schon eine Lösung finden lassen. Gesagt getan, als wir im Sitzungssaal des Außenministeriums fertig waren – es ging wieder um Abrüstung und die Entwicklung der Ost-West-Beziehungen –, bat ich Schewardnadse, doch noch zwei Minuten für ein Gespräch zu dritt mit Herrn Strauß zur Verfügung zu stehen. Er stimmte zu, worauf ich – auf russisch, um den persönlichen Charakter des Gesprächs zu unterstreichen, am Ende übersetzte ich Herrn Strauß direkt – den Sachverhalt schilderte: Herr Schewardnadse werde ja sicherlich dem Generalsekretär noch heute über das Gespräch berichten, vielleicht könne man dann auch die Frage der morgigen Beglei-

Die bayerische Abordnung auf dem Roten Platz, v. l. Gerold Tandler, Theo Waigel, Franz Josef Strauß und Edmund Stoiber.

tung klären. Im übrigen sei ich gerne bereit, meinen Platz abzutreten, falls meine Anwesenheit vorgesehen sei (dies habe ich nicht ins Deutsche übersetzt). Schewardnadse war einverstanden. Ich brachte die Delegation ins Hotel und fuhr nach Hause, um an der Weihnachtsfeier teilzunehmen, zu der längst vor der Information über den Strauß-Besuch eingeladen worden war.

Um etwa elf Uhr erhielt ich einen Anruf von Abteilungsleiter Bondarenko aus dem Außenministerium: Die Sache mit der Teilnahme am morgigen Gespräch sei geregelt worden, man sei bereit, dem Wunsch von Herrn Strauß zu folgen.

Nun stand ich vor der Frage: Sollte ich im Hotel anrufen und Strauß Bescheid sagen – ich wusste ja, wie nervös er war –, oder sollte ich ihn nach dem überaus anstrengenden Flug und langem Gespräch mit dem Außenminister lieber schlafen lassen? Ein bisschen Niedertracht, ihn noch bis zum Frühstück, zu dem wir uns verabredet hatten, „schmoren" zu lassen, war freilich auch mit im Spiel. Also erstattete ich meine Meldung erst am nächsten Morgen. Dem Ministerpräsidenten fiel hörbar ein Stein vom Herzen und – erstaunliches Nebenprodukt – ich war „persona grata". Im weiteren Verlauf das Besuches haben wir uns richtig gut verstanden, bei der in jeder Beziehung eisigen Kranzniederlegung am Grabmal des unbekannten Soldaten hakte er mich vertrauensvoll unter, weil der Boden unter den Füßen ziemlich glatt war.

Außer am Grabmal des unbekannten Soldaten an der Kremlmauer legten wir anlässlich offizieller Besuche stets auch einen Kranz auf einem deutschen Soldatenfriedhof nieder, wo in einem Moskauer Vorort Soldaten, die in einem Gefangenenlager verstorben waren, ihre letzte Ruhestätte gefunden hatten. Dies ist einer der zahlreichen deutschen Friedhöfe aus dem Zweiten Weltkrieg in Russland, die seit den siebziger Jahren nach und nach vom Volksbund Deutscher Kriegsgrä-

Mit Franz Josef Strauß nach der Kranzniederlegung an der Kreml-Mauer, Dezember 1987.

berfürsorge in Ordnung gebracht wurden – und noch in Ordnung gebracht werden. Insgesamt ein mühevolles Unterfangen, das nur mit viel Geduld und Einfühlungsvermögen vorangebracht werden konnte.

Mehrere Wochen später begegnete ich Helmut Kohl in Bonn und er fragte amüsiert: „Was haben Sie mit Strauß gemacht? Ansonsten hatte er doch nie ein gutes Wort für Diplomaten übrig, und Sie hat er über den grünen Klee gelobt."

Ich habe es ganz aufrichtig und persönlich als Tragik empfunden, dass FJS ein paar Wochen später gestorben ist, viel zu früh. Ich hätte diese Beziehung – er hat mir sein Foto und das Buch von Scharnagl über den Besuch mit jeweils besonders liebenswürdiger Widmung übersandt – gerne fortgeführt und vertieft.

Auch Gorbatschow berichtet in seinen Memoiren über den Bayern mit Hochachtung: „Strauß, trotz der verbreiteten Klischees, die von unseren Journalisten bis zum Überdruss strapaziert wurden, machte auf mich einen starken Eindruck: ein Mann mit festen Positionen, der aber gleichzeitig die Fähigkeit besaß, umfassend und realistisch die Welt, die Lage in Europa sowie die Rolle der UdSSR und der Bundesrepublik in der Weltpolitik zu bewerten."*

Der nächste Besucher, und nun schon zum zweiten Mal bei mir zu Gast, war im Februar 1988 Lothar Späth. Er hatte keine Probleme mit seinen Begleitern, so ging ich mit zu dem Treffen mit Gorbatschow, der sich lebhaft für den Hightech-Standort Baden-Württemberg interessierte, wozu ihm Späth auch ausführlich berichtete.

Im April 1988 kam Willy Brandt mit einer Delegation der Sozialistischen Internationale, prominenter Begleiter war der damalige Vorsitzende der niederländischen Arbeiterpartei, Jan Pronk. Bei einem Empfang bei uns im Hause wurde die KPdSU durch den langjährigen sowjetischen Botschafter in Washington, Dobrynin, vertreten, der unter anderem Gesprächspartner von John F. Kennedy und Robert Kennedy während der Kuba-Krise 1962 gewesen war. Jetzt kam er in seiner Eigenschaft als Parteisekretär, zuständig für die Außenbeziehungen der KPdSU. Ich habe diesen hochintelligenten Kollegen, den ich bereits in den siebziger Jahren kennen gelernt hatte, sehr geschätzt. Natürlich ging ihm das Gespräch mit westlichen Partnern nach fünfundzwanzig Jahren in den USA leichter von der Hand als zahlreichen seiner Kollegen mit dem systembedingten engen Horizont.

* Michail Gorbatschow: Erinnerungen. Berlin 1995, S. 702

Mit Anatoli Dobrynin in der Moskauer Residenz.

Mit SPD-Kanzlerkandidat Hans-Jochen Vogel bei einem Spaziergang in Moskau.

Besuch von Bundeswirtschaftsminister Martin Bangemann
bei Gorbatschow mit dessen Berater Tschernjajew.

Im Mai erschien dann der Nachfolger von Willy Brandt als Parteivorsitzender, Hans-Jochen Vogel.

Während des Gesprächs mit Gorbatschow ließ dieser es sich nicht nehmen, seinen Gast zu fragen, ob denn auch der Botschafter mit seinen Ansichten – die notwendigerweise von denen der Bundesregierung ein wenig abwichen – übereinstimme. Vogel antwortete, nicht faul: „Bei Ihrem Gespräch mit Strauß war er nicht dabei, ich habe ihn eingeladen teilzunehmen."

Von der Sache her hatte diese Aussage natürlich kein besonders großes Gewicht, inzwischen war ich ja auch mit Späth (CDU) bei unserem Gastgeber gewesen, aber Hans-Jochen Vogel fand einen solchen Gefallen an der Episode, dass er sie im anschließenden Pressegespräch erwähnte, womit sie dann auch Eingang in die deutschen Medien fand.

Die Regierungsseite meldete sich wiederum durch den damaligen Vorsitzenden des Koalitionspartners FDP und Wirtschaftsminister Bangemann, ebenfalls im Mai.

Moskau war richtig „in".

Am 23. Mai 1988, anlässlich unseres „Pseudo“-Nationalfeiertags, dem Tag des Grundgesetzes, erhielt ich, wie andere Botschafter auch, die Möglichkeit zu einer kurzen Fernsehansprache. Dies war eine heikle Geschichte, denn einerseits wollte ich natürlich unser nationales Anliegen nicht verschweigen, andererseits war die Perestroika noch nicht so weit, dass mir gestattet worden wäre, das „dirty word“ Wiedervereinigung im staatlichen Fernsehen zu benutzen. Also tüftelte ich mir folgenden Text zusammen, der die Zensur passierte und, wie mir bestätigt wurde, gut verstanden worden ist:

„Die Nachkriegsentwicklung hat Europäer und Deutsche geteilt. Bundespräsident von Weizsäcker hat bei seinem Staatsbesuch im Juli vergangenen Jahres erklärt, es sei gerade die Teilung und ihre Auswirkung auf die Menschen, deretwegen wir den Frieden ganz besonders brauchen. Deshalb setzen wir unsere ganze Kraft für die Entspannung und die Zusammenarbeit zwischen Ost und West mit dem Ziel einer gerechten und dauerhaften Friedensordnung in Europa ein.“

Im so genannten Brief zur deutschen Einheit, der 1970 im Zusammenhang mit dem Moskauer Vertrag an die sowjetische Regierung geschickt worden war, hatte es unserer Verfassung folgend geheißen: „... einen Zustand des Friedens in Europa, in dem das deutsche Volk seine Einheit wiedererlangt“. Dies waren die sowjetischen Behörden auch 1988 noch nicht bereit, vom deutschen Botschafter öffentlich wiederholen zu lassen, so stellte ich den Teilungstatbestand voran und benutzte das Zitat des Bundespräsidenten anschließend, den Gedanken der auf Dauer nicht akzeptablen Teilung in dieser Form präsentierend.

Im Frühjahr 1988 wurde in Deutschland, nicht zuletzt bei der Deutschen Bank und deren ostpolitisch engagiertem Vorstand F. Wilhelm Christians, der Gedanke geboren, der Sowjetunion einen Milliarden-Kredit zu gewähren, mit dessen Hilfe die Konsumgüter-Industrie, insbesondere die Lebensmittelproduktion unterstützt und angekurbelt werden sollte. Ich habe diesen Gedanken zwar grundsätzlich unterstützt, jedoch dringlich geraten, „Korsettstangen“ in der Form von Kontrollmechanismen in den entsprechenden Vertrag einzubauen, damit das Geld nicht versickern konnte.

Im Juni gab es zu diesem Thema ein Gespräch Genscher-Schewardnadse in New York, an dem ich teilnahm. Es ging um die praktischen Möglichkeiten, wie der Kredit von rund drei Milliarden D-Mark, den ein Konsortium unter Führung der Deutschen Bank bereitstellen sollte, für den Aufbau der Lebensmittel- und Konsumgüterindustrie am besten eingesetzt werden konnte. Die sowjetische Seite lehnte jegliche Kontrollmechanismen ab. Das könne man schon alleine. Wir sollten das Geld zur Verfügung stellen, dann werde sich schon alles regeln. Meine Warnungen fruchteten nichts.

Etwa anderhalb Jahre später war eine Delegation des Bundesverbandes der Deutschen Industrie in Moskau und wurde auch von Gorbatschow empfangen. Bei dieser Gelegenheit fragten die deutschen Gäste unter anderem nach dem 3-Milliarden-Kredit und ob er bereits Auswirkungen auf die sowjetische Leichtindustrie gehabt habe, wie dieser ungebundene Kredit genutzt worden sei etc. Gorbatschow antwortete, er sei zu dieser Frage momentan nicht ausreichend informiert, aber er werde dafür sorgen, dass die Herrschaften eine Antwort erhielten.

Es vergingen etwa drei Monate, bis sich der Handelsbeauftragte der sowjetischen Botschaft beim BDI in Köln meldete, er habe die Antwort von Gorbatschow auf die Fragen der Delegation und bäte um einen Termin. Mehrere der Delegationsteilnehmer versammelten sich in Köln, gespannt auf die Antwort. Diese lautete: Die sowjetische Seite könne nur erklären, dass der ungebundene Kredit sinnvoll genutzt worden sei, Einzelheiten könne man nicht mitteilen.

Nach 1996 habe ich dann erneut öffentlich vor dem Vergeben ungebundener Kredite an Russland gewarnt, doch wieder wurde ein solcher, diesmal „zur Festigung der Demokratie“, genauer gesagt zur Finanzierung von Jelzins Wahlkampf gewährt: drei Milliarden frei verfügbar, eine Milliarde gebunden an bilaterale Industrieprojekte. Auch diese drei Milliarden sind in allerhand mehr oder minder dunklen Kanälen verschwunden.

Zu einem anderen Thema, das uns als „Dauerbrenner“ begleitete, schrieb der Bonner „General-Anzeiger“ im Sommer 1988 (19. 7.):

„Botschafter Meyer-Landrut nähert sich dem Zustand der Verzweiflung. Jahrzehntelang hatten alle Bonner Regierungen unter dem eindrucksvollen Stichwort ‚Familienzusammenführung‘ dafür getrommelt, ausreisewilligen Sowjetdeutschen die Rückkehr ins Land der Väter zu ermöglichen. Nun…“

Tatsächlich waren die Ausreisen in den letzten Jahren sprunghaft angestiegen: 1980 – 700 Personen, 1987 – 14.500 Personen, und im ersten Halbjahr 1988 schon 18.600. Dies stellte uns in der Botschaft allerdings vor erhebliche Probleme, die wir jedoch ganz gut gemeistert haben, mit billigen Zwischenunterkünften in Moskau, speziellen Flugzeugchartern etc. Nur die Konsularabteilung war räumlich wie perso-

Massenandrang von Russlanddeutschen vor dem Deutschen Konsulat in Moskau, um einen Einreiseantrag nach Deutschland zu stellen. Aufnahme von 1989.

nell auf einem Stand von vor zehn Jahren, der von den Mitarbeitern enormen Einsatz verlangte. Dennoch waren wir natürlich über diesen Schritt hin zur Freizügigkeit froh. Der „Zustand der Verzweiflung" war relativ.

Ulan Bator: Botschafter in der Äußeren Mongolei

Anfang Juli 1988 reisten wir mit einer kleinen Delegation nach Ulan Bator, Hauptstadt der Mongolischen Volksrepublik. Damals hatten wir dort noch keine ständige Vertretung, sondern der deutsche Botschafter, zunächst aus Japan, später aus Moskau, war doppelt akkreditiert in der Mongolei. Zur Übergabe des Beglaubigungsschreibens war das persönliche Erscheinen am Ort unerlässlich. So packten wir von Champagner- und Whisky-Flaschen – für den von uns auszurichtenden Empfang – bis zu Lebensmitteln und, was man uns besonders empfohlen hatte, Orangen alles mögliche zum Überleben und Verschenken ein und flogen über Sibirien in diese doch recht abgelegene Weltgegend.

Ulan Bator machte auf den ersten Blick den Eindruck einer sowjetischen Provinzstadt. Erst allmählich entdeckten wir die Reste der buddhistischen Lama-Kultur, die das Land früher total beherrscht hatte, bildete doch das Drohnen-Dasein der Lamas den Nährboden für die kommunistische Ideologie und eine relativ breite Akzeptanz der oktroyierten Revolution.

Der Großteil der Bevölkerung allerdings lebte noch in Jurten, als Nomaden, die sesshaft zu machen eines der Ziele der kommunistischen Führung war, wozu auch landwirtschaftliche Siedlungsprojekte der DDR gehörten, von denen wir uns eines anschauten.

In die Tage unserer Anwesenheit – und das war natürlich beabsichtigt – fiel der Nationalfeiertag. Zunächst aber überreichte ich im Präsidentenpalast mit Ehrengarde und Musik – eines der gespielten Stücke soll unsere Nationalhymne gewesen sein – mein Beglaubigungsschrei-

Übergabe des Beglaubigungsschreibens in Ulan Bator, mit den Kollegen Winkelmann und Biontino.

ben. Anschließend an die Zeremonie gab es das übliche Gespräch mit dem Präsidenten, zu dem mongolischer Tee mit Jak-Butter gereicht wurde – eine Köstlichkeit, die man als Europäer nur seinen schlimmsten Feinden wünschen kann.

Der folgende Nationalfeiertag begann mit einem großen Umzug, bei dem sich Schauspieler – als Lenin und seine mongolischen Genossen auf Lastwagen stehend – mit wilden Schamanen, die allerdings fußläufig auf der Straße dahertanzten, abwechselten.

Das Eindrucksvollste waren die nationalen Wettkämpfe in den drei landestypischen Sportarten: Ringen, Bogenschießen und Pferderennen. Das Ringen fand im großen Zentralstadion statt, wo einige hundert Paare mit bloßem Oberkörper miteinander kämpften. Der jeweilige Sieger umkreiste den Unterlegenen in merkwürdigen Trippelschritten, dabei die Arme ausbreitend wie Flügel – tatsächlich sollte damit der siegreiche Adler symbolisiert werden. Dieser Wettkampf zog sich über vier Tage hin, bis – im K.o.-Verfahren – nur noch ein Paar übrig blieb, der Sieger wurde zum absoluten Champion des Landes gekürt. Im Übrigen ist dies auch die einzige Sportart, in der die Mongolei an den Olympischen Spielen teilnahm, wohl in der Form des Freistilringens.

Die zweite Sportart, das Bogenschießen, imponierte mir insbesondere dadurch, dass die alten und die ganz jungen Teilnehmer gemeinsam aus einer relativ kurzen Distanz auf die Scheiben schossen, während diejenigen, die wir die Leistungssportler nennen würden, aus erheblich größerer Distanz treffen mussten, um Erfolg zu haben.

Das Eindrucksvollste war für mich natürlich das Pferderennen. Dieses ging über vierzig Kilometer Entfernung und wurde von Kleinkindern bestritten, um es den Pferden möglichst leicht zu machen, die für Tier und Reiter gewaltige Distanz möglichst schnell hinter sich zu bringen. Die Kinder, so sagte man uns, werden oft am Sattel festgebunden, damit sie, wenn sie erschöpft sind, nicht herunterfallen. Eine ziemlich grausame Angelegenheit, aber von großer nationaler Bedeutung. Tatsächlich gewann ein – ich erinnere mich schon nicht mehr genau – sieben oder neun Jahre altes Kind.

Die mongolischen Pferde sind klein, wir würden sie als Ponies einstufen, und mit ihren klobigen Köpfen und kurzen Beinen von einer garstigen Hässlichkeit.

Da wir uns ziemlich lange im Zielbereich des Rennens aufhielten, bis endlich eine große Staubwolke das Nahen des Feldes ankündigte – die Letzten kamen, wie im Marathonlauf üblich, im Laufe von einigen

Stunden nach den Ersten an –, habe ich mich dann auch nicht zurückhalten können, mich auf eines der dort zahlreich mit ihren Reitern versammelten Pferde zu setzen und ein paar Runden in Schritt, Trab, Galopp zu drehen. Ein mäßiges Vergnügen, da die Bewegungen der Tiere kurz wie der Rhythmus einer Nähmaschine sind und der Sattel aus Holz gefertigt war, auf dem nur ein Lumpen als Polster lag.

In den folgenden Tagen machten wir herrliche Ausflüge in die unberührte Berglandschaft, aber auch durch die Steppe mit ihren Jaks, Kamelen, Rindern und Pferden, wobei die Zelte der Nomaden an langen Stangen mitgeführt werden, die an den Sätteln der Pferde befestigt sind und mit dem anderen Ende auf dem Boden schleifen.

In der Stadt dann das hinreißende Museum mit Dinosaurier-Skeletten durch zwei Stockwerke und zahlreichen anderen Skeletten verschiedenster Ur-Echsen, die aus der Wüste Gobi stammen. Und ein besonderes Bonbon: der Staatszirkus mit tollen Freiheitsdressuren der erwähnten Tiere, aber auch sibirischer Tiger und Bären und natürlich, ähnlich wie im chinesischen Zirkus, großartigen Artisten.

Als Andenken sind die Kamelhaardecken und die seidenweichen Kaschmirpullover aus Jak-Haaren bis heute erhalten geblieben.

Perspektiven

In einem Artikel in der Zeitschrift „Osteuropa“ gab ich einen Überblick über Ostpolitik und deutsch-sowjetische Beziehungen, aus dem ich zum Verständnis der damaligen Situation in einem sich wandelnden Ost- und Mitteleuropa einige Auszüge folgen lasse:

„Die letzten zwölf Monate haben wichtige Ereignisse gebracht: die sowjetisch-amerikanischen Gipfelbegegnungen in Washington und Moskau, Einigung über und Inkrafttreten des INF-Vertrages, die Einigung über Afghanistan und der Beginn des sowjetischen Truppenabzugs, die ungeheuer intensiven – und in einigen Fällen erfolgversprechenden – Bemühungen um politische Lösungen für die Regionalkonflikte Angola/Namibia, Kambodscha, Zentralamerika, Golf und, wenn auch nicht kurzfristig erreichbar, Nahost sowie – innenpolitisch – die 19. Parteikonferenz.

Der Zustand der Sowjetunion ist kritisch. Die Parteikonferenz hat dies in mehrfacher Hinsicht deutlich gemacht: 70 Jahre nach der Oktoberrevolution hat das Volk nicht genug zu essen, es fehlt an Wohnungen, Kleidung, jeglicher Art von Konsumgütern.

Die Revolution, die soziale Gerechtigkeit bringen sollte, kann ihrem Volk heute nur eine soziale Fürsorge in Form von Krankenhäusern, Schulen, Renten und Pensionen, sozialen und kulturellen Einrichtungen bieten, die auf der Parteikonferenz in schonungsloser Offenheit als völlig unzureichend angeprangert wurde.

Der Misserfolg – oder besser gesagt: die sträfliche Unterlassung – einer Nationalitätenpolitik, die diesen Namen verdienen würde, offenbart einen Abgrund, an dem die Sowjetunion heute entlangmanövrieren muss.

Die Entwicklung seit 1985 hat nicht die materiellen Ergebnisse gebracht, welche sich die Führung damals erhoffte.

Sie hat jedoch Prozesse ausgelöst, die langfristig für die Sowjetunion – und ihre Bevölkerung – wahrscheinlich positiver, erfolgsträchtiger und solider sind als die zunächst ins Auge gefasste, ‚mechanistische' Politik im wesentlichen rein wirtschaftlicher ‚Beschleunigung' der Wachstumsraten. Diese Politik hat nicht stattgefunden, die Wirtschaft hat nicht ‚beschleunigt', sondern ihr Unvermögen dazu offenbart. Die Führung hat daraus die Erkenntnis gezogen, dass das Land der Reform in allen Lebensbereichen bedarf, und – in vielem pragmatischer, als mancher Beobachter wohl zu sehen glaubt – die Reformpolitik auf mehrere ‚Standbeine' gestellt:

Eine offene Diskussion im ganzen Land muss zunächst einmal das ganze Ausmaß der Probleme offenlegen – sowohl um die grundsätzliche Notwendigkeit radikaler Reformen anschaulich zu machen, als auch um konkrete Ansatzpunkte für die Remedur zu identifizieren und die Bevölkerung zur Mitwirkung zu mobilisieren. Dem diente auch die Parteikonferenz: Die auf die Führung beschränkte Analyse von 1985 sollte zur partei- und landesweiten Ausgangsbasis der Diskussion gemacht werden.

Nur auf einer solchen breiten Basis können Diskussion und Durchführung notwendiger Reformen Aussicht auf Erfolg haben: Die ganze Gesellschaft muss letzten Endes involviert werden, geistig und materiell, wenn der Reformimpuls Breitenwirkung entfalten soll.

Der Logik der Sache entsprechend, hat sich das analytische Instrument ‚glasnost' am schnellsten entwickelt. Die ‚demokratisazija' – verstanden als zunächst einmal die Suche nach Mitteln, ‚wie' die Massen politisch zum Mit-Verstehen, Mit-Denken und letztlich Mit-Handeln gebracht werden können – steckt noch in den Kinderschuhen, sie ist untrennbar von der eigentlichen ‚perestrojka'.

Zielstrebig will Gorbatschow jetzt die Instrumente schaffen, mit denen dieses Land überhaupt in einem modernen Sinne ‚regierbar' gemacht werden kann. Der Erfolg der Reformpolitik wird davon abhängen, inwieweit es gelingt, rechtzeitig die dafür erforderlichen und ‚passenden' Wekzeuge zu schmieden. Die äußerst knappen Fristen, die der Generalsekretär für die Rosskur verordnet hat, zeigen, wie brennend das Problem empfunden wird: Er muss erst einmal wieder ‚Ruderwirkung ins Schiff' bringen.

Wie soll es weitergehen, was können oder sollen wir tun, von westlicher, von deutscher Seite? Die Sowjetunion ist die Fortsetzung des Russischen Reiches in anderem Gewand. Sie zeigt Züge einer Kontinuität, die sich aber widersprechen und in einer konfliktreichen Dialektik miteinander ringen. Zum einen das Ruhen in dem großen, weiten Land selbst, in seiner langen Geschichte und seiner kulturellen Identität, aber auch in seinen nationalen Widersprüchen und Problemen und in seinem Anspruch auf den ‚richtigen Weg', gestern den orthodox-monarchistischen, heute den leninistischen. Zum anderen der Anspruch, ein gewachsener Teil der europäisch-abendländischen Kultur zu sein, mit einer ungestillten Neugier und Sehnsucht nach Zugang und Teilhabe. Einerseits will man im Europäischen Haus leben, andererseits wird gewarnt vor ‚westlicher Dekadenz', Immoralität, Spionage und Subversion: wie zu Zaren-Zeiten.

So katastrophal die Lage in der Wirtschafts- und Sozialpolitik ist, so vielversprechend sind Erkenntnis, Wille und Bereitschaft zur Reform. Sie bieten den Ansatzpunkt für eine Politik guter und nützlicher Beziehungen.

Damit die Sowjetunion ein effektiver Wirtschaftspartner wird, muss sie ‚gesund' werden, wettbewerbsfähig, und das heißt: Sie muss Waren produzieren, die gegenüber der Konkurrenz auf dem Weltmarkt bestehen können, nach Qualität, Preis und Service. Auch wir wollen einen gesunden, starken Partner, nur mit einem solchen Partner können ökonomische und ökologische Probleme der Zukunft bewältigt werden.

Obwohl die bisher von der sowjetischen Seite vorgesehenen Rahmenbedingungen für Gemeinschaftsunternehmen in ihrer wirtschaftlichen Bedeutung insgesamt nicht überschätzt werden sollen, haben deutsche Unternehmen gerade bei dieser neuen Form der Zusammenarbeit eine Vorreiterrolle übernommen.

Damit können wir der Sowjetunion etwas bieten, dessen Bedeutung nicht nur in Geldwert zu messen ist. Dazu gehören dann auch vertiefte und in die ‚Breitenwirkung' ausgeweitete Beziehungen in Wissenschaft, Kultur, Publizistik bis zum Jugendaustausch in den verschiedensten Formen. Dies kann einen wichtigen Beitrag zu einem veränderten politischen Klima in Europa leisten, wie wir es seit dem Harmel-Bericht und der Schlussakte von Helsinki anstreben. Das setzt allerdings auf sowjetischer Seite voraus, dass sie administrative und polizeiliche Hindernisse abbaut und jüngere ideologische und viel ältere kulturelle, national und religiös bedingte Berührungsängste überwindet. Hier muss die Sowjetunion den Anschluss finden, an den faktischen Abbau von Grenzen, wie ihn Westeuropa in den letzten 40 Jahren vollzogen hat.

So tragisch die europäische Geschichte seit 1914 verlaufen ist, und so viel Zeit und Ressourcen zu wenig konstruktiven Zwecken verwendet wurden, so hoffnungsvoll unterscheidet sich doch der ‚August 1988' vom ‚August 1914'.

Der Westen – in Europa und in Nordamerika – hat trotz der Belastungen durch eine unfruchtbare Konfrontation einen Zustand von politischer Stabilität und Wohlstand erreicht, der Maßstäbe setzt. Er hat auf diese Weise, so paradox es klingen mag, vielleicht dazu beigetragen, dass der Osten begonnen hat, sein eigenes Koordinatensystem kritisch zu überprüfen. Der Weg in eine Entwicklung, die besser ist als die Vergangenheit, öffnet sich damit. Es gilt, ihn auch tatsächlich zu beschreiten. Dabei bleiben zwei spezifisch deutsche Anliegen auf der Agenda: das eine ist die Einbeziehung von Berlin (West) in die Verbesserung des West-Ost-Verhältnisses, das andere ist ein vernünftiger und behutsamer Umgang mit der Frage der deutschen Nation. Die Teilung einer großen, alten Nation im Herzen Europas ist nicht mit verbalen Formulierkunststücken beiseite zu wischen. Die historische und kulturelle Identität aller Deutschen lässt sich nicht leugnen, der Wunsch nach Zusammengehörigkeit verlangt Respekt."

Zurück in Moskau: Politik und Kultur

Kurz nach der Rückkehr von Ulan Bator nach Moskau kam Außenminister Genscher zu Konsultationen mit Schewardnadse – „als Quartier- und Schrittmacher für den Kanzlerbesuch im Herbst", wie der „General-Anzeiger" (1. 8. 1988) schrieb. Obschon Genscher es fertig gebracht hatte, mit Schewardnadse bereits ein gutes und vertrauensvolles Arbeitsklima herzustellen, war nach meiner Beobachtung dieser Besuch insofern „anders", als wirklich offen miteinander diskutiert wurde. Ich habe bereits an anderer Stelle gesagt, dass die DDR bei all

Eintreffen von Bundesminister Genscher zu Konsultationen in Moskau im Sommer 1988; v. l. ARD-Moskau-Korrespondent Gerd Ruge, Hans-Dietrich Genscher, Dolmetscher Weiss, Minister Schewardnadse, Dolmetscher Kurpakow, Botschafter Kwitsinski, Meyer-Landrut.

Empfang Genschers bei Präsident Gorbatschow; v. l. Schewardnadse, Gorbatschow, Dolmetscher Kurpakow, Kwitsinski, stehend Präsidentenberater Tschernjajew, Meyer-Landrut, Genscher, der Leiter der 2. politischen Abteilung des Auswärtigen Amts Freiherr v. Richthofen.

unseren Gesprächen in Moskau quasi mit am Tisch saß, so sprach man auch jetzt über die deutschen Probleme und über die DDR, freilich nun aus einer Position gleichen Abstandes oder zum mindesten ohne sich zu identifizieren, wie das früher auf sowjetischer Seite üblich war.

Dies traf übrigens auch für das während dieses Besuchs geführte Gespräch mit Gorbatschow zu, welches freilich in erster Linie der Vorbereitung der für den Oktober vorgesehenen Visite von Bundeskanzler Kohl diente.

Offizieller Besuch von Bundeskanzler Helmut Kohl in Moskau, Oktober 1988.

Herzliche Begrüßung beim Rundgang auf dem Roten Platz.

Helmut Kohl mit dem sowjetischen Präsidenten Gorbatschow bei einem Empfang für hochrangige Wirtschaftsvertreter der Bundesrepublik.

esuch des deutschen Soldatenfriedhofs Lublino am Stadtrand von Moskau. Neben Kanzler Kohl der Fraktionsvorsitzende der Union Alfred Dregger und Botschafter Meyer-Landrut, dahinter Verteidigungsminister Volker Rühe und Forschungsminister Heinz Riesenhuber, ganz links Hannelore Kohl.

Begegnung in der Botschafterresidenz: Helmut und Hannelore Kohl mit dem Bürgerrechtler und Friedensnobelpreisträger Andrej Sacharow und seiner Gattin Jelena Bonner.

Zahlreich waren die Kulturkontakte in dieser vielleicht als beginnender Frühling zu bezeichnenden Periode der Beziehungen, während der sich eine Liberalisierung der Kunstszene in Moskau und der Sowjetunion insgesamt abzeichnete.

Die Deutsche Bank finanzierte eine große Gemälde-Ausstellung „Schrecken und Hoffnung", eine Art Aufarbeitung der Kriege mittels der Malerei. Großen Eindruck machten die Personalausstellungen unserer Gegenwartskünstler Günther Uecker und Otto Herbert Hajek, Kunst, die bisher in Moskau mit absolutem Tabu belegt war.

Auch Ausstellungen der so lange verpönten russischen Avantgarde gab es endlich, teils unter Mithilfe deutscher Museumsdirektoren, wie die große Kandinsky-Ausstellung, die unter entscheidender Mitwirkung des damaligen Chefs der Frankfurter Schirn-Galerie, Christoph Vitali, zustande kam und danach nach Frankfurt und Amsterdam ging.

Zahlreiche Werke, die bisher als verschollen galten, konnten nun wiederentdeckt werden, hatten doch viele Provinzmuseen in Russland, als der „sozialistische Realismus" ausbrach und die Avantgarde-Kunst mit Bann und Ausrottung überzogen wurde, diese Werke in die Keller verbracht; man wusste ja nie, plötzlich kommt ein neuer Erlass aus

Moskau und dann bist Du schuld an der Vernichtung von Werken, die plötzlich erneut geschätzt werden. So auch im Fall Kandinskys: Mit Hilfe eines Notizbuchs aus seinem Nachlass gelang die Lokalisierung mehrerer Gemälde und Graphiken, die nun in der genannten Ausstellung wieder erstmals gezeigt werden konnten.

Auch eine wunderbare Lentulow-Ausstellung wurde im „Haus des Künstlers" gezeigt, ein Avantgarde-Maler, den ich besonders schätze, der im Westen allerdings, wie eine Reihe seiner Kollegen, wenig bekannt ist, weil er nach der Revolution in Russland blieb und der Not gehorchend in seinem späteren Leben, wie auch andere einstige Avantgarde-Kollegen, „sozialistischen Realismus" malte.

Auf dem Gebiet der Musik hatten wir schöne Gastspiele: nach Moskau kamen (und traten teils auch bei uns zu Hause auf) das Abegg-Trio, das Münchner Kammerorchester, der aufstrebende Geiger Frank Peter Zimmermann, damals noch Teenager, Prof. Rilling aus Stuttgart, der mit weiteren Spitzenkräften seines Konservatoriums „Bach-Lehrwochen" veranstaltete – um nur einige Beispiele zu nennen.

Herausragend ein Gastspiel der Hamburger Oper im Bolschoi-

Beim Empfang anlässlich der Eröffnung der Ausstellung „Schrecken und Hoffnung" mit Herrn F. Wilhelm Christians und dem Leiter der Moskauer Vertretung der Deutschen Bank, Axel Lebahn.

Sommer 1988: Besuch des Schleswig-Holstein-Festival-Orchesters. Mit Festival-Intendant Justus Frantz und dem Dirigenten Leonard Bernstein auf dem Roten Platz.

Theater mit deren künstlerischem Leiter Christoph von Dohnany, seiner Frau, der Sängerin Anja Silja, dem Münchener Opernintendanten Everding, der den mitgebrachten „Lohengrin“ inszeniert hatte, dem Wagner-Tenor Peter Hofmann und einem hervorragenden Ensemble. Besonders beeindruckte mich der gleichfalls aufgeführte „Wozzeck“ von Alban Berg, der nach über sechzig Jahren (1927 hatte in Leningrad, im Beisein des Komponisten, die UdSSR-Erstaufführung stattgefunden) jetzt erstmals auch in Moskau gezeigt werden konnte.

Im Sommer kam das Schleswig-Holstein-Festival-Orchester mit dem Dirigenten Leonard Bernstein und dem Festival-Intendanten Justus Frantz nach Moskau. Lenny Bernstein wohnte mit Tochter und

Suite bei uns im Haus und stellte mit seinem unbändigen Temperament praktisch den ganzen Laden auf den Kopf. Besonders eindrucksvoll waren die aus tiefster Provinz angereisten Verwandten von Lenny, die stundenlang bei uns im Garten auf den Maestro warteten, um dann ein paar Worte auf Jiddisch mit ihm zu wechseln. Ein großes Gartenfest mit Musik und Tanz schloss die Tournee ab. Auf diesem Fest erschien auch Waleri Gergijew, der spätere Intendant und Chefdirigent der Petersburger Marienoper, Gastdirigent der Metropolitan Opera, der Salzburger Festspiele, der Festspiele in Baden-Baden und so fort. Der Kontakt mit diesem genialen, energiegeladenen Musiker ist seither nicht abgerissen.

Politisch ging es nun mit Macht an die Entwicklung und Finalisierung zahlreicher Abkommen, die als Rahmen für die Zusammenarbeit auf vielen Lebensgebieten dienen sollten. Zwar standen, wie ich an anderer Stelle schon berichtet habe, auch hier noch immer Berlin-Differenzen als Eisberge des Kalten Krieges verschiedentlichen Einigungen im Wege. Doch als Bundeskanzler Helmut Kohl im Oktober 1988 nach Moskau kam, waren doch ein Abkommen über Umweltschutz, ein Abkommen über Zusammenarbeit im Kernkraftbereich, ein Abkommen über Zusammenarbeit in der Weltraumforschung und ein Zwei-Jahres-Kulturaustauschprogramm, sowie der erwähnte Drei-Milliarden-Kredit unterschriftsreif. Eine solche „Ausbeute" konnte sich natürlich auch politisch sehen lassen. Die Kommentare in Ost und West waren entsprechend den jeweiligen politischen Überzeugungen oder Neigungen der Autoren teils positiv, teils skeptisch, doch durchgehend wurde die große Wandlung des Klimas in den Beziehungen gewürdigt.

Was allenfalls bei Staatsbesuchen, nicht aber bei Kanzlerbesuchen üblich war: Anlässlich dieser Visite trat das Münchner Philharmonische Orchester mit seinem legendären Dirigenten Sergiu Celibidache auf. Bei diesem Konzert, bei dem die uns seit vielen Jahren gut bekannte russische Cellistin Natalja Gutman als Solistin auftrat, erklangen auch eine Egmont-Ouvertüre von Beethoven und – unvergesslich – die „Bilder einer Ausstellung" von Mussorgski. Ehrengäste: Michail und Raissa Gorbatschow, Hannelore und Helmut Kohl. Das Ganze fand im Säulensaal des Gewerkschaftshauses statt, den ich bereits erwähnt habe. Anschließend fuhren die Ehepaare Kohl und Gorbatschow zum Abendessen in die Staatsvilla des Präsidenten, parallel gab ich für ausgewählte Gäste und das Orchester einen Empfang im nahe gelegenen

Hotel „National". Ich musste Sergiu Celibidache unterhaken und stützen; obschon erst Mitte Oktober, war ein Frosteinbruch über uns gekommen und die Straßen waren spiegelglatt gefroren.

In diese Zeit – ich erinnere mich nicht mehr genau an die Daten – fiel auch der Besuch einer SPD-Delegation, der unter anderen Gerhard Schröder angehörte. Während eines Empfanges bei uns im Hause zeigte ich ihm das gelbe Sofa, auf dem Herbert Wehner gesessen hatte, als er, von den deutschen Moskau-Korrespondenten umgeben, sich anschickte, Willy Brandt zu stürzen. Hier war der bedeutungsschwere Satz gefallen: „Der Herr badet gerne lau." Das war im Herbst 1973, als eine Delegation des Deutschen Bundestages mit dessen Präsidentin Annemarie Renger, den Fraktionsvorsitzenden der FDP Wolfgang Mischnick und der SPD Herbert Wehner, sowie dem Stellvertretenden Vorsitzenden der CDU/CSU-Fraktion Richard von Weizsäcker und Richard Stücklen, Vorsitzender der CSU-Landesgruppe, die Sowjetunion besuchte. Während der Vorbereitung dieses Besuchs, wir hatten im Referat ausführliche Informationsmappen zusammengestellt, wurde ich zu einem Vorgespräch mit Abendessen in die Amtsvilla von Frau

Mit Sergiu Celibidache (2. v. l.) nach seinem Moskauer Konzert 1988. Begrüßung durch Michail Gorbatschow, ganz rechts Bundeskanzler Helmut Kohl.

Renger bestellt, wo sich die Delegation versammelt hatte und mich dann verhörte. Leider war eine Begleitung durch das Auswärtige Amt nicht vorgesehen.

Wehner wiederholte seine Angriffe gegen Willy Brandt dann noch auf dem Panzerkreuzer „Aurora" in Leningrad – von dem 1917 angeblich das Revolutionssignal zum Sturm auf das Winterpalais ausgegangen war –, wieder im Kreise von Journalisten und mit einem Hintergrund, der Aufmerksamkeit in Deutschland versprach.*

Im letzten Jahr der Berliner Mauer

Das Jahr 1989 begann mit deutschen Theaterwochen in Moskau. Die Eröffnungsveranstaltung im Moskauer Künstlertheater – einem Jugendstilbau, in dem die Dramen von Tschechow ihre Uraufführung erlebt hatten und der als Symbol die „Möwe" gleichsam als Wappen im Giebel trägt – präsentierte dann tatsächlich ein Tschechow-Stück in deutscher Sprache, die „Drei Schwestern" in der Inszenierung von Peter Stein. Dies war natürlich ein Wagnis, waren doch die Russen der unerschütterlichen Meinung, dass niemand außer ihnen selbst die komplizierte Psychologie Tschechows verstehen, geschweige denn auf dem Theater wiedergeben könne. Das Eindringen in diesen Tempel, noch dazu mit einem Stück des hauseigenen Propheten, war nahezu ein Sakrileg. Doch all dem zum Trotz: Die Aufführung wurde ein Riesenerfolg, man wurde noch Wochen später darauf angesprochen, und Peter Stein danach zum wohl beliebtesten Gastregisseur an verschiedenen Moskauer Theatern. Gut erinnere ich mich auch an ein hochpolitisches Stück von Heiner Müller „Germania Tod in Berlin", an Pina Bausch mit ihrem Wuppertaler Tanztheater und die Münchner Kammerspiele mit Shakespeares „Troilus und Cressida".

Auch hier wieder die Bestätigung der doppelten Erkenntnis: Erstens ist das Moskauer Publikum in hohem Grade kunstverständig, und zweitens: bloß nicht mit weniger als erstklassigem Angebot hierher kommen, das ist herausgeworfenes Geld – aber leider nicht selten der Fall.

Im politisch-öffentlichen Raum war das Land durch das schreckliche Erdbeben um Stepanakert in Armenien getroffen. Viel Hilfsbereit-

* Vgl. Richard von Weizsäcker: Vier Zeiten. Berlin 1996, S. 325

schaft aus aller Welt wurde bekundet und erstmalig in der Geschichte der Sowjetunion auch dankbar angenommen. Bislang hatte man das nicht nötig gehabt, hatte Hilfsangebote in einer eher beleidigten Attitüde stets abgelehnt.

Ich hatte einen Mitarbeiter ins Katastrophengebiet entsandt, wo bereits das Technische Hilfswerk und andere Organisationen aus Deutschland tätig waren. Er berichtete erschüttert von den vielen verletzten Kindern, die, unter Trümmer geraten, zwar geborgen worden waren, doch Arme und Beine eingebüßt hatten. Ein anderes Elend, das dem Kollegen Rudolf Adam besonders aufgefallen war, waren die vielen durch das Beben verendeten Tiere. Nach entsprechender Rücksprache mit Bonn, wo ich vorgeschlagen hatte, die für die Rehabilitaton der Gegend bereitgestellte Summe für Hilfe auf diesen beiden Gebieten einzusetzen, meldete ich mich bei Ministerpräsident Nikolaj Ryschkow, der sich bei der Bewältigung der Katastrophe persönlich besonders eingesetzt hatte, und schlug ihm vor, einen Konvoi mit lebenden Schafen als Soforthilfe nach Armenien zu entsenden sowie zur langfristigen Hilfe eine Prothesen-Werkstätte einzurichten und durch Fachleute begleiten zu lassen, bis armenische Mitarbeiter soweit angelernt waren, dass sie die Werkstatt selbstständig fortführen konnten.

Diese Vorschläge wurden dankbar angenommen. Die Prothesenwerkstatt erlangte einen großen Ruf in der ganzen Sowjetunion; sie arbeitet bis heute. Zu einem Benefizkonzert im Moskauer Konservatorium kamen Yehudi Menuhin und Justus Frantz. Eine schöne Begegnung unter Freunden, und ein schönes Konzert aufgrund einer schönen Idee.

Das Ende des „Sozialistischen Lagers“ bahnt sich an

Im so genannten Ostblock, wie auch in der Sowjetunion selbst, ging der politische Gärungsprozess weiter. Die Reden Gorbatschows auf regionalen Gipfeltreffen und Warschauer-Pakt-Zusammenkünften enthielten mehr und mehr Elemente der Defensive: Man werde keinem der Völker oder Länder des „sozialistischen Lagers“ mit Gewalt seine Gesellschaftsordnung aufzwingen. Die Bevölkerung jedes Landes müsse die ihr wünschenswert erscheinende Gesellschaftsordnung selbst bestimmen, sie habe die Freiheit der Wahl.

Hier eröffnete sich nun eine völlig neue Perspektive, hatte es doch bisher geheißen: einmal sozialistisch – immer sozialistisch. Oder, um noch einmal den so bildhaft drastischen Chruschtschow zu zitieren: „So wenig wie ein Apfel nach oben fällt, wird ein sozialistisches Land wieder kapitalistisch." Dementsprechend waren ja dann auch die Aufstände in der DDR, in Ungarn und die insgesamt friedliche Entwicklung hin zu mehr Eigenständigkeit in der Tschechoslowakei rücksichts- und gnadenlos mit Panzern niedergewalzt worden. Bekannt wurde dieses Vorgehen unter dem Namen „Breschnew-Doktrin".

Nun aber dieser neue Ton. Ich berichtete nach Deutschland, dass ausgehend von hier der Ostblock seinem Ende entgegengehe. Mit Polen und Ungarn angefangen, über die Tschechoslowakei und die Balkanländer Bulgarien und Rumänien, werde sich die Sprengkraft nationaler Selbstbestimmung durchsetzen und am Ende auch vor den Grenzen der DDR nicht haltmachen. Meine Prognose traf insoweit daneben, als Rumänien erst als letztes Land des sozialistischen Lagers den Kommunismus abschüttelte und nicht Ostdeutschland, aber dies war auch irrelevant, fand diese Prognose doch insgesamt keinen Glauben.

Auch in der Sowjetunion selbst schwelten nationale Freiheitsfeuer. Der Kampf zwischen Armenien und Aserbaidschan um die armenische Exklave Berg-Karabach, der bis heute keine Lösung gefunden hat, wurde schon erwähnt. Nun kam es auch zu Unruhen in Georgien, wo eine große Demonstration in der Innenstadt von Tbilissi mit brutaler Gewalt durch Militäreinheiten auseinandergetrieben und aufgelöst wurde, mit zahlreichen Toten und Verletzten.

Im Baltikum war es noch ruhig, aber auch am nördlichen Rand der Sowjetunion setzte sich der politische Gärungsprozess fort. In einem kühnen Zug erklärte der 1. Sekretär der Kommunistischen Partei Litauens und spätere langjährige Präsident und Ministerpräsident Brasauskas seine Partei als von der Moskauer Parteiführung unabhängig. Im Jahr 1987 war er als höchster sowjetischer Repräsentant auf unserem Pseudo-Nationalfeiertag am 23. Mai in seiner damaligen Eigenschaft als Mitglied des Präsidiums des Obersten Sowjets aufgetreten, woran ich ihn beim Staatsbesuch von Bundespräsident Herzog 18 Jahre später erinnern konnte.

Bei meinen Besuchen im Baltikum Anfang der neunziger Jahre habe ich noch die Zementblöcke vor dem Parlament in Vilnius und die Granitkloben auf den zwei Zugangswegen zum Domberg in Reval/Tallinn gesehen, die ebenfalls zum Schutz des im Schloss tagenden Parlaments dorthin geschafft worden waren. In Litauen allerdings war es nicht ohne Blutvergießen abgegangen, als vor dem Gebäude des

Fernsehens sowjetische Panzer zur Demonstrationsauflösung eingesetzt wurden.

Wie weit die sowjetische Führung noch zu dieser Zeit von der Realität entfernt war, unterstreichen zwei Episoden, an die ich mich deutlich erinnere.

Im Spätherbst 1989, schon nach dem Fall der Mauer, wies Gorbatschow mir gegenüber darauf hin, dass bei den Oktoberfeierlichkeiten in Riga mehr Menschen den Aufrufen zur – nunmehr freiwilligen – Teilnahme an der entsprechenden Kundgebung gefolgt seien als in Moskau, woraus er schloss, dass die Unabhängigkeitsbewegung im Baltikum eine Chimäre sei.

Die zweite bemerkenswerte Begegnung hatte ich mit dem damaligen Vorsitzenden des Obersten Sowjets, dem noch viele Jahre der Russischen Staatsduma als Mitglied der Kommunistischen Fraktion angehörenden Anatoli Lukjanow, der auch Vorsitzender einer Kommission zur Erarbeitung einer Verfassungsreform war. Als ich ihn fragte, was er von einer mehrstufigen Struktur des Verhältnisses zwischen den einzelnen Sowjetrepubliken und dem Zentrum halte, wischte er meine Frage in nahezu beleidigender Weise vom Tisch: Da sehe man, wie ahnungslos diese westlichen Beobachter der Sowjetunion doch seien. Eine solche Staatsstruktur sei nicht nur undenkbar, sondern auch von niemandem gewünscht. Ein Jahr später gab es die Sowjetunion nicht mehr.

Für mich öffneten sich in Moskau neue Möglichkeiten, unsere Politik zu erläutern. So wurde ich zu Vorträgen vor Studenten eingeladen, wo ich dafür plädierte, das Weiterbestehen der deutschen Nation anzuerkennen. Ein erneutes „Prawda"-Interview nutzte ich, um für mehr Freizügigkeit für Diplomaten, Wirtschaftsvertreter und Touristen zu werben.

Im Mai 1989 gab es dann – auch eine Premiere – ein Treffen der höchsten Militärs beider Seiten. Admiral Wellershof als Inspekteur der Bundeswehr und General Moissejew als Chef des Generalstabs der Sowjetarmee trafen zu Konsultationen in Moskau zusammen. Diese, mit größeren Delegationen beiderseits, fanden zwar in Räumlichkeiten des Verteidigungsministeriums statt, doch gab es ein Abendessen bei uns im Haus, an dem auch drei von mir geladene Hausgäste teilnahmen, und zwar der fünffache Olympiasieger und erfolgreichste Springreiter Hans Günter Winkler, bei dem ich über viele Jahre zu mehrtägigem Training auf seinem schönen Hof in Warendorf weilte und von dem ich, wie auch von seiner Frau Debby, viel gelernt habe, dann der Generalsekretär der Deutschen Reiterlichen Vereinigung Dr. Hanfried Haring, den ich schon bei meiner ersten Botschaftertour zu Gast hatte, und der Vorsitzende der Abteilung Zucht unseres Verbandes, Herr Strahl-Schäfer. Letzterer hatte noch im Kriege gegen die Sowjetunion gekämpft, auch Hans Winkler war noch Soldat gewesen; beide waren tief beeindruckt von dem Dutzend hoher sowjetischer Offiziere mit ordensgeschmückter Brust und typisch schwerfälligem Habitus, aber auch von den auf Verständigung bedachten Reden auf beiden Seiten.

Am 12. und 13. Mai 1989 hielt sich Außenminister Schewardnadse in Bonn auf. Es ging um die Vorbereitung des bevorstehenden Gorbatschow-Besuchs. Wieder wurden eine Reihe von bislang nicht realisierten Abkommensentwürfen aus den Schubladen hervorgeholt. Auch hier wieder stießen wir uns an der Berlin-Problematik. Die Flaggenfrage auf deutschen Schiffen habe ich bereits angesprochen. Die Kollegen vom sowjetischen Außenministerium beharrten auf der alten Doktrin, wonach die „deutsche Frage“ ein für allemal entschieden sei

Mit Admiral Wellershof, Inspekteur der Bundeswehr, und dem sowjetischen Generalstabschef Moissejew in der Moskauer Residenz.

und Änderungen, sei es auch nur in der Form von Erleichterungen der Lebensbedingungen für West-Berlin, verfehlt seien.

Im Juni erfolgte dann der „Gorbi-Gorbi"-Besuch in Bonn, Stuttgart und Dortmund, ein nicht zu unterschätzendes Signal für die bald darauf folgenden rasanten Entwicklungen in der „deutschen Frage". Gorbatschow selbst war tief beeindruckt von dem Empfang, den ihm nicht nur das offizielle Bonn, sondern auch die Bevölkerung im Lande bereitete.

Überall an den Straßen und Plätzen standen bei strahlendem Frühsommerwetter große Menschenketten, um den Gästen aus Moskau zuzuwinken, wo immer sie vorbeigefahren kamen. In Stuttgart waren sogar Tische und Stühle auf den Bürgersteig gestellt worden, um das Warten auf die vorbeibrausende Kolonne angenehmer zu gestalten. Und überall „Gorbi-Gorbi"-Rufe. Nach Dortmund ging es im neuen ICE-Sonderzug, begleitet von Willy Brandt. Dort dann bei Hoechst der Empfang durch den Vorstandsvorsitzenden Detlev Rohwedder, der später von Terroristen ermordet wurde, in einer riesigen Werkhalle mit einer kaum überschaubaren Menschenmenge, Werksangehörige mit

Staatsbesuch von Michail Gorbatschow, Juni 1989. Vor der Villa Hammerschmidt: letzte Verständigung vor dem Eintreffen des Gastes, mit Helmut und Hannelore Kohl, Hans-Dietrich und Barbara Genscher.

Receiving line anlässlich des Staatsbanketts im Schloss Brühl; v. l. Bundespräsident v. Weizsäcker, Präsident Gorbatschow, Raissa Gorbatschowa, Marianne v. Weizsäcker, Helmut Kohl, Hannelore Kohl.

Blaumann und Angestellte mit Schlips und Kragen. Begrüßungsworte des Vorstandsvorsitzenden und des Vorsitzenden des Betriebsrats. Alles das passte natürlich so gar nicht in ein sowjetisch geprägtes Weltbild von kapitalistischen Ausbeutern und getretenen Arbeitern, die einander antagonistisch gegenüberstehen im Kampf auf Leben und Tod.

Die große Begeisterung der Menschen im Westen wie auch im Osten für diesen neuen russisch-sowjetischen Politiker war umso bemerkenswerter, als damals die von ihm verantworteten Schritte hin zur Vereinigung noch gar nicht erfolgt waren. Ich denke da an die Öffnung der ungarisch-österreichischen Grenze für die Flüchtlinge aus Ostdeutschland oder die spektakuläre Ausreise der Flüchtlinge aus der Prager Botschaft mit der Rede von Hans-Dietrich Genscher an die Hunderte, die im Botschaftsgarten versammelt und praktisch gefangen waren. Der Botschafter, der zusammen mit seiner Frau die geradezu übermenschliche Leistung vollbracht hat, alle diese Menschen im Palais Lobkowitz unterzubringen und zu versorgen, war Herrmann Huber, ein lieber Freund, der vorher mein Stellvertreter an der Botschaft in

Moskau gewesen war.

Auch die nach dem „Besuch am Rhein“, wie man damals gerne sagte, erfolgte Reise Gorbatschows nach Ost-Berlin mit der Mahnung an die dortigen Genossen, nicht den Zug der Geschichte zu verpassen – eine Äußerung, die durch einen geschickten Dolmetscher mit dem inzwischen geflügelten Wort: „Wer zu spät kommt, den bestraft das Leben“ wiedergegeben wurde –, hatte noch nicht stattgefunden.

Umso mehr verblüffte dieser „Gorbi“-Jubel, diese Freude, die die Menschen darüber verspürten, dass der Kalte Krieg dem Ende entgegenging. Die ständige Angst, dass aus dem „kalten“ vielleicht doch ein „heißer“ Krieg entstehen könnte, hatte mehr als vier Jahrzehnte bei uns allen in den Knochen gesteckt, ungeachtet aller „gegenseitigen Abschreckung“ und sonstiger Theorien.

Erneuter Abschied aus Moskau

Im Frühjahr 1989 erreichte mich der Ruf des Bundespräsidenten, während seiner zweiten Amtszeit, die im Juli begann, das Bundespräsidialamt zu übernehmen. Dieses hatte während der ersten Amtszeit Richard von Weizsäckers Klaus Blech geleitet, der sich gewünscht hatte, am Ende seiner Laufbahn noch einen Auslandsposten zu übernehmen. So kam es, dass wir die Posten tauschten: Klaus Blech wurde Botschafter in Moskau und ich übernahm das Präsidialamt in Bonn und Berlin. Beide ahnten wir damals noch nicht, mit welchen Turbulenzen wir es hier wie dort zu tun bekommen würden. Dort die Übernahme des beträchtlichen Erbes der DDR in Moskau von den Menschen bis zu Immobilien, mit harten wie auch so genannten weichen Faktoren, etwa einer erheblichen, weil unausweichlich vergrößerten Botschaft, einer sich vervielfachenden Kolonie, einer großen Schule und vielen Vorbehalten aller Art, und schließlich der Entwicklung ganz neuartiger Beziehungen. Hier die enorme Aufgabe des Bundespräsidenten, den Menschen in den so genannten neuen Bundesländern – und als Bundesländer der Bundesrepublik Deutschland waren sie ja auch neu – das Gefühl der Zugehörigkeit und der Anerkennung ihrer Lebenswege zu vermitteln.

Letzte Amtshandlungen

Noch während des Staatsbesuchs von Gorbatschow nahm ich die Gelegenheit wahr, ihn auf ein Problem aufmerksam zu machen, das mich seit langem umtrieb.

Ich habe schon von der Generalstabskarte erzählt, von der eine Fotokopie in meinem Arbeitszimmer hing, auf der, von Stalin und Ribbentrop abgezeichnet, die Trennlinie von Memel/Klaipeda bis hinunter zum Schwarzen Meer eingezeichnet war, die die „Einflusszonen“ der beiden Diktaturen markierte. Hitler wollte mithin Polen, die Tschechoslowakei und den gesamten Balkan einschließlich Griechenlands schlucken, und Stalin sollte sich die Baltischen Staaten, Ostpolen, die östlichen Karpaten und das damals rumänische, heutige Moldawien einverleiben können, was er dann ja auch ganz schnell verwirklichte. Diese Karte stammte vom 17. September 1939. Der ursprüngliche Nichtangriffspakt war am 23. August 1939 unterzeichnet worden; an den dazugehörigen Geheimabkommen wurde dann noch weitergearbeitet.

Nach offizieller sowjetischer Geschichtsschreibung hatte es außer dem Nichtangriffsvertrag keine Zusatzabkommen gegeben, weder territoriale Geheimabkommen noch betreffs der Ausreisen von Deutschen aus der sowjetischen Einflusszone – was beispielsweise für meine baltischen Landsleute und unsere Familie schicksalhaft war. Die Arrondierung der Sowjetunion um die Gebiete an ihrer westlichen Grenze sei durch den freiwilligen Entscheid der dort lebenden Menschen erfolgt. Dokumente, die abweichende Tatsachen und Hergänge belegen könnten, seien nicht vorhanden. Das, was das Auswärtige Amt behaupte in seinen Archiven zu haben, seien mithin Fälschungen.

Bei dem erwähnten Gespräch mit Gorbatschow in Deutschland – es wurde während eines Empfanges in der sowjetischen Botschaft in Bad Godesberg geführt – war auch Herr Jakowlew anwesend, Politbüromitglied und enger Vertrauter von Gorbatschow, der kurze Zeit vorher baltische Abgeordnete im Obersten Sowjet, die entsprechende Fragen zum Hitler-Stalin-Pakt gestellt hatten, in etwa der geschilderten offiziellen Position folgend abgebürstet hatte.

Ich bat nun Gorbatschow um seine Zustimmung, Herrn Jakowlew die uns vorliegenden Dokumente zeigen zu können. Gorbatschow war einverstanden. Dadurch hatte ich erreicht, dass sich nun auch das Politbüromitglied, das sonst mit ausländischen Botschaftern nicht verkehrte, nicht entziehen konnte. Nach Moskau zurückgekehrt, ließ ich mir alsbald das einschlägige fotokopierte Material schicken und meldete mich bei Herrn Jakowlew. Zusätzlich hatte ich auch noch ein Foto von der einstimmig im estnischen Parlament im Juli 1940 erfolgten Zustimmung zum Beitritt Estlands zur Union der Sozialistischen Sowjetrepubliken mitgebracht. Das Bemerkenswerte an diesem Foto war nicht nur der Blick auf die Abgeordneten mit den erhobenen Händen, als Zeichen der Zustimmung zur Eingliederung des Landes in die Sowjetunion, sondern dass um den ganzen Saal herum an den Wänden entlang Rotarmisten mit aufgepflanztem Bajonett standen – von wegen freiwilliger Anschluss!

Jakowlew nahm das Material entgegen, und tatsächlich wurde bald darauf von der Sowjetunion das Vorhandensein der geheimen Zusatzprotokolle zum Hitler-Stalin-Pakt zugegeben. Die vollständigen russischen Dokumente, deren Existenz seit über vierzig Jahren geleugnet worden war, fanden sich einige Monate später, als das Gebäude des Zentralkomitees von Jelzin geräumt wurde, im Safe des Generalsekretärs.

Der Wunsch, sich den Anschein der Wohlanständigkeit zu geben, führte nicht nur in diesem Fall in die Falle der Lügen mit den kurzen Beinen, sondern auch in dem schon angesprochenen Bereich der enormen Bestände an Beutekunst. Man hätte ja schon längst die jetzige Argumentation verwenden können, dass durch den deutschen Überfall auf Russland 1941 so ungeheuer großer Schaden entstanden war, dass diese Bestände nur einen Bruchteil des Wertes der durch die Deutschen verursachten Zerstörungen und Plünderungen darstellen. Aber nein, das Völkerrecht verurteilt das Beute-Machen im Kriege oder territoriale Veränderungen ohne Zustimmung der Betroffenen, so dass „nicht sein kann, was nicht sein darf“. So auch im Fall der Zusatzprotokolle zum Hitler-Stalin-Pakt.

Rückblende in die verlorene Heimat: A Paradise lost

Estland, noch keine zwanzig Jahre unabhängig, war 1939 ein blühendes Land, in der Entwicklung dem benachbarten Finnland durchaus vergleichbar. Nach wechselvollem Schicksal unter Kreuzrittern, Dänen, Schweden und nach Zar Peters Siegen über den kühnen unmäßigen Schweden Karl XII. bis zum Ende des Zarenreiches russisch – nun die Probe aufs Exempel: ein souveräner Staat!

Die Oberschicht, ihre „Intelligenzia" war dünn, doch obschon die Esten im „Stadium der Unschuld" gehalten worden waren, haben sie sich schnell in ihrer neuen Rolle als Staatsvolk zurechtgefunden. Ursprünglich waren es deutsche Pastoren, die das durchweg evangelisch-lutherische Landvolk lehrten und ihm die Brücken zur eigenen Schriftsprache bauten. Ein deutscher Pastor schrieb die erste estnische Grammatik.

Daneben hielt sich eine Ständeordnung, die noch vielfach im 18. Jahrhundert verhaftet war: Adel, Bürger, estnische Urbevölkerung fein säuberlich getrennt.

Die estnische Sprache, finno-ugrisch, eng mit dem Finnischen, im Aufbau mit dem Ungarischen verwandt, geht auf ural-altaische Ursprünge zurück: asiatisch, mongolisch. Das Volk nomadisch-unstet, an europäischer Nahtstelle, von den Slawen abgedrängt, in unwirtlichem Umfeld sesshaft geworden, von Deutschen christianisiert und durch Jahrhunderte fremdbeherrscht. Doch die Unruhe blieb, die Seefahrt lockte und brachte Lebensunterhalt, die Lieder zeugen von weiten Unendlichkeiten, und ihre Lieder bewahrten die Nation vor dem Untergang. Die Esten singen ihre Freiheit, hieß es.

Bei einem Besuch der Großeltern 1938 in Deutschland waren schon Plakate mit „Juden unerwünscht" aufgefallen. Auch in Estland, wo bisher das Zusammenleben zwischen Esten und im Lande verbliebenen Deutschen ganz gut funktionierte, regte sich aus dem „Reich" gesteuerte „Volkstumspolitik". Vieles davon wurde von den Deutschen begeistert aufgenommen. Die „Ritter- und Domschule", die seit dem 13. Jahrhundert existierte und stets ums Überleben kämpfen musste, hatte kaum noch finanzielle Sorgen. Im benachbarten Lettland war die

Situation schwieriger. Hier gab es schon, was im NS-Deutsch „Volkstumskämpfe“ hieß, und schön geschürt, konnte man da manches Flämmchen zum Lodern bringen. Jedenfalls standen die etwa 80.000 Deutschen im Baltikum bis auf ganz wenige Ausnahmen, wie fast alle Auslandsdeutschen rund um den Globus, fest hinter ihrem „Führer“. Feierstunden mit aufgereihten Jungen: kurze schwarze Hosen, weiße Kniestrümpfe und – noch – weiße, nicht braune Hemden. Hitlerische Exzesse, der Antisemitismus in Deutschland wurden entweder nicht zur Kenntnis genommen oder als „Kinderkrankheiten“ abgetan, die sich schon noch „auswachsen“ würden. Eishockey-Spiele der Schulmannschaften deutscher und estnischer Gymnasien bekamen jenen „völkerverbindenden“ chauvinistischen Charakter, wie man es heute von internationalen Fußballspielen hinlänglich kennt.

Erst nach der Umsiedlung, mit der es keineswegs „Heim ins Reich“ ging, sondern ins gerade besetzte Polen, das im westlichen Teil als „Warthegau“ firmierte, erst nachdem viele Söhne und Väter an den Fronten des Zweiten Weltkriegs fielen, man Zeuge von Deportationen und Rassenhass bis hin zu öffentlichen Hinrichtungen wurde, gingen vielen Baltendeutschen die Augen auf und manchmal über. Auch baltische Offiziere wurden Opfer im Zuge des Putsches gegen Hitler am 20. Juli 1944.

Die Domschule mit der ihr vorgeschalteten Vorschule lag auf dem Domberg, dem ältesten Teil der Stadt: Ritterburg und Präsidentenpalais, einst Sitz des russischen Gouverneurs, Stadthäuser des deutschbaltischen Landadels und städtischer Hanse-Patrizier, gotische Domkirche und Befestigungstürme mit altdeutschen Namen: „Dicke Margarete“ oder „Kiekindiekök“. Jeden Morgen den „Kurzen Domberg“, einen mittelalterlichen, mit dickem Kopfsteinpflaster bedeckten steilen Aufgang – vom Geländer habe ich schon erzählt – hinaufstapsen, zurück mit der Straßenbahnlinie 1 in den Villenvorort Katharinental, mit dem Barock-Schloss, das Peter der Große seiner Katharina der Ersten gebaut hatte. Eine liebe Direktorin, sonst keine Erinnerung an die „Kleine Domschule“.

Klassenkamerad und Kinderfreund John aus schwedischem Uradel, dessen Vater ein Staatsgut verwaltete – Ferienbesuch im Winter, erste Liebe zum Landleben. Schlittenfahrt mit einem dampfenden kleinen Pferdchen und Schellengeklingel, ein großes, hohes Zimmer, wo wir schliefen. John von Wetter-Rosenthal ist, wie viele Balten, nach dem Kriege mit seiner Familie nach Kanada ausgewandert. Wir haben uns seither nicht wiedergesehen.

Das Haus in Katharinenthal, Baujahr 1929, geräumig, etwas verbaut mit zu vielen Treppen und Treppenabsätzen, die jedoch herrliche Spielmöglichkeiten für Kinder boten, der kleine Garten und völlig frei, jenseits der Straße: das Meer. Der gesamte Schiffsverkehr des Revaler Hafens zog an unseren Fenstern vorbei. Dafür natürlich im Winter Sturm und Kälte, Eisbrocken zu bizarren Gebirgen aufgetürmt, ein tiefer grauer Himmel, von drei Uhr nachmittags an elektrisches Licht. Das Haus, schön renoviert, beherbergt heute eine ukrainische Speditionsfirma, nachdem es in der sowjetischen Zeit Familien der Besatzungssoldaten als Heimstätte gedient hatte.

Mein Vater fuhr morgens gegen 9 Uhr, vom Chauffeur Kagovere erwartet, in seinem „Graham“ ins Büro, damals, Mitte vierzig, ein erfolgreicher Industriemanager und vielfach ehrenamtlich in allerlei deutsch-baltischen Gremien tätig, zeitweise deutscher Abgeordneter im Stadtparlament von Reval. Nachmittags um vier kam er heim; dann gab es im Mahagoni-Esszimmer mit der englischen Standuhr, die er immer Sonntag morgens mit Andacht aufzog und nach seiner goldenen Taschenuhr stellte, einen ausgiebigen Nachmittagskaffee mit frischen Hörnchen und Brötchen verschiedener Art, die aus einer besonders guten Konditorei in der Stadt geholt wurden. Dann legte sich der Vater hin, um spätnachmittags zu irgendeiner Sitzung oder aber, einmal wöchentlich, zum Kegeln zu fahren – Ausflüge, die fast immer bis in die späte Nacht dauerten.

Sportlich und ehrgeizig wie er war, gewann mein Vater zwar meistens die jährlich ausgekegelten Pokale, wichtiger an diesen Abenden war aber das Gespräch mit Gleichgesinnten, das nach dem eigentlichen „Sport“ dann bei Kaffee und den im Baltikum so beliebten französischen Liqueuren wie „Grand Marnier“, „Chartreuse“ oder „Bénédictine“ geführt wurde. Von Zeit zu Zeit gab es große Geselligkeit, die Eltern gingen in Frack und langem Abendkleid aus, oder es kamen Gäste ins Haus; auch hier gab es „Diners“ in großer Abendtoilette, und wir Kinder „lauerten“ von einem Treppenabsatz aus, um die Gäste zu begutachten.

Einmal im Jahr fuhren meine Eltern, meist per Schiff, nach Deutschland: Stettin, Berlin, wo man im „Savoy“-Hotel abstieg und die Gelegenheit zum Besuch von Freunden und Geschäftspartnern, aber auch zum Einkaufen, zum Kontakt mit der großen Welt, zum Theater- und Opernbesuch nutzte. Anschließend zur Kur in eines der deutschen Bäder oder nach Marienbad, das auch sehr beliebt war. Zur Sommerreise gehörte, so lange sie noch am Leben waren, stets auch ein Besuch bei den Großeltern, die seit der Revolution von 1917/18 in Lübeck lebten, und Treffen mit den Geschwistern meines Vaters.

Mein Großvater war als junger Mann nach Estland ausgewandert, als auf den Boom, ausgelöst durch die französischen Kontributionsmilliarden des Jahres 1871, der so genannte „große Krach" gefolgt war. Er hatte sich in der neuen Heimat bald arrangiert und war auf der Woge der um die Jahrhundertwende im Baltikum einsetzenden Mechanisierung der Landwirtschaft bald als Direktor der Dorpater Bank zu einem wohlhabenden Mann geworden, dem es nicht schwer fiel, seinen Söhnen eine solide Ausbildung, dreien von den fünf jungen Herren ein akademisches Studium zu finanzieren. Er behielt für sich und seine Familie die deutsche Staatsangehörigkeit bei, auch als er in eine seit Generationen im Baltikum ansässige Familie einheiratete, was unter anderem zur Folge hatte, dass drei Söhne in Deutschland als Einjährig-Freiwillige ihren Militärdienst ableisteten. Da mein Vater russisches Recht studierte und sein Staatsexamen im Jahre 1913 – summa cum laude – in Moskau ablegte, optierte er für die russische Staatsangehörigkeit, um dann im Baltikum als Anwalt oder Richter tätig sein zu können. Als der Erste Weltkrieg ausbrach, ergab sich die Situation, dass zwei meiner Onkel im deutschen Heer – beide an der Ostfront – standen, der eine ist dann früh gefallen, der älteste Bruder meines Vaters, der bei der Mobilmachung nicht schnell genug aus Russland herauskam, ist an der Grenze verhaftet worden und hat als Internierter den ganzen Krieg über in Sibirien gesessen. Mein Vater, als russischer Staatsangehöriger, sollte zum Heer des „Feindes" – waren doch alle glühende deutsche Patrioten – eingezogen werden. Dem entzog er sich durch eine eilig vorgenommene, überflüssige Blinddarmoperation, die ein Freund von ihm durchführte, um dann einen Job in einem Rüstungsbetrieb anzutreten, der ihm den Dienst mit der Waffe in der Hand gegen seine Brüder ersparte. Vom Kriegsdienst selbst blieb er jedoch nicht verschont.

Als das Russische Reich 1918 in die Revolutionswirren und den Bürgerkrieg versank, und sich im Süden wie im Norden und Westen die Randstaaten von Moskau lösten, wo die neue Revolutionsregierung sich etabliert hatte, versuchten die Bolschewiki diese Entwicklung wieder rückgängig zu machen; im Kaukasus und der Ukraine gelang dies, in Polen und im Baltikum kam es zu erbitterten Kämpfen, die zwei Jahre lang anhalten sollten.

Mein Großvater, vom ersten Einfall der Bolschewiki in Dorpat überrollt, war nur knapp mit dem Leben davongekommen und verließ

Aufgenommen am 22. Februar 1914. Mein Vater (1. Reihe dritter v. l.) als Student in Dorpart/Tartu mit seinen Freunden vom Corps Livonia.

Dorpat/Tartu: Die Dorpater Bank, die mein Großvater geleitet hat und in der mein Vater geboren wurde, in einer Aufnahme von 1991, als ich die Stadt besuchte.

Mein Vater, Bruno Meyer-Landrut, im Alter von 30 Jahren.

Meine Mutter, Käthe Meyer-Landrut, geb. Winter. Aufnahme von 1924.

nach der Befreiung Estland sofort, um in seine alte Heimat zurückzukehren, wo er dann einen bescheidenen Lebensabend verbrachte. Sein Vermögen, in Aktien der Transsibirischen Eisenbahn, der Waffenschmieden von Tula oder der Werften von Petersburg angelegt, hatte er ohnehin verloren. Er ist nie mehr nach Estland zurückgekehrt, auch als sich die Verhältnisse wieder stabilisiert hatten und ein Besuch bei meinen Eltern in Reval ohne weiteres möglich gewesen wäre.

So wie er verließen in den Jahren nach dem Bolschewiken-Terror und in der ersten Zeit der Unabhängigkeit – hauptsächlich wegen der rigiden Agrargesetze – zahlreiche Baltendeutsche in einer ersten Emigrationswelle das Land.

Der Friede von Dorpat brachte dem kleinen Estland 1920 die heißersehnte Unabhängigkeit. Ein nationaler Traum erfüllte sich, und – was russische wie deutsche Propheten als unmöglich bezeichnet hatten – die „Kartoffelrepublik" erwies sich als lebensfähig. Tatsächlich ist der Boden dort karg, das Land meist waldig, sumpfig oder sandig und bietet nicht viel mehr als der Kartoffel den nötigen Nährboden, aber es entwickelte sich neben dem traditionellen Fischfang eine beachtliche

Industrie auf Grundlage der Landesrohstoffe, vornehmlich des Holzes: Zellstoff, Papier, Möbel, aber auch Textil und Konsumgüter. Ein Rohstoff, danach lange Zeit Energieträger großer Teile der nördlichen Sowjetunion und ganz Leningrads, der Ölschiefer, wurde erst in den Spätjahren der Republik in Ansätzen nutzbar gemacht. Die junge Industrie bot meinem Vater das Feld für seine Energie und seine kaufmännischen Talente.

1920 stand er da mit seinem russischen Jura-Diplom, mit zwei Jahren ungemein harter und grausamer Kriegserfahrung, mutterseelenallein, und musste zusehen, wie er weiterkam. Für eine juristische Karriere in Estland hätte er ein neues Staatsexamen, nunmehr in estnischer Sprache ablegen müssen; dafür fühlte er sich zu alt, außerdem musste er für seinen Lebensunterhalt aufkommen, also ergriff er, was sich ihm als Chance bot – zunächst ein Handel mit restlichem Militärmaterial aus dem Befreiungskrieg, dann ein Geschäft etwas finsteren Charakters: Er sollte eine Schiffsladung mit Luxusgütern wie französischem Cognac, Champagner und ähnlichem nach Petersburg, inzwischen Leningrad, bringen und dort verkaufen, wovon sich die dahinter stehenden Revaler Kaufleute den Einstieg ins große Russlandgeschäft der Vorkriegszeit erhofften, denn die Revolution hatte sich angeblich bereits totgelaufen, Lenins NEP (Neue Ökonomische Politik), die der Privatinitiative wieder begrenzte Möglichkeiten bot, war das Zauberwort. In Petersburg/Leningrad schlemmten angeblich die Revolutionsgewinnler wie einst die reichen Adligen und Bourgeois. Das Ganze endete ziemlich schlimm: Die Schiffsladung wurde sofort bei Ankunft beschlagnahmt. Das Schiff konnte wieder umkehren und den ungastlichen roten Hafen verlassen, aber mein Vater wurde gleich mit beschlagnahmt, verbrachte Wochen in den Kellern der Geheimpolizei und weitere im Kampf mit den Behörden um eine Entschädigung für seine konfiszierten Waren.

Tatsächlich kehrte er nach Monaten mit einem Säckchen Feingold nach Reval, das jetzt offiziell seinen estnischen Namen Tallinn trug, zurück. Er erklärte später mit Festigkeit, dass das Ergebnis der abenteuerlichen Expedition wenn auch keinen Gewinn, so doch auch den Eigentümern keinen Verlust eingetragen habe. Diese dürften wohl nicht ganz dieser Meinung gewesen sein; jedenfalls hat er auch keinerlei Provision zu sehen bekommen, wie es ursprünglich vorgesehen gewesen war. Dann wurde er Auslandskorrespondent bei jener Papier- und Zellulose-Fabrik, in deren Vorstand er sich in wenigen Jahren hinaufgebissen hat.

Jedes Jahr im Juni erfolgte der Auszug aus der Stadt mit einem Lastwagen, vollbeladen mit Hausrat für die nächsten drei Monate. Ein bequemes hölzernes Landhaus, umgeben von Kiefern, am Strand einer Bucht im Finnischen Meerbusen, mit einem Tennisplatz, den mein Vater angelegt hatte. Laulasmaa, „singendes Land", hieß der Ort. Wenn man barfuß durch den weißen Sand streifte, gab es einen hohen singenden Ton, den der Wind durch den besonders feinkörnigen Sand „harfte".

Sommer 1939, ein heißer, sonniger Sommer, herrlich am Strand zu sein, der helle, zartblaue Himmel, die immer wieder ihre Farbe wechselnde Ostsee, grüne Kiefern mit rotem Stamm, landeinwärts die weißen, weißen Birken. Morgens um vier stieg der Fischer durchs Fenster bei uns Jungen ein, weckte meinen Bruder und mich durch Nasezuhalten und war schon wieder draußen, als wir richtig aufwachten. Schnell in die leichten Klamotten, kälteschnatternd hinunter zum Strand, in die zwei Boote, und hinausgerudert zu den am Vorabend ausgelegten Netzen, den Setzangeln, an denen ebenfalls am Tag vorher zig Haken mit Regenwürmern als Köder zu versehen waren. Langsam Netz oder Angelschnur entgegenrudern und vorsichtig einholen, damit nichts reißt und vor allem die starken Aale sich nicht noch losreißen, befreien, und bloß vor Sonnenaufgang fertig werden, sonst hätte sich ohnehin der Großteil der Aale losgerissen. Barsche gab es, hauptsächlich Steinbutt und die Aale, die dann gleich geräuchert und – mit Gusto – verzehrt wurden.

Lambethwalk, der damalige Modetanz, aus dem Koffer-Grammophon auf der Veranda; meine Mutter blühte auf, früher ein bildschönes Mädchen und jetzt eine schöne, junge Frau, zehn Jahre jünger als mein Vater und sich immer etwas in der Jugend zu kurz gekommen vorkommend, weil er ja seine ausgelassene Studentenzeit gehabt hatte, während sie mit zweiundzwanzig geheiratet, mit dreiundzwanzig Mutter geworden, an der Seite eines vorwärtsstrebenden, vielen außerhäuslichen Aktivitäten nachgehenden Mannes lebte, der für Vergnügungen nur noch einen relativ schmalen Ausschnitt seines Lebens zur Verfügung hatte. Dies aber war ein schönes Fest. Freunde aus dem vierzig Kilometer entfernten Reval und aus der Nachbarschaft waren gekommen. Das kleine Haus voller Blumen, die mangels Vasen in Krüge und Wasserkannen aus Porzellan gestellt wurden, wie wir sie neben unseren Waschbecken zu stehen hatten, denn hier gab es weder fließendes Wasser noch elektrisches Licht. Wir liebten die gemütlichen Abende bei der Petroleumlampe, wenn ein Spiel gespielt oder vorgelesen wurde.

In der Woche darauf musste mein Vater geschäftlich nach Berlin fliegen. Es gab eine regelmäßige Verbindung von Reval aus mit der bequemen, sicheren „Tante Ju“ – der im Zweiten Weltkrieg so viel geflogenen und gelobten Ju 52. Auf dem Rückflug, einige Tage später, saß er neben dem estnischen Außenminister Selter, der ihm ein besorgtes Bild der politischen Lage malte. Hitlers Unmäßigkeit zog auch das Baltikum in Mitleidenschaft.

Am 23. August 1939 wurde durch den so genannten Hitler-Stalin-Pakt das Schicksal Osteuropas – des östlichen Mitteleuropa, das sich zur westlichen Zivilisation und zum westlichen Kulturkreis gehörig empfand und verstand – besiegelt. Unterschriften: Molotow/Ribbentrop; geheimes Zusatzprotokoll mit der erwähnten Landkarte von Europa, durch die der dicke rote Strich läuft. Alles was rechts des Strichs war, fiel in die Tyrannei des roten Diktators, alles was links lag, in die des braunen. Weiteres Zusatzprotokoll: Die Volksdeutschen aus diesen Gebieten sollten ausreisen dürfen – „heim ins Reich“!

Der Sommer ging zu Ende, eine siebenhundertjährige Kultur – die sicherlich auch negative, böse Aspekte gehabt hat, doch auf eine große kulturelle und zivilisatorische Leistung stolz zurückblicken durfte – wurde mit diesem Strich guillotiniert: Kopf ab. Das übrig gebliebene „Menschenmaterial“, wie man damals sagte, konnte dann noch als Humus weiter westlich Verwendung finden...

Die „Umsiedlung“ sprach sich bald herum: für uns Kinder ein großes Abenteuer. Komitees wurden etabliert, Kommissionen aus Balten und angereisten Reichsdeutschen gebildet, um die „Organisation“ des Exodus zu gewährleisten. Dann kamen die weißen „Kraft durch Freude“-Schiffe in den Revaler Hafen; wir sahen sie von unseren Fenstern aus auf der Reede ankern – diese Paradestücke der Einheitsgewerkschaft der Nazis, mit denen ansonsten Bestarbeiter in die norwegischen Fjorde geschippert wurden.

Am 1. September 1939 hatte der Zweite Weltkrieg begonnen. Blitzkrieg, Blitzsieg über Polen, und weiter ging es ins Verderben. Am 2. November wurden wir eingeschifft: meine Mutter, drei Kinder, auf der MS „Deutschland“, am Heck die Hakenkreuzflagge. Mein Vater brachte uns aufs Schiff – er selbst blieb noch zur Abwicklung der Geschäfte in Reval.

Das Haus, aus dem wir fortfuhren, war leer: Eine Truppe von Packern der Firma Schenker & Co. aus Berlin hatte unseren gesamten Hausrat verpackt. Die Brücken waren abgebrochen – nur: es wusste niemand, wo es wirklich hinging. Ja, hieß es, nach Pommern, nach Mecklenburg, nach Schlesien – es würde natürlich davon abhängen, wo der Vater wieder eine Betätigungsmöglichkeit findet... Reise ins Blaue, unter dem Hakenkreuz. Sie endete im besetzten Polen, von wo wir im Januar 1945 fliehen mussten, mit drei Koffern und einem Rucksack, durch Schnee und Eis bei 25 Minusgraden. Ich habe eingangs davon erzählt.

Mauerfall und Vereinigung

Nach Bonn zurückgekehrt, trat der Interessenschwerpunkt Russland zurück. Doch obschon nicht mehr aktiv in der Außenpolitik engagiert, verfolgte ich das ungemein dramatische Geschehen so gut ich konnte.

Richard von Weizsäcker schreibt im Rückblick, nicht ohne stellenweise Ironie: „In meinem eigenen Amt hatte ich das Glück, in zweimal fünf Jahren je einen unserer besten Beamten des Auswärtigen Dienstes als Chef des Bundespräsidialamtes zu gewinnen. Während meiner ersten Amtsperiode war es Klaus Blech, zuletzt Botschafter in Tokio, während der zweiten Andreas Meyer-Landrut, der als unser Botschafter in Moskau zu mir kam. Beide kannte ich aus meiner Zeit im Auswärtigen Ausschuss des Bundestages. Dort hatten sie uns Abgeordnete stets klug und kenntnisreich informiert, nicht ohne jenen kleinen Vorsprung des beamteten Herrschaftswissens für sich zu behalten, den sie vor parteipolitischer Instrumentierung schützen wollten. Mit ihrer Welterfahrung und Selbständigkeit im Denken verbanden sie auf beispielhafte Weise die überparteiliche, verantwortlich-kritische, gegenüber ihrer politischen Führung loyale operative Funktion des Diplomaten. Mit beiden war die Zusammenarbeit für mich und, wie ich glaube, für das ganze Haus eine Freude, nicht zuletzt dank ihrer menschlichen Qualitäten und ihres Humors. Von beiden habe ich viel gelernt, natürlich auch ganz unterschiedliche Dinge. Blech verstand mehr von Heidegger und der japanischen Kochkunst, Meyer-Landrut mehr von den slawischen Völkern mit ihrer Geschichte und von der Reitkunst."*

Das Ereignis des Jahres war natürlich der Fall der Mauer: die Nacht des 9. November, die unendliche Kolonne der Trabis, von Ost- nach West-Berlin dringend und drängend, und die unvergesslichen glückstrahlenden Gesichter nach der Überwindung dieses grausamsten Symbols der deutschen Teilung.

Das beste, was dazu gesagt werden konnte, hat, wie ich meine, Willy Brandt gesagt, nämlich dass „nun zusammenwächst, was zusammengehört" – eine unaufgeregtere, treffendere und politisch gescheitere Aussage ist kaum denkbar. Seine Partei, die SPD, allerdings bekam, so schien es, „Angst vor der eigenen Courage".

* Richard von Weizsäcker: Vier Zeiten. Berlin 1997, S. 313

Vor der Villa Hammerschmidt in Bonn, in Erwartung eines Staatsgastes.

So war es das historische Verdienst von Helmut Kohl, dass er entschlossen den „Zipfel des Mantels der Geschichte", wie Bismarck es formuliert hat, ergriff und den ebenso gefährlichen wie in vielen Teilen der Welt mit Argwohn betrachteten Prozess zu einem friedlichen Ende brachte.

Welch ein Schock dann, im „Spiegel" in einem Essay des Schriftstellers Patrick Süskind als Antwort auf die Worte des Regierenden Bürgermeisters Momper: „Heute Nacht ist das deutsche Volk das glücklichste Volk der Welt" die Aussage zu lesen: „Hat der Mann noch alle Tassen im Schrank?"* Nein, so wird man diesem historischen Ereignis nicht gerecht. Hat der Autor die Flucht der Tausenden von Menschen nicht mitgekriegt, die ihr Heim verließen, um im Westen ein menschenwürdiges Leben leben zu können? Hat er die Demonstrationen in den Städten nicht mitbekommen: „Wir sind das Volk" und „Wir sind ein Volk"? Wusste er nicht, dass 30 Prozent der Deutschen-„West" drüben Verwandte hatten? Hat er die Fluchtopfer von Mauer und Stacheldraht vergessen? Dabei steht außer Frage, dass in

* Nach Egon Bahr: Zu meiner Zeit. München 1996, S. 578

vielerlei Hinsicht im folgenden Vereinigungsprozess Fehler gemacht wurden, und anfangs nicht wenige Illusionen die Runde machten. Auch ist es ganz natürlich, dass sich junge Menschen, die nur die Bonner Republik kannten, in ihr wohl und zu Hause fühlten, „keine Experimente“ wollten, aber schließlich musste man doch bei etwas nüchternem Nachdenken begreifen, dass es so wie gehabt auf Dauer nicht weitergehen konnte.

Im Blick nach Moskau war natürlich das Außenministertreffen des Warschauer Pakts aufgefallen, auf dem formell die Breschnew-Doktrin aufgegeben wurde, d. h. dass nun ein Mitglied des Warschauer Pakts das sozialistische Lager durchaus verlassen konnte, ohne dass die Sowjetunion eingreifen würde, oder, um das Wort von Chruschtschow aufzunehmen, der Stein konnte nun doch „nach oben fallen“.

Von unseren Freunden war zu erfahren, dass sich in Moskau in der Frage der Vereinigung zwei Lager mit diametral unterschiedlichen Meinungen gegenüberstanden, nämlich der mit dieser Entwicklung absolut nicht einverstandene Apparat des Außenministeriums – im Gegensatz zum Minister selbst – und die außenpolitische Abteilung des Zentralkomitees unter Falin. Hierzu schreibt W. Daschitschew*:

„Oleg Jurygin, der unser Institut in der Sowjetischen Botschaft in Berlin vertrat, informierte mich damals, dass Valentin Falin eine geheime Reise nach Ost-Berlin Ende November 1989 unternahm, um sich an Ort und Stelle über die Situation in der DDR unterrichten zu lassen und zu bestimmen, welche Notmaßnahmen sowjetischerseits getroffen werden mussten. Er ließ eine Beratung von führenden Diplomaten der sowjetischen Botschaft, an der auch Jurygin teilnahm, am 24. November einberufen. In seinem Vortrag legte er vor ihnen einen Plan dar, der vorsah, die Truppen der sowjetischen Heeresgruppe in der DDR und der NVA einzusetzen, um die Berliner Mauer wieder herzustellen. Man kann sich vorstellen, welche ungeheuren Folgen dieser abenteuerliche Plan im Falle seiner Durchführung für den europäischen Frieden, für Deutschland und die Sowjetunion selbst gehabt hätte. Diese Ausführungen von Falin waren streng geheim. Vielleicht deswegen wurden sie in dem vom ‚Deutschland Archiv‘ veröffentlichten Tagebuch** des Stellvertretenden Botschafters in Ost-Berlin, Igor Maxi-

* Wjatscheslaw Daschitschew: Moskaus Griff nach der Weltmacht. Hamburg 2002, S. 468

** Igor E. Maximytschew: Vom Mauerfall bis Archys. Neun entscheidende Monate, miterlebt in der sowjetischen Botschaft Unter den Linden. In: Deutschland Archiv, 1/2001, S. 29-50 mytschew, nicht erwähnt. Nach der Rückkehr nach Moskau entwickelte Falin seinen Plan in einem Memorandum für Gorbatschow. Zum Glück wurde er in die Schublade, also ad acta gelegt. Als Falin wiederholt in der sowjetischen Botschaft in Ost-Berlin am 18. Mai 1990 über die laufenden Aufgaben der sowjetischen Politik in Deutschland vortrug, äußerte er sein Bedauern, dass die Ordnung in der DDR nicht durch Gewalt wiederhergestellt worden war: ‚Im Herbst 1989, als die Volkspolizei nicht mehr imstande war, die Situation unter Kontrolle zu halten, hätten wir unsere Verantwortung für den Ostsektor Berlins wiederherstellen müssen'."

Dem gegenüber stand die andere Partei, die es als auch im sowjetischen langfristigen Interesse liegend betrachtete, dass die Deutschen wieder vereint wurden. Ihre Hauptakteure waren die Berater von Gorbatschow Wadim Sagladin, Georgi Schachnasarow und Anatoli Tschernjajew. Wie negativ die „Falin-Partei" zur deutschen Vereinigung stand, macht der Artikel eines engen Mitarbeiters von Falin, Nikolai Portugalow, deutlich, der in der „Zeit" vom 26. Januar 1990 erschien, mit dem Titel: „Zwei sind besser als eins. Sowjetische Überlegungen zur Zukunft Deutschlands".

Am 7. und 8. Oktober 1990 leitete ich auf Einladung der Körber-Stiftung, wie schon öfters zuvor, einen „Bergedorfer Gesprächskreis" in Moskau. Dort verstieg sich Falin zu der Aussage: „Dennoch hat unter den herrschenden Umständen die Existenz zweier deutscher Staaten möglicherweise mehr dazu beigetragen, den Ausbruch eines dritten Weltkrieges zu verhindern, als die ganze atomare Überrüstung."*

Mehrere Teilnehmer des Gesprächskreises widersprachen heftig unter Hinweis auf die etablierte „Zweitschlag"-Kapazität der Supermächte, d. h. das Element der gegenseitigen Abschreckung als dem entscheidenden Faktor der Friedenserhaltung.

Aber es gab unter den sowjetischen Teilnehmern auch ganz andere Töne zur Vereinigung, etwa: „Der 3. Oktober ist nicht nur ein Festtag und ein großes Ereignis für das deutsche Volk, sondern er ist vor allem ein Sieg der Vernunft. Dass in der Sowjetunion nicht alle Menschen diese Gefühle teilen, ist aus historischen Gründen sicher verständlich. Hierzu kommt, dass wir leider in einem Land leben, in dem es die Vernunft nicht immer leicht hat – ob es nun um die Einführung des Mehrparteiensystems geht oder um den Übergang zur Marktwirtschaft

* Vgl. Europa im Aufbruch. Bergedorfer Gesprächskreis, Protokoll Nr. 91-1990

oder um die Entwicklung zu einer normalen zivilisierten Gesellschaft. Das nämlich ist der Preis, den wir für unsere Vergangenheit zu zahlen haben."*

Mit der Erwähnung des Bergedorfer Gesprächskreises bin ich den Ereignissen vorausgeeilt.

Vom 9. November 1989 bis zum 3. Oktober 1990 – also vom Fall der Mauer bis zur offiziellen Vereinigung – verging noch ein politisch dramatisches Jahr, während dessen ich die Entwicklung als Zaungast beobachtete. Der Chef des Präsidialamts ist als Beobachter zu den wöchentlichen Staatssekretärsbesprechungen, die der Vorbereitung der Kabinettssitzungen dienen, sowie den Kabinettssitzungen selbst und den Sitzungen des Sicherheitsrats von Amts wegen anwesend, um dem Bundespräsidenten von den aktuellen Entscheidungen der Regierung berichten zu können. Wenn auch an Entscheidungsprozessen nicht beteiligt, ergab diese Position doch die Möglichkeit eines breiten Überblicks über das politische Geschehen und recht umfassende Information.

Über die Einzelheiten des 2+4-Prozesses und andere Implikationen und Vorgänge auf dem Wege zur Vereinigung, auch Widerstände und Probleme haben die Hauptbeteiligten, sowie eine ganze Reihe von Mitspielern und Beobachtern ihre Erinnerungen und Eindrücke in aller Breite dargelegt (siehe Literaturverzeichnis). Mir bleibt nur noch der Blick zurück auf jenen Abend des 2. Oktober mit der Kundgebung vor dem Reichstag und der kurzen Ansprache des Bundespräsidenten, bei der er ausführte: „In freier Selbstbestimmung wollen wir die Einheit in Freiheit vollenden. Für unsere Aufgabe sind wir uns der Verantwortung vor Gott und den Menschen bewusst. Wir wollen in einem vereinten Europa dem Frieden der Welt dienen."**

Anschließend an die Feier begaben wir uns zu Fuß – der Bundespräsident, Frau von Weizsäcker, der persönliche Referent des Präsidenten, Herr Heimsoeth, und ich – durch den Tiergarten ins Schloss Bellevue, wo wir zur Feier des Tages noch ein Glas Champagner tranken, um dann auseinanderzugehen. Am nächsten Tag, in der Berliner Philharmonie, erfolgte dann der eigentliche feierliche Aktus, den Jahrzehnten der Trennung ein Ende setzend.

Hier also vollendete sich meine Wegstrecke im Schatten des Kalten Krieges – 35 Jahre meines Lebens hatte er mich, hatte ich ihn begleitet.

* S. E. Blagowolin, in: Bergedorfer Gesprächskreis, Protokoll Nr. 91-1990

** Richard von Weizsäcker: Vier Zeiten. Berlin 1997, S. 394

Einer der Schwerpunkte der Arbeit in den Jahren mit dem Bundespräsidenten bestand in der Begleitung des Vereinigungsprozesses.

Besonders wichtig und beeindruckend waren unsere zahlreichen Besuche in den so genannten neuen Bundesländern. Der Bundespräsident wurde damals mit einer geradezu überwältigenden Herzlichkeit aufgenommen, wo immer wir hinkamen. Unvergesslich bleibt bei den vielen Anflügen auf Berlin der leuchtende Sandstreifen quer durch die Stadt, wo noch vor kurzer Zeit die Mauer gestanden hatte. Auch ausländischen Staatsbesuchern empfahlen wir Besuche im Osten, was nicht immer ganz einfach durchzusetzen war.

Der französische Präsident Mitterand hatte noch kurz vor dem Ende der kommunistischen DDR dortselbst einen Staatsbesuch absolviert – der letzte, den Ost-Berlin erlebte –, so war es nicht unkompliziert, ihn zu einem erneuten Besuch im Osten Deutschlands, nun allerdings unter anderen Vorzeichen, zu überzeugen. Die dann erfolgte Visite in Weimar mit Buchenwald, auf der Wartburg und im vereinten Berlin wurde zu einem Erfolg, ging es doch nicht nur um Plätze, die der Präsident als Kriegsgefangener und Flüchtling erlebt hatte, sondern auch um eine Begegnung mit der „gesamt"-deutschen Kultur, nachdem Mitterand 1989 noch durchaus skeptisch zum Vereinigungsprozess gestanden hatte.

Mit Bundespräsident Richard von Weizsäcker und dem brandenburgischen Ministerpräsidenten Manfred Stolpe im Spreewald, Sommer 1991.

Mit dem französischen Präsidenten François Mitterand in der berühmten Großherzoglichen Bibliothek in Weimar; v. l. Meyer-Landrut, der Ministerpräsident des Landes Thüringen Duhac, Außenminister Dumas, Staatspräsident Mitterrand sowie Frau Suzet.

Auch die holländische Königin Beatrix und ihr Mann Prinz Klaus, früherer Kollege aus dem Auswärtigen Amt, besuchten u. a. Mecklenburg und Dresden.

Besonders bedeutsam war natürlich der Staatsbesuch von Königin Elizabeth mit Prinz Philipp in Dresden 1992, in dessen Verlauf auch ein Gottesdienst besucht wurde, bei dem der Prinz auf deutsch das Evangelium las. Eine Geste, die in Dresden, das von britischen Bombern kurz vor Kriegsende in ein Flammen-Inferno verwandelt worden war, eine ganz besondere Bedeutung gewann.

Den Bundespräsidenten seinerseits führten Staatsbesuche praktisch auf alle Kontinente der Erde, von Chile über die USA und Thailand bis Australien, von Kanada über mehrere Länder Lateinamerikas, Marokko und Oman bis Neuseeland. Besonders beeindruckend waren die Besuche in den Ländern Mittel- und Osteuropas, die den Kommunismus abgeschüttelt hatten.

Mit dem Bundespräsidenten im Oval Office des Weißen Hauses: 1992 bei US-Präsident George H. Bush sen., 1993 bei seinem Nachfolger Bill Clinton.

Freizeit an der Pazifikküste, während des Staatsbesuchs in Kanada.

Am Rande des Staatsbesuchs in Marokko: der „Pferdenarr" in Aktion.

Staatsbesuch in Oman, 1994: Begrüßung durch Sultan Quabus.

Staatsbesuch im Vatikan bei Papst Johannes Paul im Jahre 1994.

Für mich gestaltete sich ein Staatsbesuch in Estland verständlicherweise recht emotional. Zwar hatte ich schon kurz nach der Wiedererlangung der Unabhängigkeit Estlands meiner Heimat mehrere Besuche abgestattet – u. a. organisierte ich einen „Bergedorfer Gesprächskreis“ der Körberstiftung, für die ich, wie schon erwähnt, bereits mehrere derartige Treffen mit Experten und Politikern aus unterschiedlichen Ländern in Osteuropa geleitet hatte –, aber der Staatsbesuch, wenn auch kurz, hatte doch einen anderen Charakter: die estnische und die deutsche Fahne nebeneinander, die beiden Hymnen... Mein Freund Lennart Meri war kurz vor unserem Besuch zum Präsidenten des Landes gewählt worden.

Bei der Heimfahrt von Schloss Katharinental, wo der Präsident ein Abendessen im kleinen Kreis gegeben hatte, ließ ich die Autokolonne vor meinem Elternhaus halten und zeigte Herrn und Frau v. Weizsäcker, wo ich herkomme.

Schnappschuss vom Staatsbesuch in Estland, Juli 1993. Die beiden Staatspräsidenten Meri und von Weizsäcker vor dem alten Rathaus meiner Heimatstadt Reval/Tallinn, rechts Marianne von Weizsäcker und Hille Meri.

Neujahrsempfang 1992; v. l. Meyer-Landrut, Richard von Weizsäcker, Außenminister Genscher; 2. Reihe: Staatsminister Schäfer, Staatssekretär Lautenschlager, Staatssekretär Kastrup; 3. Reihe: die Vortragenden Legationsräte Körting und Neukirch, der Adjutant des Bundespräsidenten Oberst i.G. Lahl, Ministerialdirigent Buchrucker.

Aber auch zu Hause erforderten die Aufgaben des Bundespräsidenten die Beschäftigung mit der ganzen Palette gesellschaftlicher und politischer Fragen, war doch der Präsident gehalten, durch seine öffentlichen Auftritte Wegweisungen, unabhängig von der politischen Alltags-Auseinandersetzung, zu geben.

Hinzu kamen protokollarische Aufgaben wie die Entgegennahme der Beglaubigungsschreiben bei uns zu akkreditierender Botschafter, die alljährlichen Neujahrsempfänge für das diplomatische Corps, die Ehrungen und Auszeichnungen von in- und ausländischen Bürgern, die sich um unser Land verdient gemacht haben.

Gelegentlich fiel mir die Aufgabe zu, ein Bundesverdienstkreuz, das der Bundespräsident verliehen hatte – insbesondere wenn die Ehrung auf seine eigene Initiative zurückging –, den Geehrten auszuhändigen.

Mit dem Schauspieler Klaus Maria Brandauer bei einem Empfang des Bundespräsidenten im Berliner Schloss Bellevue.

Zum 65. Geburtstag von Hans Günter Winkler überreiche ich ihm das Bild des Bundespräsidenten mit persönlicher Widmung.

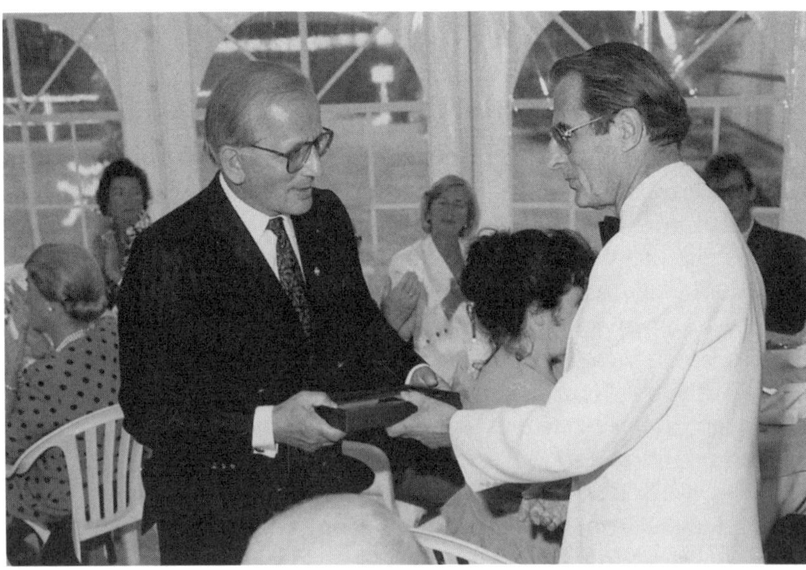

Begrüßung des jordanischen Königs Hussein beim Staatsbesuch in Bonn.

Eine besondere Freude war es, dem großen Geiger Gidon Kremer, einem baltischen Landsmann – er ist in Riga geboren –, den Orden überreichen zu können, was im Zusammenhang mit einem schönen Konzert in Köln geschah. Ebenso hatte ich die Freude, dem langjährigen Ruhrgas-Chef und VW-Aufsichtsratsvorsitzenden Klaus Liesen seine Auszeichnung auszuhändigen.

Mit Klaus Liesen blieb die bereits in Russland entstandene Bekanntschaft auch über die Amtszeit hinaus erhalten, hatten wir doch mit einigen interessierten Partnern 1993 das Deutsch-Russische Forum gegründet, als Gegengewicht zu bislang bestehenden kommunistisch gefärbten gesellschaftlichen Organisationen und als Plattform für Begegnungen unterhalb der staatlichen Ebene. Herr Liesen erklärte sich bereit, den Kuratoriumsvorsitz zu übernehmen, und ich agierte über mehrere Jahre als Vorsitzender.

Daneben ergab sich die Möglichkeit, gewissermaßen im Schatten des Bundespräsidenten mit den interessantesten Menschen der Republik, aus allen Lebensbereichen quer durch die Gesellschaft, zusammenzutreffen, sei es aus Politik, Wirtschaft, Wissenschaft, Kunst, Kultur oder Sport.

Quadrille der Europameisterschafts-Equipe der Dressurreiter vor der Villa Hammerschmidt in Bonn anlässlich des Geburtstags von NOK-Präsident Willi Daume. Links in der Reihe der Zuschauer der Bundespräsident mit seiner Gattin, rechts zwischen den Pferden Initiator Meyer-Landrut und Jubilar Daume.

Im sportlichen Bereich gelang es – zu einem Mittagessen, das der Bundespräsident dem langjährigen Vorsitzenden des Nationalen Olympischen Komitees Willi Daume anlässlich von dessen 75. Geburtstag gab –, die frisch gekürte Europameister-Mannschaft im Dressurreiten zu einer Vorführung vor dem Amtssitz des Bundespräsidenten einzuladen. Vier junge Damen vollführten eine hochkarätige Quadrille auf ihren herrlichen Rössern.

Es waren erlebnisreiche Jahre, die mit der Amtszeit Richard von Weizsäckers im Juni 1994 zu Ende gingen. Zwar hat sein Nachfolger, Bundespräsident Herzog, geäußert, er hätte mich gerne als Chef des Präsidialamts behalten. Dies kam aber aus Altersgründen nicht mehr in Frage.

Mit Bundespräsident Roman Herzog im Jahre 1994.

Kurz nach Herzogs Dienstantritt im Sommer 1994 erfolgte der endgültige Abzug der russischen Truppen aus dem östlichen Teil Deutschlands. Aus diesem Anlass erschien Präsident Jelzin in Berlin, um das Ereignis gebührend zu würdigen. Es war ein umfangreiches Programm abgestimmt worden, mit einem Tagesbefehl des russischen Oberkommandierenden Generaloberst Matwej Burlakow auf dem Gendarmenmarkt, Kranzniederlegung am sowjetischen Ehrenmal in Treptow, einer Feierstunde im Konzerthaus, Empfang und Mittagessen beim Bundespräsidenten und im Rathaus, abschließend Empfang in der russischen Botschaft Unter den Linden.

Das ganze Ereignis wurde allerdings zu einer ziemlichen Groteske, hatte doch der Ehrengast offensichtlich bereits beim Frühstück Hochprozentiges zu sich genommen. Bei seiner Tischrede beim Bundespräsidenten schwankte Jelzin bereits so, dass wir alle fürchteten, er werde alsbald vornüber auf die präsidiale Tafel kippen. Die alten russischen Kommandeure des Zweiten Weltkrieges, meistens Marschälle, die in der Begleitung des Präsidenten nach Berlin gekommen waren und in deren unmittelbarer Nähe ich platziert war, machten aus ihrer Empörung kein Hehl. Sicherlich haben auch diese Herren, wie meine Erfahrung lehrte, ganz gerne einen gehoben, doch dieses hier ging ihnen zu weit. Nach dem Mittag folgte dann vor dem Rathaus die Szene, als Jelzin dem Leiter der Polizeikapelle den Taktstock abnahm und die russische Melodie, die ihm zu Ehren gespielt wurde, in nunmehr volltrunkenem Zustand zu Ende dirigierte. Alles das wurde im Fernsehen, auch in Russland, breit ausgeleuchtet und kommentiert. Es war nicht das einzige Mal, dass diesem Herrn so etwas im Ausland unterlief. Er verschlief ja auch beim Zwischenstopp in Dublin, aus den USA kommend, den Empfang durch die irische Präsidentin, die zu seiner Begrüßung zum Flugplatz gekommen war. Jelzin musste seinen Vollrausch ausschlafen und konnte nicht geweckt werden... Hier in Berlin allerdings erschien ein derartiges Verhalten besonders unpassend, immerhin handelte es sich um ein historisches Ereignis.

Bundespräsident Herzog hat mich dann noch mehrfach in seiner Begleitung auf Staatsbesuche nach Russland und anderen Nachfolgestaaten der Sowjetunion mitgenommen. Dabei war neben dem schon erwähnten Besuch in Zentralasien – Usbekistan und Kasachstan – der Staatsbesuch in Georgien besonders eindrucksvoll. Hier begrüßte uns als Präsident seines Landes Eduard Schewardnadse, mit dem ich in der zweiten Amtszeit als Botschafter viel zu tun gehabt hatte.

Georgien ist von der Natur her ein reines Paradies, mit mediterranem

Als persönlicher Gast von Bundespräsident Herzog beim Staatsbesuch in Russland 1998: Begrüßung der Delegation durch Präsident Boris Jelzin.

Wiedersehen mit einem alten Freund beim Staatsbesuch von Bundespräsident Herzog in Georgien 1995: Präsident Schewardnadse begrüßt die Delegation.

Klima, einer stets ins Auge springenden herrlichen Bergkulisse und einer reichen traditionellen Kultur mit prachtvollen alten Klöstern und Kirchen – das Land wurde im vierten Jahrhundert christlich –, auch uralten Höhlenklöstern aus dem ersten Jahrtausend mit bis heute erhaltenen hinreißend schönen Fresken. Leider ist es immer noch nicht gelungen, dieses schöne Land mit seinen gastfreundlichen Menschen, mit allen erdenklichen touristischen Möglichkeiten vom Skilaufen bis zum Baden an der Küste des Schwarzen Meeres wirtschaftlich auf eine gesunde Basis zu stellen und zu einem attraktiven Reiseland zu machen.

Auch auf seinem letzten Staatsbesuch, der nach Litauen und Lettland führte, hatte ich die Ehre und Freude, Bundespräsident Herzog begleiten zu dürfen.

Zu neuen Ufern: Zurück nach Russland

Gleich nach der Beendigung meines Lebens im Staatsdienst ging ich mit meiner zweiten Frau Natascha für Unternehmen der deutschen Wirtschaft nach Moskau zurück, wo ich meine Kenntnisse und Erfahrungen aus vier Jahrzehnten nun trotz der tiefgreifenden Veränderungen im Lande nutzbar machen konnte. Für mich war die Verfolgung der politischen und wirtschaftlichen Entwicklungen dieser Umbruchszeit gleichermaßen faszinierend wie auch selbstverständlich.

Besonders die psychologische Krise, in die die Russen nach 1990 verfielen – und aus der die kritischen, zahlreiche Todesopfer fordernden gesellschaftlichen Explosionen von 1991 und 1993 folgten, wie auch der Zerfall der Sowjetunion –, aber auch die wirtschaftliche Pleite, die zu katastophalen sozialen Verzerrungen führte, bedürften einer tiefgreifenden Analyse und Darstellung, was aber den Rahmen dieses Buches sprengen würde.

Eines allerdings möchte ich nicht unerwähnt lassen. Die völlige Umkehrung der wirtschaftlichen Verhältnisse, mit der ich in den neunziger Jahren konfrontiert wurde, hat mich tief erschüttert. Eine Reihe alter Freunde, besonders aus dem akademischen Bereich, sahen sich plötzlich wirtschaftlich ausgegrenzt, mit Gehältern von umgerechnet 100 bis 200 Dollar an der Armutsgrenze. Andererseits führte die Privatisierung des Staatseigentums zum Entstehen einer total neuen Klasse, den so genannten „Neuen Russen“, die sich in diesem Prozess eine Scheibe hatten abschneiden können. Sie bevölkerten alsbald die Côte d'Azur, die Champs-Élysées und den Kurfürstendamm, zahlten bar aus Koffern voller Dollars und vermittelten im westlichen Europa kein allzu sympathisches Erscheinungsbild eines neuen „demokratischen“ Russland. Sicher gab es unter ihnen auch ordentliche Leute, die das Ihre ehrlich verdient hatten. Der allgemeine Eindruck aber war verheerend.

Das für Russland immer wieder typische Entstehen von treffenden Witzen mag also noch einmal strapaziert werden:

Eine Reihe von jungen „Neuen Russen“ treffen sich samstags in der Sauna; das einzige, was sie nicht ablegen, sind ihre Handys, und auch bei größter Hitze wird eifrig telefoniert. Raus ins kalte Wasser zum Abkühlen, wieder hinein in die Hitze, usw. Plötzlich klingelt eines der Mobiltelefone. Einer der Männer nimmt es zur Hand. Am anderen

Ende eine süße Frauenstimme: „Liebling, bist du es? Weißt du, ich bin gerade im Pelzgeschäft, probiere einen Chinchilla-Mantel. Er steht mir so gut, ich werde dir darin gefallen. Du hast doch nichts dagegen, wenn ich…" – „Wieviel?" knurrt er. – „75.000 Dollar." – „Okay." – „Aber da ist noch eine Kleinigkeit. Es gehört noch ein Mützchen dazu, auch Chinchilla…" – „Wieviel?" – „15.000 Dollar." – „Okay!" – „Ach, du bist ja so lieb, ich danke Dir. Liebling, aber wo wir schon so reden: Im neuen Haus steht doch das dritte Stockwerk leer. Vielleicht könnte meine Mutter zu uns ziehen. Sie wird auch bestimmt nicht stören." – „Soll Montag einziehen." – „Ach mein Liebster, mein Bester, ich bin dir so dankbar." Ende des Gesprächs, der „Neue Russe" schaltet das Handy ab, legt es auf die hölzerne Bank neben sich und fragt in die Runde seiner Saunakollegen: „Wem gehört eigentlich das Telefon?"

Wenn ich heute, im Jahre 2003, einen Ausblick auf die Zukunft Russlands wagen soll, so bin ich optimistisch: Es wächst eine neue Generation heran, die, frei von alten Komplexen und Klischees, sich genau-

Bei der Eröffnung einer Industrieausstellung in Moskau, auf einem der ersten „Motorwagen" in Russland, einem Benz von 1894.

Mit einer Delegation des Ostausschusses der Deutschen Wirtschaft mit seinem Vorsitzenden Otto Wolff v. Amerongen und Dr. Bergmann, Ruhrgas, bei Präsident Wladimir Putin.

so pragmatisch und offen entwickelt wie die jungen Menschen in anderen europäischen Ländern. Das Ausbildungsniveau ist nach wie vor hoch, das Land ist reich an hochwertigen Bodenschätzen und im Besitz einer beachtlichen industriellen Basis.

Natürlich ist das soziale Gefälle zwischen Moskau, St. Petersburg und einigen wenigen anderen Zentren sowie dem flachen Land enorm. Doch ist es dem neuen Präsidenten Wladimir Putin gelungen, in seiner ersten Amtszeit eine Reihe von stabilisierenden Maßnahmen durchzuführen, die auch zu einem Aufschwung der Wirtschaft geführt haben und damit zu einer, wenn auch bescheidenen, Anhebung des Lebensstandards. Im ersten postkommunistischen Jahrzehnt war die Wirtschaftskraft des Landes auf die Hälfte abgesunken. Bis Russland allerdings ein Pro-Kopf-Einkommen wie Portugal erreichen wird, braucht es nach heutigen Hochrechnungen aber noch eine Zeitspanne bis zum Jahre 2030. Hauptstütze des wirtschaftlichen Aufschwungs ist der Export von Rohstoffen, in erster Linie Öl und Erdgas. Doch Korruption und administrative Willkür sowie ein unzuverlässiges Rechtssystem sind die Übel, an denen die wirtschaftliche Entwicklung nach wie vor krankt. Und natürlich bildet der Konflikt in Tschetschenien eine seit langem schwärende Wunde, unter der das ganze Land leidet.

Russland ist riesig und schwer regierbar. Russland sieht sich zwar als europäisches Land, aber zugleich als Partner der USA. Und doch ist es unser Nachbar, mit dem wir uns auseinandersetzen und arrangieren müssen. Nur so ist eine gedeihliche Zukunft Europas denkbar.

Sommer 2002: Mit Bundespräsident Johannes Rau im Schloss Bellevue in Berlin, nach der Verleihung des Großen Verdienstkreuzes mit Stern und Schulterband für das Lebenswerk zur Annäherung von Deutschen und Russen.

Literaturhinweise

Aitmatow, Tschingis: Abschied von Gülsary. Zürich 1985

Allardt, Helmut: Politik vor und hinter den Kulissen. Erfahrungen eines Diplomaten zwischen Ost und West. Düsseldorf 1979

Allilujewa, Swetlana: Das erste Jahr. Wien 1969

Bahr, Egon: Zu meiner Zeit. München 1996

Biermann, Rafael: Zwischen Kreml und Kanzleramt. Wie Moskau mit der deutschen Einheit rang. Paderborn 1997

Brandt, Willy: Begegnungen und Einsichten. Die Jahre 1960-1975. Hamburg 1976

Bulgakow, Michail: Der Meister und Margarita. TB-Ausgabe. München 1978

Daschitschew, Wjatscheslaw: Moskaus Griff nach der Weltmacht: die bitteren Früchte der hegemonialen Politik. Hamburg 2002

Dsalajew, Kasbek: Auf dem Rücken der Pferde. Ufa 2002 (russ.)

Ehlert, Nikolaus: Große Grusinische Nr. 17, Deutsche Botschaft in Moskau. Frankfurt/Main 1967

Eissenhauer, Michael: Ludwigslust – Die Sammlung Irene und Peter Ludwig. Nürnberg 1993

Filmer, Werner / Heribert Schwan: Roman Herzog. Die Biographie. München 1994

Genscher, Hans-Dietrich: Erinnerungen. Berlin 1995

Gorbatschow, Michail: Erinnerungen. Berlin 1995

Herwarth, Hans von: Zwischen Hitler und Stalin. Erlebte Zeitgeschichte 1931 bis 1945. Berlin 1982

Iwanow, Igor: Die neue russische Diplomatie. Rückblick und Visionen. München 2002

Kasack, Wolfgang: Lexikon der russischen Literatur ab 1917. München 1986

Kiessler, Richard / Frank Elbe: Ein runder Tisch mit scharfen Ecken. Der diplomatische Weg zur deutschen Einheit. Baden-Baden 1993

Klein, Hans: Es begann im Kaukasus. Der entscheidende Schritt in die Einheit Deutschlands. Berlin 1991

Kross, Jaan: Professor Martens' Abreise. TB-Ausgabe, München 1995

Matlock, Jack F. Jr.: Autopsy on an Empire. New York 1995

Nannen, Henri: Die Meisterwerke der Sammlung Henri Nannen. Bonn 1990
Rauch, Georg von: Geschichte der baltischen Staaten. TB-Ausgabe. München 1977.
Richter, Svjatoslav: Ecrits et Conversations by Bruno Monseigeon. London 1998
Sahm, Ulrich: Diplomaten taugen nichts. Aus dem Leben eines Staatsdieners. Düsseldorf 1994
Stackelberg, Traugott von: Geliebtes Sibirien. Pfullingen 1951
Teltschik, Horst: 329 Tage – Innenansichten der Einigung. Berlin 1991
Trifonow, Juri: Das Haus an der Moskwa. München 1977
Weizsäcker, Richard von: Vier Zeiten. Berlin 1997
Woslenski, Michail: Nomenklatura. Die herrschende Klasse der Sowjetunion. Wien 1977
Zelikow, Philip / Condoleezza Rice: Sternstunde der Diplomatie. Die deutsche Einheit und das Ende der Spaltung Europas. Berlin 1997

Namensregister

Bildnachweis

dpa Bildarchiv, Frankfurt/M.: 22 (S. 2, 13, 17 [oben], 20, 36, 62, 105 [oben], 112 [2], 138 [oben], 155, 162 [unten], 179, 194, 197 [oben], 212 [unten], 215, 222, 230, 231 [2], 232)
Ullstein Bild, Berlin: 1 (S. 212 [oben])
Archiv für Kunst und Geschichte, Berlin: 1 (S. 17 [unten])
Axel Springer AG, Unternehmensarchiv, Hamburg: 1 (S. 34)

Alle übrigen Abbildungen stammen aus dem Archiv des Autors. Hier waren trotz gründlicher Recherche nicht alle Rechteinhaber zu ermitteln. Berechtigte Ansprüche können beim Verlag geltend gemacht werden.